每一座桥
都连接着另一个世界

〔美〕托马斯·哈里森　著

刘云雁　译

商务印书馆
The Commercial Press

Thomas Harrison

OF BRIDGES

A Poetic and Philosophical Account

Licensed by The University of Chicago Press, Chicago, Illinois, U.S.A.

© 2021 by The University of Chicago. All rights reserved.

根据美国芝加哥大学出版社2021年版译出

涵芬楼文化出品

目录

插　图　/ iii
前　言　/ 1

第一章　神之造桥　/ 17
第二章　桥上人生　/ 57
第三章　音乐之桥　/ 101
第四章　桥上的兄弟与敌人　/ 139
第五章　文辞之桥　/ 163
第六章　桥如绞架　/ 193
第七章　尼采之桥　/ 227
第八章　海桥与自我　/ 251
第九章　断　桥　/ 281

致　谢　/ 317
注　释　/ 319
参考书目　/ 343
译名对照表　/ 373

译后记　/ 389

/ 插　图 /

图　版

179　图版1　瓦西里·康定斯基,《构成第四号(战斗)》
180　图版2　爱德华·蒙克,《弗里德里希·尼采》

图　片

14　0-1　保罗·德勒·莫纳凯,《记忆与遗忘之间》
21　1-1　马克斯·布吕克纳,《瓦尔哈拉》
23　1-2　犹他州的彩虹桥
27　1-3　日本宫津湾的天桥立
28　1-4　月冈芳年,《德川家光与井伊直孝在日光神桥上》
30　1-5　《最后的审判》
38　1-6　亨利·多雷,《奈何桥》
47　1-7　威廉·布莱克,《被魔鬼追逐的诱惑者》
48　1-8　威廉·布莱克,《池边的魔鬼与但丁和维吉尔》
49　1-9　威廉·布莱克,《伪君子与该亚法》

51	1-10	威廉·布莱克,《桥下的魔鬼》
51	1-11	威廉·布莱克,《疾病之渊·伪善者》
65	2-1	罗马米尔维奥桥上的锁
70	2-2	法国弗农的"老磨坊"
71	2-3	加利福尼亚州帕萨迪纳的阿罗约·塞科桥(科罗拉多街桥)
77	2-4	古斯塔夫·多雷,《星空下的睡眠》
78	2-5	古斯塔夫·多雷,《弃儿：伦敦桥》
79	2-6	古斯塔夫·多雷,《桥下》
80	2-7	古斯塔夫·多雷,《寒冷的安息之地》
85	2-8	华盛顿州阿伯丁市的杨街桥
88	2-9	英国坎布里奇郡的圣艾夫斯桥
88	2-10	法国卡奥尔的瓦伦垂大桥
89	2-11	伦敦老桥
89	2-12	安德烈亚·帕拉迪奥,里亚托桥的第二个模型
90	2-13	尼古拉-让-巴蒂斯特·拉格内,《圣母院桥和兑换桥之间的划船比赛》
91	2-14	老加拉塔桥
91	2-15	中国福建的万安桥
92	2-16	伊朗伊斯法罕的郝久古桥
92	2-17	保加利亚的廊桥
93	2-18	加拿大魁北克省的维克菲尔德廊桥
94	2-19	斯洛文尼亚的卢布尔雅那市的三重桥
95	2-20	罗马的音乐之桥

96	2-21	意大利阿卡瓦卡塔，卡拉布里亚大学图纸细节
96	2-22	意大利阿卡瓦卡塔，卡拉布里亚大学
97	2-23	新加坡的亨德森波浪桥
98	2-24	意大利佩斯卡拉的海之桥
98	2-25	加拿大卡尔加里的和平桥
99	2-26	葡萄牙科英布拉的佩德罗伊内斯桥
123	3-1	约翰·塞尔·科特曼，《达勒姆郡的格雷塔桥》
143	4-1	中国扬州瘦西湖上的二十四桥
145	4-2	阿尔巴尼亚的梅西桥
147	4-3	意大利莫扎诺镇的马达莱纳桥
149	4-4	希腊的阿尔塔桥
157	4-5	波黑维舍格勒附近的德里纳河上的大桥
194	6-1	罗马哈德良陵墓和埃利安桥
196	6-2	教皇西克斯图斯五世穿过圣天使桥
197	6-3	朱利亚诺·达·圣加洛绘制的哈德良陵墓和圣天使桥
199	6-4	大天使米迦勒，哈德良陵墓
209	6-5	兰斯洛特穿过剑桥
209	6-6	兰斯洛特穿过剑桥
236	7-1	恩斯特·路德维希·基希纳，《艺术家团体"桥社"计划》
240	7-2	葛饰北斋，《飞越边境的吊桥》
257	8-1	马修·霍瑟，布莱顿废弃的西码头
278	8-2	小约瑟夫·海因茨，《威尼斯桥上的拳赛》
283	9-1	葛饰北斋，《足利市行道山的云中吊桥》

285	9-2	佛罗伦萨维奇奥桥
288	9-3	天桥和柏林联邦政府所在的玛丽·伊丽莎白·吕德斯宅邸
290	9-4	法国米洛高架桥
290	9-5	中国胶州湾大桥
291	9-6	中国四渡河大桥
291	9-7	希腊里奥-安提里奥大桥
293	9-8	瑞典马尔默的旋转大楼和厄勒海峡大桥
296	9-9	阿肯色州达达尼尔浮桥
299	9-10	皮特·拉斯特曼,《君士坦丁与马克森提乌斯之战》
301	9-11	约翰·马丁,《跨越混沌之桥》
307	9-12	赫尔穆特·考特纳导演电影《最后的桥》剧照
308	9-13	赫尔穆特·考特纳导演电影《最后的桥》剧照
308	9-14	赫尔穆特·考特纳导演电影《最后的桥》剧照
313	9-15	乔瓦尼·巴蒂斯塔·皮拉内西,《吊桥》
314	9-16	乔瓦尼·巴蒂斯塔·皮拉内西,《烟火》

前　　言

　　世间有许多关于桥梁的精美篇章，娓娓述说着建造的艺术、神话与传说，以及桥梁的文学艺术价值。然而，极少有这么一本书，深入思考桥之于人的生命体验。不知人们建造桥梁或在桥上穿行之时，到底在想什么？又是什么使得桥之所以为桥？

　　无论身在何方，我们都与自己的家庭、事业和曾经走过的道路紧密相连。21世纪以来，这条纽带不断延伸，与无穷无尽的网络和日常环环相扣，促进了人际交流，带来了前所未有的机遇；但另一方面，极度开放也意味着失控。缺乏界限与毫无限制的开放如此令人不安，人们不禁发出了限制沟通的呼声。对我们中的许多人而言，联系越密切，我们越容易对外界的来访感到焦虑；连接人心的桥梁反倒成了交流的障碍。门外，一道道桥沟通天下；内心深处，我们的主观世界究竟想要建起怎样的桥？桥是这个时代特有的问题，我们需要好好想想，桥是什么或者应该是什么。

　　有人说，桥梁如此超凡脱俗，必是天人的创造。文学作品中时有桥的影子，诺贝尔文学奖获得者伊沃·安德里奇写道："仁慈的真主第一次创世时，地球像一块精雕细琢的平板，光滑而平整，令魔鬼又妒又恨。最初，地球如上帝手捏之物，潮湿而柔软，好似未出炉的泥土。魔鬼偷走地球，用指甲在土地上划出深深的裂纹。"魔鬼的蹂躏造就了沟壑与河流，阻隔了上帝创造的生灵。于是，上帝派下天使，在裂缝上张开翅膀，让人类渡过沟壑，愉悦地生活在一起。"从此，人们从天使那里学会了造桥。他们认为，继喷泉之外，造桥也是极大的祝福，而阻人造桥则是莫大的罪过。"[1]桥梁是神圣的礼物，足以修复恶魔的破坏。

也有人说，大自然布满不可逾越的河流、不可攀登的山峰，一切存在皆有来由；不知何等邪恶的力量才能飞架高桥，干涉自然的秩序，满足人类的欲望。弥尔顿认为，这是人类失去乐园的根源。他这般描述道：人类世界如同链子末端的吊坠，快活地悬于天堂之下，不料撒旦突然改变了人间与天堂的完美关系。他穿过混沌的黑暗，从地狱摸索到地球，途中造了一座桥，顺着桥把自己的孩子"罪恶"与"死亡"带向人间。正是这最初的"移民"，为人类世界带来了竞争与分歧、骄傲与难耐的欲望。弥尔顿的思想有点偏激，他不赞同罗马教皇对英国的态度，加之古罗马语中"教皇"一词的本意是"最伟大的造桥大师"，因此《失乐园》中对桥的评价并不高，颇有向当时的造桥大师——罗马教皇发泄敌意之嫌。其实，早在弥尔顿之前的几个世纪，即使最谦逊的欧洲天主教徒也曾将危险的山间桥称为"魔鬼之桥"，一道歪歪扭扭、摇摇欲坠的小桥横跨天险，多么生硬、多么傲慢、多么危险。

视角不同，看到的世界也大相径庭，真不知到底是天使之桥，还是魔鬼之桥；是实体之桥，还是精神之桥。世间第一座桥也许只是小溪上横着的一截木头，便于人们去远方寻找食物。据吉尼斯世界纪录报道，我出生的土耳其伊兹密尔市有着世上仍在通行的最古老的桥——卡雷凡大桥。大桥建成于公元前850年左右，据说荷马小时候曾经来过此地。1856年12月20日，赫尔曼·麦尔维尔在日记中写道：近三千年来，桥上"骆驼、马匹、骡子和驴子组成的队伍连绵不断"。西行的商队走到这里，便到达了古代最长、最重要的贸易路线"亚述古道"①的终点。"亚述古道"绵延2500千米，西起帝国首都苏萨，东至士麦那港——也就是今天的土耳其西部港口城市伊兹密尔，这个新名字到如今也已经叫了几百年。然而，沿着亚述古道将商品运到地中海的船上，还需要穿过士麦那市郊区窄窄的梅莱斯河，于是人们架起了一座单拱石板桥，取名卡雷凡大桥，这座桥至今仍静静地矗立于此。

桥虽小却意义重大，连接广袤的海陆，沟通公路与船舶。自公元前850年以来的几千年间，其社会经济意义不断增强，如今每天有38万辆车通过伊兹密尔北部三座巨型吊桥，穿行于欧亚大陆之间。

与实体桥梁相比，精神的桥梁不那么显眼，但同样至关重要。宗教之桥通过崇拜和仪式，将信徒与人间之外的领域连接起来。例如本书第一章"神之造桥"中研究了精神桥梁的不同形式，从美洲土著的彩虹到中日传说中牛郎织女的鹊桥。文学之桥，将读者带入

---

① "丝绸之路"的一部分。——译者（本书脚注均为译者注，以圈码标示；原注排为书后注，以非圈码标示）

思想的境遇，本书第五章强调"文辞之桥"，尤其关注散文与诗性表达，认为表达方式越有新意、越经过深思熟虑，就越能超越词语本身的意义，深入描述隐喻的内涵（"隐喻"一词在古语中的本意就是意义的让渡）。隐喻的追寻之中涌现出许多双语和跨语言作家，本书将在"海桥与自我"一章中进行专题讨论，通过研究亚得里亚海的跨文化空间，发现看似简单直接的自我表达，本质上却回避了不同语言文化之间的智性协调。

音乐之桥与文学之桥类似，也有助于建立和强化人际关系。"音乐之桥"一章中以蓝调音乐为例，探索音乐跨越性别、种族和大陆界限的历史起伏。该章初始就将音乐当作普通的听觉现象，从感觉上将不在场的事物拉近，允许身体通过声音来进入其主体性。这本书还讨论了其他类型的桥，包括桥在伦理、情感和哲学方面的变体。

实体之桥与精神之桥之间，就像神性之桥与魔性之桥一样界限模糊。商业之桥与战争之桥比柏拉图或康德的著作对人类思维的影响更大。罗马巨大的石桥不仅将兵力推进欧洲，而且植入了"世界之都"（*caput mundi*）的意识形态。"海桥与自我"和"桥上的兄弟与敌人"这两章认为，文化交流的社会历史条件在很大程度上既是集体立场形成的基础，又是其挑战，尤其是在有争议或者共享的领土上，例如南斯拉夫战争时期的巴尔干地区，或者奥斯曼土耳其与其基督教邻国之间纠纷不断的边境。"断桥"一章讲述了第二次世界大战摧毁实体桥梁，冷战建起围墙，以及欧盟重新搭桥的故事。虽说欧盟目前仅处于防御姿态，但仍不断通过与伟大的竞争者们合作，搭建实体与象征的巨桥来辐射其影响力。每一座桥梁,同时兼具物质与精神属性。

更进一步,文化本身就是一座桥,一座由成千上万连接构件组成的桥。哲学家尼采将人生比作深渊上的悬绳,一头连着原始自然,另一头则是人类期待的自然。人类既是文化的创造者,又是文化的产物,与其说是像一道由无数拉紧的线编织成的悬绳,不如说是绳上的过客。我们不喜欢走钢丝,比起摇摇晃晃的悬绳,宁愿待在稳固踏实的地方;可惜人类没有选择,无人能够孤立地生存,人类社会的核心就是沟通,桥梁不可或缺。我们不能选择是否造桥,只能选择如何更有效地连接,例如要造多窄多宽的桥?要建多少座桥?最终通向何方?这便是我们遭遇的"驴桥"——中世纪思想家将解决数学问题中的关键步骤称为驴桥。造什么桥取决于我们如何解读自己身处的桥。"桥上人生"章节将"桥"这一过渡空间视为人生最终的居所。寻求救济与提供庇护的瞬间,人们的情感相连如桥。

艺术史学家约翰·罗斯金希望人们"像阅读弥尔顿或但丁那样阅读建筑艺术"[2]。他在《威尼斯之石》(1853)中留下了阅读建筑的范本,启发两代读者从空间形态中发掘思想。后罗斯金时代全面解读桥梁的范例则是1909年一篇六页长的短文《桥与门》。文中,哲学家格奥尔格·西梅尔从建筑学出发,通过概念、修辞与隐喻手段,逐渐超越桥梁的物质结构等形式特征,扩展到历史要素、文化关联与象征内涵,下面不妨简要介绍一下西梅尔的文章,看看桥如何通往历史、文化与象征。

西梅尔发现，桥、路、门、窗和墙都有一个共同点——既连接空间，又分隔空间，从而激发不同的情感与思想水花，彰显各自的独特存在。门是一个不断变化的障碍物，可向内或向外转动，充满了动态感与戏剧效果，而墙却并非如此。西美尔继续写到，门可以打开或关闭，"比单纯、无差别的墙，更具有强烈的禁闭感"。人们往往诗意地说，墙"是哑的，而门会说话"。走出一扇门，就克服了一道禁锢，激活了自由，拥抱四面八方；而踏上一座桥，却只通往单一方向。虽然桥上行动是可逆的，但"进门和出门的意味完全不同"[3][①]。

门内门外，又与窗内窗外大不一样。窗户只能由内而外地打开，且是部分开放，其意义在于"向外看，而非向内看"，还需要装上窗帘阻隔视线（荷兰某个著名景点不需要窗帘，里面的人不怕被看，或许那里压根儿就没有偷窥狂[②]）。透过窗户的只有视线，不像门那样具有"深刻而重要的意义"（第68页）。

一条路比一扇窗或者一道门连接的空间更广泛、更确定。西美尔认为只有人类才有能力修路，他对后来兴起的动物认知研究所知不多，但注意到动物比人走得更远，"走得很聪明，很不简单"。动物与人类不同，出发点和到达点始终是割裂开来的两个点，并没有连接起来；人类却能在两地之间修建道路以便往返。早期人类完成了一个激进但具有决定意义的象征性壮举——把出发地与目的地连

---

① 请见书后注前言注3，下文中括注页码均为注3中所标示书目的页码，并非本书页码。
② 指荷兰阿姆斯特丹红灯区。

接在一起，并以大量类似行为表明我们是"分久必合"（第66、69页）的生物。如此一来，即使两地相隔甚远，也可以从思想上连在一起。

人类克服地形分割最了不起的壮举，便是修筑桥梁。与道路不同，桥不仅克服了空间的被动分割，而且征服了大自然主动创造而充满戏剧性的大裂缝——水体或峡谷。桥比其他建筑形式更有想象力、更巧妙、更人工化、更抽象，常常显得如诗如画，甚至超越现实。一座桥的概念与审美意义往往超越了实际功用，为抽象的"结合"赋予了可见的形式，强调着人类对自然的贡献。桥梁"与相连的河岸之间的关系，不像房子与土地和地基之间的关系那样混乱，不像地基隐藏在房子下面，不容易看清"。桥是一条特殊的路，不仅出发地和到达地同质，而且两者之间的整个空间也属于同一性质。就这样，一座桥以极其显眼的方式，将河流的两岸化为"精神上的单一体"，使"运动凝聚成一个坚实的创造物"（第67、69页）；相形之下，窗户、门、道路与墙都无法产生类似的结合感。桥梁，令人类的连接之伟力跃然于形。

西梅尔的文章以大胆的笔触描摹建筑结构，追问人类认知的触动，鼓励读者进一步探索建筑的内涵。其中对墙的描写非常特殊，麦尔维尔的《抄写员巴特比》讲了一个关于墙的奇妙故事。抄写员巴特比在华尔街工作，每天大部分时间都盯着窗外对面大楼的墙，呆呆地，整个人就像一堵墙。每次，他的律师老板下达任务，他总是回答："我不想干。"调任这份工作之前，他曾在邮局的死信通知办公室工作。干的什么活儿？很简单，如果一封信因为收件人去世而无法送达就成了死信,他的工作是回信给寄件人:"很遗憾地通知您,某某先生已经去世。"邮局里,巴特比始终围绕着一堵墙工作,把寄信人和收信人分开。故事结尾,巴特比死了,死在人称"坟墓"的监狱墙下。书中将墙与司法机构联系在一起,仿佛在提醒读者,墙的修辞如何进入政治领域。温迪·布朗在《围墙国家》一书中提到,某国公民如何通过在现实与幻想中与邻国隔离,来使自己的祖国变得伟大。①

政治、心理和文学话语同样适用于卧室、走廊、地下室和阁楼。弗朗茨·卡夫卡特别在意窗户,不是为窗外风光着迷,而是为窗户特有的监控能力。卡夫卡的窗户将被观察者变成被监视的对象,人们漫步街头时经过的无数窗口,都成了追踪他们的监视器。

建筑结构的意义往往取决于其概念与文化表述。西梅尔等人对桥梁地理空间的阐释,吸引人们进一步从社会、历史和哲学角度去解读桥。从此,一个萌芽逐渐丰满,产生形象,发展为文学、绘画和哲学,进一步扩展为神话传说。墙是哑的,门在说话,而桥的声音比二者更嘹亮,也更符号化。

阿尔贝托·乔治·卡萨尼写过一本《桥的形象》,为更深层的桥梁研究提供了参考。这本书中,作为连接体的桥转变成符号或形象[4],但转换并非自动发生:只有当桥的内涵超越其视觉效果时,空间形态才转变为形象,不过几乎所有的桥都具有超越视觉的含义。

---

① 《围墙国家》讽刺了当时的美国总统特朗普修筑美墨边境墙的事情,其竞选口号是"让美国再次伟大"。

有历史的桥都带有一点象征色彩。修建金门大桥的目的是缓解旧金山湾的渡船交通，不料却在美国文明的陆地尽头，呈现出技术与自然融为一体的宏大画卷，产生了更加深层而壮观的效果。另一方面，这座桥无意中成了自杀者们的首选，如今已很难摆脱这种印象。此外，金门大桥还不断展现着人类渺小与眼前海洋广阔之间的崇高矛盾。无论能否在人脑中产生生动的形象，桥始终充当着与外界联系的交点，本书第六章"桥如绞架"以及第一章都讨论了桥向外部延伸的意义。

桥的故事可能比任何其他人造建筑都要多，每座桥至少有一个故事。据说，希腊的阿尔塔桥地基里埋着一个活人，以抵御大水；热那亚的莫兰迪桥，在当时（1967）是一个了不起的技术壮举，数百万意大利人从此通行于利古里亚的高速公路上，但大桥建成后不到五十年就轰然坍塌，带走了近四十条生命。这一事件引发的两个概念产生了广泛的影响：其一是桥梁的不稳定性，特别是技术上激进的桥梁；其二就是意大利国家机构的失职。每一座桥，讲述的不仅仅是故事，还是历史。

通过人类联想，桥以具体的形象承载起抽象的意义，如超越、风险等，逐渐作为概念进入了思想与语言。"建起桥梁，不造围墙！"之前的几代人向我们传达着与当今截然不同的思想。他们说："不要过河拆桥"，"船到桥头自然直"，或是"桥下的河，改不了道"[5]。其中的概念意义很清楚：桥意味着过渡与合作，高效与便捷的协调，开放与互惠。然而，更加晦涩的是文学和艺术中广泛存在且充满雄辩意味的桥梁概念。那些看不见的桥，混淆了桥式连接与单纯的接触或互动。

更加高深微妙的层面上，道德承诺、情感纽带、想象力与智力关系相互结合，以理论和道德信仰为黏合剂，构建出类似实体桥梁的内涵。可以说，世间一切皆桥，包括水路与我们飞越的天空——只要愿意将其理解为桥。可惜我们平素的理解方式通常是零散而局部的，缺乏桥式思维，很难将国与国之间的空间运输看作桥。桥式思维意味着积极跨越概念、文化和历史的鸿沟，一种思想在异国他乡扎根时，就成了一座桥；技术和社会机构亦然，且往往在着陆后适时改变功能，适应新环境。有些桥甚至无处可通，例如"无人行走之桥"：现实与情感对象永远无法到达目的地，也许因为一开始对目的地的规划就是错的。

下面几章中，我将从不同的历史与艺术层面来介绍一系列不同的桥，这里暂且浅说一点桥的特征与原则，以充实前言。

桥梁形态来自分离的拓扑结构，以地质或地理文化边界为前提，有时也会跨越国境，例如危地马拉和墨西哥之间的苏恰特河（可惜以目前的政治现状，只怕乘筏子过河反而更容易些）。另一个例子是韩国与朝鲜之间的汉江河口，如今几乎无人渡江，修桥搭船都没戏。

桥梁不断抵消、抵制或克服着令其分裂的力量，无论这种力量来自水流还是空气。桥梁将不相干的领土连接在一起，长久地连接下去。一座桥的互动非常有限，既不能中和两岸之间的差异，也无法形成一个统一的综合体，仅仅只是将两岸扣成一对，而这正是"结合"的关键。

桥梁本身超越了两岸的差异，引向和谐融洽，成为两者之间的第三个空间或阶段，成为穿越边界的通道。哲学家马丁·海德格尔在著名哲学散文《筑·居·思》中做了相关讨论，分析心理学家罗斯玛丽·戈登[6]亦对此很感兴趣，可见桥式连接本身就是哲学思索的关键问题。

桥是坚实的，不像虚拟、液体与数字世界中的连接那样转瞬即逝，缺乏稳定性。过桥时，我们不是在水面上滑行，也不是踩在石头上——桥下的支架或桥墩深深嵌入河床，否则水流可无法支撑一座桥。稳定多么重要，如果罗马城每隔五年或十年就变个样子，而不是以固定的建筑形态持续存在，人们无法随时返回，这样的罗马可还有往昔的荣光？注定朝来暮去的所在，永远无法成为建设的基础。一个世纪前，诗人保罗·瓦莱里曾饱受精神疾病之苦，他写道："中断、不连贯、惊奇是生活的常态"[7]。无所事事如同腐殖质，静静地、长久地留驻，却最终更有可能生发持久的关联。两千年前，朗吉努斯说："万物之伟大，在于有序的连结，形成了稳固的结构。"生活在罗马或博洛尼亚这样古老的城市，便与"过去"搭起了一座桥，不容易遗忘。当然，还有一些桥并不固定，例如可伸缩的桥、吊桥、被烧毁的桥等，可以参考以下规则来衡量这类桥：建立空间通道，需要首先理解其所处的空间。

一桥引向彼处，但并未与此地断开，人们总是能够回到原点。（再强调一遍，这种说法原则上正确，但亦有例外，如威尼斯通往死监的叹息桥，桥上走过的人将不再回来，除非成为一具尸体。）桥梁不是通往多条路径的门户，不是网关，不是植物的根茎，不是网络，也不是事物相交的界面，我们经历的一切皆可成桥。但越是如此，桥的存在感越稀薄，万物互联的世界几乎就是一个无法逃离的迷宫（ *labyrinth*[①] ）。

踏上一座桥，就踏上了目的不甚明确的前程，若隐若现的目标推着我们往前走——一定要过桥。公路旅行更容易即兴发挥，旅途一路开放；但桥的尽头却像一个标志、一个象征，暗示着眼前的不完整，引导人们走上桥梁、开始渡河。一座桥不仅仅是一个符号，而且是符号的符号，通往隐含的意义空间。

走过一座桥，意味着从熟悉走向陌生，这种设定本身就带有陌生感——一个陌生的过渡，一个间隙、关联与共同的空间，走上了桥就面临着与此岸截然不同的境遇。创意写作便是如此，从熟悉的事实走向新的理解；阅读则反其道而行之，将新发现的陌生感带回日常生活。倾听之时，类似的变化也在悄然生发。例如"音乐之桥"一章中提到，听音乐的过程，就是对入耳的声音及其目的解码的过程。聆听、阅读和写作往复交织的空间就是思想的空间，我们遨游其间，想象、回忆并决定未来。

过去的经历也许将成为桥式事件。有些大事具有世界历史意义，影响了许多人；但人世间大部分是小事，是微观的历史，没有超过一个人的一生，例如失恋、家人过世、移民、换工作等等。这些人生中的关键事件将生命形态转向另一个方向，但新的主观领域

[①] *labyrinth* 是古希腊传说中关押弥诺陶洛斯的迷宫，其设计者代达罗斯自己也差点儿困在其中。

无法完全取代之前的所在，只能将二者紧密结合在一起。当人们拥抱生活剧变、塑造新我之时，这些经历便成了桥，也可以称为桥式事件。

桥式事件具有决定性影响，两端从此皆有改变。这种影响就像保罗·德勒·莫纳凯的雕塑《记忆与遗忘之间》（图0-1）所描绘的那样，雕像置于土地和水面的边界上，一个主体向两个方向凝视，过去的一部分早已遗忘封存，记忆却裹挟着过往向前奔流。桥梁为双向运动提供了基础，但没有人会两次踏入同一条河流，你再次返回的土地也与之前离开的那片土地不一样了。曾经看起来简单的事情，现在也变得复杂。

桥是中介，却无法决定调解的条件，怎样通过谈判解决分歧仍是巨大的挑战。1853年1月16日，亨利·戴维·梭罗在日记中写道："朋友即对手，分居河流两岸。"[8]他到底在谈谁？作为对手的朋友，还是作为朋友的对手？两种解读皆无不可，两种关系中的张力保持开放。尼采也曾以很有个性的方式讨论过这个问题：

> 生命中的某一刻，我们曾如此接近，没有什么可以阻碍我们的友谊与兄弟之情，只有一座小小的天桥将我们分开。你即将踏上桥时，我问道："你想穿过天桥来找我吗？"你犹豫了；我再次询问，你仍沉默不语。从那时起，我们之间便阻隔了千山万水，想要再次相聚亦不可能。如今，一想到那座小桥，你便无言以对，忍不住啜泣与哀叹。[9]

图0-1 保罗·德勒·莫纳凯,《记忆与遗忘之间》(2004),青铜雕塑,285厘米×90厘米×70厘米。
艺术家本人供图

心灰意冷的年轻人杰尔吉·卢卡奇心里充满了疑惑：敌对的朋友之间既然能搭建桥梁，这座桥难道不会限制其行为规则吗？这位匈牙利哲学家如是写道："伦理是一座将我们分开的桥；我们在桥上来来去去，却总是回归自我，不曾遇见对方。"[10]一般来说，伦理意味着人们倾向于代表他人行事，而杰尔吉的忧心却是反直觉的。同时，伦理学也是一门规范性学科，常常固化为教条，规定人类互动的特定方式。最复杂而又最单一的人类经验总是强调伦理，令人们在该向谁忠诚的冲突中无所适从。以桥弥合的分歧并没有因此消失，有些甚至被强化了。桥梁本身促成交流，承诺通过交流来解决分歧，却最终令人失望。

以上便是我从后文中提炼出来的思想框架，还需要具体案例进一步阐释。每一座桥所创造的机会和挑战都超越了建桥之前的设想；每一座桥在提供新的解决方案之时，也创造了新的问题。

第一章

神之造桥

接住自己抛出去的球,

只需要一点小技巧,到手也不过如此;

唯当突然面对

永恒的队友以高超的技术,

精确地挥向你胸口的球,

你却一把接住球,顺着

神之造桥的曲线:

方才懂得如何承接美德……

——R. M. 里尔克,《只是捉住了自己的小虫》

彩虹之爱

我们不妨从桥梁的空间超越性说起,说说桥能跨越的距离。天上的桥,或诸如此类贯通天地的所在,将"结合"呈现为一幅想象或理想的景象,见证着某种人类最古老的倾向:人们总是参照不可见的事物来解释可见的一切,或将生命体验的重要情境精神化。"结合"是一种理想,早在科学解释出现之前,便已转移或投射于别处，鹊桥便是这样一种结合，颇为罕见而且转瞬即逝，这赋予了鹊桥一丝缥缈朦胧的意味，桥上定然有着金丝银线织就的彩虹与星辰，点点滴滴沉淀为民间神话与宗教信仰。

鹊桥，天上最不寻常的桥，却完完全全是临时的布置，只为七夕之夜让一对不朽的爱人相拥。据说织女住在银河的左边，牛郎却在河的右岸。如若七夕之夜没有大雨倾盆、银河暴涨，天上的鸦鹊便张开翅膀，搭成一座横跨银河的桥，许一位神仙渡河，聚一个短短的春宵。一年仅此一回，来年才能重逢；如果天公不作美，也许三四年方得一渡。

相爱的人陷入深深的哀愁，仿佛一生只为这一日而活："即使还有许多岁月可以朝朝暮暮，但我们超越一切的爱没有尽头。（为何上天偏要让相爱的人分别？）"[1]这到底是为什么？

这首关于牛郎织女星的诗歌是公元760年前用日语写成的作品，源自两千多年前的中国民间故事。学者拉夫卡迪奥·赫恩将其译为英文，传给了我们，他在书中写道：几百年来，人们写了无数诗行纪念一对爱侣的相会。可是，既然"超越一切的爱没有尽头"，上天为何虽接受他俩的婚姻，却终要将人拆散？诗中隐含的答案令人心灰，充满了大人哄小孩的似是而非，却也包含着万物的本质与规则：经济与孝道构筑成不可侵犯的道德边界，而二人的爱情撕裂了这个界限。理解这一点，首先需要了解故事发生的背景。赫恩的书中写道：

有一天，天帝可爱的女儿织女正为父亲织衣裳，卑微的英俊的农民牛郎牵着一头牛经过她家门口。织女爱上了牛郎,父亲出于善意,忽略了二人社会地位的差异,同意女儿嫁给牛郎。一切似乎都很顺利,新婚恋人爱得炽烈,忽略了对天帝的责任。梭子织布的声音不再响起,牛儿在天上的草原四处游荡,无人看管。于是,天父以一道银河分开二人,每年只允许相聚一夜,只有当"天上的鸟儿用身体和翅膀,在银河上架起一座桥,相爱的人才能在桥上相会"。以此保证他们有时间履行自己的社会责任。无论星空中的爱人被分隔了多久,"他们的爱却永远年轻,永远充满耐心;他们日复一日地织布放牛,从无差错,心里渴盼着下一个七月初七,一想到再次相会,就觉得满心甜蜜"[2]。

赫恩翻译了几十首歌颂牛郎织女动人爱情的日式短歌,并写下了如下耐人寻味、充满诗意的评论,这些翻译和评论确立了他作为19世纪作家的文学地位:

清澈的夜晚,在月亮升起之前的寂静中,
古老传说的光辉,从群星闪烁的天空降临我身,
令我忘却了科学的荒诞与空间的横亘,不再把银河看作
宇宙的巨环,不是亿万颗恒星无力照亮的深渊……
天宫似乎很近,很温暖,很有人情味;
我周遭的寂静充满了梦想,
梦想着永久不变的爱,不朽的爱——

永远渴望,永远青春,永远为父辈诸神的智慧所厌弃。[3]

牛郎织女的故事强调了精神秩序与身体爱欲的冲突,但他们的爱情与相会却令冰冷寂静的宇宙空间充满了人情冷暖。认识星辰、理解银河,为人类行为提供了一个超然的空间,成为丈量时空的"极点"或"维度"。这种超自然的空间本身,与地球上的人类生活别无二致——恋人们因为工作而分隔两地。鹊桥表达的意义是奉献,是对撮合者的致敬,是对无法衡量、无法分割的广袤宇宙的消解。鸟儿颤抖的身体与拍动着的翅膀汇成一道鹊桥,多么精巧,多么动人!不断提醒人们这场永恒的分别,以及分别之下固守的结合。鸟儿们合力造就了一出神圣的例外,凸显了相会的价值,消融了原本难以容忍的阻隔。天上的一座桥,不仅与世俗融合,而且消除了孤立,消除了因为承诺、克制与忍耐而导致的孤立,是对无法改变的可悲现状的短暂补偿。

天空中还有其他的桥,同样脆弱,同样稍纵即逝却令人敬仰,那就是彩虹。彩虹,一道天空之弧,本是罕见的天象,却常被视为连接凡人与神灵之所的桥梁。彩虹的水光、空气与光彩比鹊桥更令人神往,更虚无缥缈。不同文化的民间传说都认为,彩虹在天地之间搭起了一个神奇的通道。13世纪北欧神话故事集《散文埃达》中,刚刚登基的哈伊对伪王吉尔维说道:彩虹乃众神所造,凭以降临人间;虹分三色,充满伟力,"比任何建筑更富于艺术与技巧"[4]。人们将北欧神话中的彩虹桥称为"众神之桥",除了雷神索尔之外,其他神祇每日骑马穿过彩虹桥。"众神之桥"(Bifröst and

Asbrú）的古语由两个单词组成，其中Bifröst的本意大约是指"闪亮的道路"或者"摇曳的天路"，有的学者认为这就是银河——牛郎织女横渡的大河。[5] 19世纪晚期，瓦格纳歌剧《莱茵河的黄金》使彩虹通往神界的说法广为流传，剧中的神王沃旦带着神使们来到了新建的瓦尔哈拉城堡。许多插画都描绘了这个场景，众神居住的宏伟城堡以一道彩虹桥与宇宙相连。（图1-1）歌剧剧情源自北欧神话中的"亡者大殿"，据说飞翔的女武神瓦尔基里将战争中死去的武士们带到这里，成为自己的情人。英雄们在此为最终的战斗做准备，这场大战终将摧毁整个地球，开启宇宙的新起点。

彩虹，世人眼中最缥缈的一道桥，也许本就是一种发散，一

图1-1 马克斯·布吕克纳，《瓦尔哈拉》（1896），这是根据理查德·瓦格纳的《尼伯龙根的指环》中"诸神的黄昏"而设计的场景，纸上色版画，23厘米×28厘米。

种意义与能量的精神传递。古希腊人将七彩桥视为带翼的彩虹女神伊利斯的专属通道，以便这位信使将神的旨意传向人间。当然，她只是奥林匹斯众神的信使之一，最重要的信使当属赫尔墨斯（Hermes），他的名字是"阐释学"（hermeneutics）一词的由来。阐释学研究的正是传递智识的桥梁，这是解释行为中必不可少的一环，这门学科将特定文化与历史中的信息接收者与需要解释的符号连接了起来。[6]不仅如此，诺亚方舟中的彩虹之约，还标志着大洪水的结束，宣告上天与地球生灵之间达成了新的协议，协议中对人类存在的尊重与上帝释放大洪水之前的态度迥然不同（《创世记》9：13—17），这绝非偶然。彩虹是一种玄学理解，一个脆弱的盟约，转瞬即逝，强调着万物易变的规则，与人们对于盟约的一般认识截然相反。事实上，彩虹的内涵是显现与连结——顿悟，刹那间看到了彼岸的风光。

超自然的石桥

彩虹的其他故事同样令人唏嘘，充满了破碎感。美洲大陆上，彩虹桥见证了人类与永恒生命之间的拥抱，与北欧神话中描述的一样缥缈易折。据说有一个网上宠物公墓的名字就叫作"彩虹桥"，只要支付一定的费用，悲伤的主人不仅可以为心爱的宠物选择虚拟坟墓，还可以设置坟墓所处的季节。

美国犹他州的彩虹桥是世界上最长的天然拱门，早在1910年被白人移民塑造为国家纪念碑之前，便对原住民具有深刻的神学

图1-2 犹他州的彩虹桥。
汤姆·希尔供图

意义。(图1-2)美国原住民一再反对在彩虹桥开发旅游,认为那是圣人相会的神圣之处,却终究没能阻止1966年联邦政府放出格伦峡谷大坝的水,淹没了峡谷里的圣人。纳瓦霍族和其他四个原住民部落在彩虹桥附近贴出告示,要求游客和参观者不要靠近彩虹桥或直接走到桥下,这是其抗争取得的唯一成就。从桥下穿过于逻辑上很不合理,在纳瓦霍族看来,这座桥是灵魂通往黄泉的入口。政府向印第安部落做了一点让步，不再重新铺设通往此桥的人行小道，以免影响灵魂的往来。[7]几英里①外还有一个名叫天然桥的岩石拱门，霍皮斯人将它称为"西帕普"（*Sipapu*），意思是"出世之处"，据说是其先祖初次来到人间的门户。[8]

卡尔·W. 卢卡特编撰的口述历史书中收集了犹他州彩虹桥（纳瓦霍人称之为岩石拱门〔*tsé naa Na'ni'ahi*〕）的故事。据当地人口述，1863年前后，纳瓦霍人为逃离基特·卡森军队②的追捕而来到此地。刹那之间，一道彩虹从天而降，救于倒悬。彩虹仙人是神的化身，或一体双魂的精灵，最初神降于纳瓦霍山上偏北的方向，保护当地部族免受美国军人屠戮。药师弗洛伊德·拉夫特口述到，两个精灵爬上彩虹，就能回到父亲太阳神身边。另一位纳瓦霍族歌手说，他自己就能顺着彩虹爬到石桥顶上。[9]

美国土著神话故事源远流长，为流着切罗基人血统的歌手吉米·亨德里克斯③带来了无尽的启发，他的作品中就有着天空旅行的想象。无独有偶，夏威夷人也相信，夏威夷神灵通过彩虹降临人间。1970年7月20日，在夏威夷举行的"彩虹桥"音乐会上，亨德里克斯表演了几首歌曲。[10]这是吉米·亨德里克斯最后几场演出之一，舞台旁边不远就是当地宗教中另一个世界的入口："太阳之

---

① 1英里约为1.6千米。
② 基特·卡森（Kit Carson, 1809—1868）是美国历史上所谓的西部英雄，最显著的成就之一是指导探险队侦察并绘制向西的路线图，并参加1846年美墨战争，成为征服加利福尼亚的关键人物。但是对于被征服的印第安土著而言，他是一个刽子手。
③ 吉米·亨德里克斯（Jimi Hendrix, 1942—1970），美国吉他歌手、作曲家，被认为是摇滚音乐史中最伟大的电吉他演奏者，1970年9月死于迷幻药过量。

屋"火山与毛伊岛上一位半神的住所。音乐会及其"彩虹桥"之名，由崇拜行星冥想的新时代教派冠名赞助，这个教派对盖亚假说的精神内涵做了深入阐释，赞美有机生命与无机环境的积极互动。亨德里克斯运用非凡的想象力，从彩虹出发，描述了其他星球上的灵魂。1967年发行的歌曲《轴心：大胆的爱》中，彩虹七色拟人化为各自独立的人类情感，"一直牵制着我，使我无法将生命交付给像你这样的彩虹"，歌中的"轴心"是"一个无所不知的神秘存在，为现实世界和精神世界之间架起了一座桥"。[11]亨德里克斯曾到过彩虹桥，据说在桥上看到了不止一位天使。1969年，他还曾为伍德斯托克音乐节上演的音乐剧《吉卜赛的太阳和彩虹》配乐并出演，其乐队名唤彩虹，他本人就是流动的太阳。①

卢卡特编撰的口述历史中关于彩虹的故事，到底对亨德里克斯产生了什么影响，人们只能凭空想象，但书中还有许多其他值得深思的故事。有一个故事中，两个走失的凡人女子偶然来到水神的居所，希望留在这里，神灵拒绝了她们，驾彩虹送其归家。她们从彩虹上下来，来到了纳瓦霍山附近，彩虹则化作上文中的岩石拱桥。还有一个故事里说，熊人与大蛇人同行，前往大陆的最东端，一直走到一座山前，水沿着山的两侧向上流淌。山巅之上，山化作了云，汇聚世间之水，成为雨的源头。熊人和大蛇人登上云端，踏着彩虹回家，彩虹在他们落地的瞬间，化成巨石。[12]彩虹方便了旅行，沟通人类与神灵，随即石化，然后我们所知的

---

① "流动"（itinerant）一词在英语中还有"巡回演出"的双关意义。

世界便结束了。

彩虹桥附近是彩虹峡谷,与"地球之首"山脉接壤。很久以前,凡人、神灵与兽人一起,和谐地生活在山里。最终,众神(也就是印第安人的圣人们)离开此地,隐居起来。有些人住到峡谷岩石上的风蚀洞穴中,有些人融入了哨兵般的巨石,监护着峡谷中的神圣之地。故事继续讲到,即使神灵也无法阻止彩虹桥像北欧神话中的天路一样坍塌,将灾难普降于信徒与不信者头上。无人知道大灾难究竟是什么样子,正如人们无法想象北欧神话中"最终的战斗"的场面。不妨透过抽象派画家瓦西里·康定斯基的眼睛,把一切想象成精神与物质间的宇宙大战,康定斯基在论文《艺术的精神》和画作《构成第四号(战斗)》(见第179页图版1)等作品中如此描述这场冲突——无数战斗的长矛,左手边高高跃起的马群,与纳瓦霍山一样高的山峰旁,一道彩虹退到了地平线,预示着盟约的失败。

西拉特、奇纳瓦德与最伟大的造桥大师

彩虹是物质世界与非物质世界之间的可见关联。8世纪日本编年史书《风土记》中有这样的创世神话:天桥立沟通天地,众神随意出入人间。一日,众人安睡之时,天桥坍塌入海,形成了如今京都西部3千米长的壮观地峡。(图1-3)为了避免人与神自此隔阂,日本建筑师设计出一座拱桥,横跨地峡,直达神道教的神社门口,将拜神者送入神的领地。据说,这座天桥能净化渡桥者的灵魂。

图1-3　日本宫津湾的天桥立。

　　月冈芳年以朱漆绘制的日光神桥（图1-4）通往三位神灵的墓穴，这座桥也被称为"山菅的蛇桥"。传说公元766年，一位神灵将两条蛇投向峡谷，化作神桥。不过，月冈芳年所绘的神桥，也就是我们今天看到的这座桥，其实是画中的幕府将军德川家光于1636年命人所造。几个世纪以来，这座桥只允许贵族、武士和宫人出入。

　　宗教故事中写到，地狱的苦难之上有一座桥，每一个灵魂必须渡过此桥，才能到达来世。阿拉伯语中将这座桥称为"西拉特"（Sirat），取其"路途"之意。据说桥细如发丝，锋利如剑，正直的人"一眨眼就过了桥，有的人过桥像闪电、强风、快马或者母骆驼一样快，［而其他人］则跌入地狱"[13]。伊斯兰教中的西拉特形象，

图1-4 月冈芳年,《德川家光与井伊直孝在日光神桥①上》(1878)。

① 日光神桥是日本唯一在山间峡谷使用"吊桥"形式的古桥,也是日本三大奇桥之一(其他两座为山口锦带桥和山梨猿桥)。

来自古代波斯拜火教①中的"连接之桥",能直通另一个世界。顺着桥走到时间的尽头,天使拦住过境的灵魂,严格考察他们在地球上的行为,确定灵魂该去的地方。

中世纪基督教故事中有许多关于火桥的描述,失去了身体的灵魂需跨越火桥,才能来到最终的安息之所。对于罪孽深重的人而言,这座桥又窄又滑;然而在正直的人看来,桥面宽阔而安全。古代圣人们的口述中充斥着火桥的各色版本,无论是罗马教皇格列高利的对话录,还是圣保罗、圣雅伯里、爱尔兰骑士唐代尔的幻觉②,炼金术师佐西莫斯讲的故事,以及日耳曼和凯尔特民族的民间传说,乃至18世纪《守灵者哀歌》[14]中的炼狱恐惧桥,都有火桥的影子。14世纪末一幅令人眼花缭乱的意大利壁画(图1-5)中,在基督教所谓最后审判的现场设置了一座桥,桥底宽,桥顶窄,"选中的灵魂在天使的帮助下安然过桥,其他人则跌入下面的流水,恶魔在下游等待"[15]。北欧神话为即将离去的死者们安排了一座渡桥,名为"加拉布鲁"(Gjallabrú),桥上的顶棚覆盖着"闪闪发光的黄金茅草"。这座桥并非穿过地狱,而是直接通向地狱,但并不惩罚不义之人。北欧的地狱收容的灵魂,大多是因不光彩的疾病或年老而衰亡,这些怯懦的灵魂在阴暗的角落里瑟瑟发抖。

---

① 拜火教,即琐罗亚斯德教(Zoroastrianism),是基督教诞生之前在中东最有影响的宗教,也是古代波斯帝国的国教,在中国称为"祆(xiān)教"。
② 《唐代尔的幻觉》是爱尔兰骑士故事,主人公唐代尔曾陷入三天的假死状态,一位天使带领着他来到了天国和地狱。他看到地狱中可怕的惩罚之后,对自己曾经做过的错事十分后悔。

图1-5 《最后的审判》(14世纪末),意大利洛雷托阿普鲁蒂诺村圣马利亚教堂壁画。图源PescaraPost网站(https://www.pescarapost.it)

　　抛却无数神话传说,生命与来世之间最宏伟的桥仍然只是一个虚无的概念,却大受宗教机构支持。据说天主教的教皇陛下为人间带来了连通生死之桥,相关记载铭刻在罗马几十个纪念碑上,暗示教会能为人们提供一条精神通道,使堕落与世俗的肉体得到永恒的救赎。拉丁语中,造桥者与大祭司或主教正好是同一个词,而教皇作为"最伟大的造桥大师",建造了所有通往天堂的桥。第一任教皇彼得,守卫着天堂大门,他的后裔得以搭建天桥。

　　天下桥梁无数,却无一座如罗马教皇造的桥那么坚固、那么伟岸——建造在彼得之岩上，由罗马帝国政治机构鼎力支撑。基督教出现之前，"最伟大的造桥大师"就已存在，领导着大祭司（造桥者们）组成的委员会，共同构成国家最高精神权威——罗马教会，负责解释和监督宗教仪式、法律与传统，其职能是调解罗马众神的权利与人的义务，在二者之间架起桥梁，当然偶尔也宣讲教义，也就是"造桥"。

大祭司称谓的拉丁语词根就是"桥"的意思，这绝非偶然。罗马教会还负责监督维护水上的实体桥梁，特别是罗马台伯河上的苏伯利修斯桥。[16]公元前63年，当恺撒大帝正式成为罗马教会大祭司长时，"最伟大的造桥大师"这一称号一般用于称呼罗马最高权力机构——罗马皇帝，直到公元4世纪末罗马皇帝格拉蒂安放弃这一称号（可能是因为他是基督徒，而教皇的头衔有更恰当的人选，那就是格拉蒂安所信仰教派中的牧师）[17]。当时，"造桥者"（*pontifex*）作为精神领袖之意，指的是主教，而"最伟大的造桥大师"则是首席主教，也就是教皇，这是爱好和平的拿撒勒犹太人以信仰征服罗马帝国的方式。基督教逐渐成为罗马的国家宗教，并利用"世界之都"的政治机构来运营：吸收外来信仰，与现有传统相结合，通过系统机制发扬一神论教义。

维护实体桥梁对罗马教会有多重要？耶稣出世之前，人们曾就这个问题反复辩论。早期有一位教皇坚持认为，"最伟大的造桥大师"这一称谓与维护实体桥梁的平凡任务毫无关联，仅仅表明教皇无所不能，达到了人类潜能极限。他将"造桥者"的拉丁文拆解成"建造"（*posse*）与"潜力"（*facere*）两个词根[18]，但这种说法并没有得到太多人的认同，更令人信服的观点是："造桥者"的拉丁词根并非"潜力"，而是"桥"。早在罗马出现第一座桥之前，拉丁词根"pons"还没有"桥"的意思，而是指道路或者通道。《美国传统词典》印欧语词根附录中，将"造桥者"解释为"修路人"，与意大利文艺复兴时期的建筑大师莱昂·巴蒂斯塔·阿尔伯蒂和安德烈·帕拉蒂奥等人后期的观点不谋而合。他们都认为，桥梁是道路的延伸，意大利中部的道路建设相当于搭建桥梁，以"固定的点来指示道的方向，而非一条若有若无的路，迷失在视野开阔、人烟稀少的郊外"[19]。

拉丁词根"桥"（pons）来自吠陀梵文中的"桥"（pánthāh），希腊语中还有一个同源词"海"（pontos），或许因为希腊人并非造桥者，而是渡海而来。作为"造桥者"词根最古老的来源，梵文pánthāh不仅仅是指从一个点到另一个点的通道，而且强调这是一道艰辛、充满不确定性、危险而不可预测的通道。[20]1944年，多娜·路易莎·库马拉斯瓦米通过对《梨俱吠陀》（约公元前1700—前1100）等亚洲文本的研究而提炼出了这一词义。最近有一项研究，讨论拉丁文"造桥者"与古梵文宗教诗《吠陀》中"造桥者"（pathikrt）之间的关联，认为前者开辟的道路是"为众神参加祭祀而设；后者则是祭品上供的通道"，或是人类为获得众神关注而举行祭祀仪式的地方。[21]到基督教时代，造桥成了天主教教皇的专属职能，只有祭司长能打开通道（宗教改革者马丁·路德质疑其有效性）。据说这是一条通往全能神的危险之路，普通人必须在罗马教会的监护下才能顺利通过。

每一座桥都连接着另一个世界

出入冥界

马丁·路德不仅反对罗马教廷,而且对进入天堂的条件也有异议,这就涉及"造桥者"的另一个内涵。总的来说,路德针对的是梵蒂冈过度"教皇化",也就是将其精神功能与政治功能相关联。他认为,如果任其发展,最终将导致罗马帝国的政治机构与教廷融合。几百年前,天主教创立之初,教皇曾有过这样的地位。1077年,德皇亨利四世在卡诺莎城堡向教皇的权威投降[①]。德皇的屈服是教皇派系搭建的一座具有历史影响的桥,通过著名(但系伪造)的皇家文书《君士坦丁的赠礼》正式确认:教皇的权力不仅限于都城罗马,还覆盖整个罗马帝国西部。自此之后,罗马教会在世俗与宗教事务中的双重要求,一直令其他政治主体,尤其是教会的政治对手如鲠在喉。但丁·阿利吉耶里出身于归尔夫教派,表面上是教皇制度的支持者,但1302年教皇卜尼法斯八世颁布《教皇敕令》把宗教权力绝对化时,但丁明确地反对宗教权力过度膨胀。敕令宣称:"为了救赎,每个人都必须服从罗马教皇。"敕令还引用福音书道:"教会及其权力中有两把剑——精神之剑与

[①] 教皇格列高利七世趁德国国内局势未稳之际,命令亨利四世放弃任命德国境内各教会主教的权力,宣布教皇的地位高于一切世俗政权,甚至可以罢免皇帝。亨利四世不愿听从,继续任命主教并以召集德意志主教会议宣布废黜教皇作为对抗。教皇格列高利七世发布敕令,废黜德皇亨利四世,革除其教籍,解除臣民的效忠誓约,同时德国国内以公爵鲁道夫为首闹独立的一些诸侯宣称,倘若亨利四世不能得到教皇的宽恕,他们将不承认他的君主地位。1077年1月,德皇亨利四世冒着风雪严寒,前往意大利北部的卡诺莎城堡,向教皇格列高利七世"忏悔罪过"。三天三夜后,教皇才给予亨利四世一个额头吻表示原谅,这就是"卡诺莎之辱",后来成了屈辱投降的代名词。

世俗之剑……以真理为证，真理从属于精神权力，能建构世间权力，并审判其不善。"[22]换句话说，条条大路通罗马，教会之桥构成并强化了无数通往罗马的道路，不仅形成了宗教-政治纽带，而且再一次确认了罗马对整个西欧精神与世俗事务的中央集权帝国式管理。教皇所到之处皆是罗马，教皇的影响力延伸到哪里，罗马的权力就到达哪里。

1312—1313年，但丁在《君主论》中批判教皇的世俗野心，反映了他对教皇卜尼法斯八世之桥的看法。《神曲》中隐含着一个看似无害的比喻，将地狱中紧密排布的两支罪人队伍，比作1300年禧年庆典期间通往梵蒂冈的桥上的双向交通，而这一庆典正是来自教皇卜尼法斯八世的策划：

罪人赤身露体，沿着边线前行，
中间为界，一队人迎面走来，
另一队人加快脚步，相向而去。
恰逢禧年，
朝圣者众，
罗马有办法让人过桥，
一边的行人朝着城堡，
朝着圣彼得大教堂，
另一边面向圣山的方向。[23]

以上诗行出自《神曲·地狱篇》第18曲，在欺诈者中反复提到"桥"及其同义词，比《神曲》其他章节提到的次数都要多。当时，许多人认为，禧年庆祝不应该为前往罗马的朝圣者大赦其罪，完全免除应有的惩罚，甚至不需要在炼狱中赎罪。但丁不是新教[①]改革派，但他注意到教皇的禧年大赦主要是为了经济和政治目的服务，因此持保留态度。他认为，将地狱罪人和蜂拥至罗马寻求救赎的信徒相提并论，给教皇大庆带来了阴影。更糟糕的是，以教皇卜尼法斯八世为代表的宗教领袖，为实现"世界之都"的帝国设计，滥用了宗教之桥。于是《神曲》下一曲中，但丁突然发现地狱早已为这位西门主义[②]教皇安排了下场：教皇卜尼法斯八世将与其他贩卖精神救赎者一起，被头朝下埋入深沟，沟里原本住着教皇尼古拉三世，他宣称卜尼法斯八世来地狱后不久（根据《神曲》上的说法，卜尼法斯八世注定死于1303年），另一个"行为更丑陋"的家伙也将来此，这个人就是教皇克雷芒五世，他将教皇的政治桥梁延伸到法国阿维尼翁，并于1309年将精神之都也搬到了那里，只为与国王们沆瀣一气。（《神曲·地狱篇》19：79—114）

基督教征服罗马之前，从肉体到永恒救赎的通道并不像某些教皇所说的那样是一条直线，也并不如来世那样容易抵达。古代罗马人和希腊人都认为，生者与死者的世界被一条宽阔得几乎不

---

① 新教（Protestantism），亦称基督新教，与天主教、东正教并称基督教三大流派。包括16世纪欧洲宗教改革运动中脱离罗马普世大公教会（大公的基督教）而产生的新宗派及随后分化出来的更多宗派，因抗议罗马公教（即天主教），不承认罗马主教的教皇地位，又被称为"抗议宗"。

② 西门·马格斯：据《圣经·新约》记载，西门·马格斯名义上是基督徒，实际上是极端异端者。

可逾越的大河分割开来,其间不允许任何互动交流,任何宗教忏悔的精确方法、路径或者崇拜仪式都无法保证灵魂安全过河。流水隔开了两种秩序,完全无法架桥。作为世俗边界的冥河,是一种绝对的存在,以至于奥林匹斯众神必以冥河之名起誓。古罗马诗人维吉尔称之为"有去无回"(irremeable)之河,可以越过却永不回返,这个英文单词就是由词缀"不"(no)和词根"回来"(back)共同构成。只有冥府渡神卡戎的小舟才能渡过冥河及其支流阿克伦河(又名"黄泉")、科克托斯河、弗列格通河和勒特河(又名"忘川")。渡神卡戎只为符合条件的人掌舵,让渡河者自己划船穿过冥河。《神曲》中,但丁来到阿克伦河岸边,悲哀地发现,万一卡戎察觉一个活生生、心跳不止的肉体试图溜进冥界,那就糟了,必会对冒名顶替者发出无情的怒吼。

传说中的冥界无法容忍人工建筑。冥河之水不能涉足而过,也不允许死灵返回,从而保护活人不受侵袭。或许正因如此,意大利城镇总是将墓地建在远离溪流的地方。[24]

著名诗人T. S. 艾略特在长诗《荒原》中以夸张的诗行,暗暗引用《神曲·地狱篇》,将伦敦比作冥界,成群的死者从伦敦桥上走过:

> 虚幻的城市,
> 冬日清晨的棕色浓雾中,
> 人群流过伦敦桥,那么多人,
> 没想到死亡带走了那么多人。[25]

这里的死者，指的是疲惫不堪的文员，拖着沉重的身体，走向大都市金融区，这个意象源自中世纪诗人的典故。但死亡人群穿过城市主桥的场景或许并不恰当，艾略特本应当让这些没有生命的灵魂聚集在伦敦桥对岸圣玛丽·伍尔诺特教堂前的广场上，跟跟跄跄地朝英格兰银行走去。

冥河禁止跨越，只有最神圣的神话英雄才能打破这庄严的禁令。赫拉克勒斯穿过阿克伦河，抓住了三个头的地狱看门犬刻耳柏洛斯；俄耳甫斯为了救回妻子欧律狄刻而渡过冥河；忒修斯和庇里托俄斯跨河绑架了冥王哈迪斯的妻子珀尔塞福涅。神话已然远去，活着的冒险家最终只能证明，死者无法复生。不过"卡特巴斯"（catabasis）[①]似乎是例外，这个词是指勇士冒险下到冥界完成任务或寻找宝藏的希腊民间故事，例如阿尔戈寻找金羊毛的传说。只有在这些令人惊叹的故事里，勇士们才能无视两界之间不可逾越的隔绝，往返于生死之间。

北欧神话、《古兰经》和拜火教中通往冥界的桥，是为了确保死者脱离生命；希腊罗马古典神话中的冥河上没有桥，以免双向通行将亡人带回生命此岸；然而，中国神话故事里却有一道跨越冥河的桥——奈何桥。亡者的灵魂离开十殿阎罗，喝下孟婆汤，顺着奈何桥走向彼岸，投入六道轮回，"在桥下泡沫激荡的急流中，冲向四方大洲，转生为人、兽、鸟、鱼、虫"[26]。（图1-6）

[①] catabasis（或称katabasis）是一个源自希腊语 κάτω（down）和 βαίνω（go）的术语，指的是某种形式的下降或下沉，神话故事中是指勇士冒险下到冥界完成任务或寻找宝藏的希腊民间故事。

图1-6 《奈何桥》，摘自：亨利·多雷，《中国民间信仰研究》，第七卷，第二部分，第298页。

无论两界如何隔绝，天选的英雄们总是能够安然越过受到刻意保护的实体与精神边界，下到冥府。例如通过"亡灵祭奠"仪式，奥德修斯和埃涅阿斯都曾到访冥府，寻求前辈的建议。对他们而言，建立沟通生死的渠道，就进入了更广泛的地球生命本体，激活了知识的桥梁，这才是以宗教、神话、哲学和仪式跨越生死深渊的真正意义。通过诗歌、绘画与雕塑，通过巫术与占卜，通过医药科学神秘的自然力量，古人的智慧连通着已知与未知。关于异教众神的人类学研究表明，历史上定然发生过不同领域之间的本体互动：神灵生活在人类之中，以彩虹为信述说愿望，通过神谕与先知转达给凡人；欧洲文化圈之外，神灵通过万物有灵或者萨满直接与人交流。

　　无论冥河上有没有桥，埃涅阿斯、奥德修斯和吉尔伽美什都顺利进入冥界，并安全返回人间，讲述他们的故事。但丁本人也属此列。艾略特曾引用他的诗行，描述伦敦桥上僵尸般的过客："没想到死亡带走了那么多人。"《神曲》中写到，但丁来到阿克伦河畔寻找地狱入口，却被淹没在聚集于此的无数灵魂之中，不禁发出了诗中引用的感叹，可惜这成群结队的亡灵无法渡过冥河抵达冥府，他们上不了天堂，永远滞留在地狱边境"林勃"；又被排除在地狱之外，因为没有勇气坚持道德立场——无论是地狱还是天堂的道德。他们永远无法以合适的方式死去，因为自一开始就没有以合适的方式出生；他们精神麻木，呆滞地走过艾略特的伦敦桥，对过桥毫不在意。

十字架与地狱之桥

但丁穿越地狱、炼狱与天堂之行，比维吉尔的《埃涅阿斯纪》[①]或者荷马的《奥德赛》中的任何旅程都要长，《神曲》的旅途似与"将来之世"分享"超现实之世"的知识。卡戎带着但丁渡过阿克伦河后，他首先想到的不是埃涅阿斯或奥德修斯，而是一位更早到过地狱的先贤：耶稣基督。他未非接受惩罚，而是活着来到地狱。"地狱之路"（虚构的说法，1215年成为教会教义）的故事里说，耶稣曾下到冥界，拯救有德行的异教徒，这些人不知基督之名，也不曾受其眷顾，需要特殊的豁免才能进入天堂。于是，基督的死亡与复生成就了一道桥，实现了从生到死、从死亡到永生的逾越，这也许就是犹太逾越节最初的由来。

跨过冥府大门之际，但丁的引路人维吉尔提到了"地狱之路"，自述亲眼所见，内情详述于《神曲·地狱篇》第12曲。他说，基督耶稣到来之前曾发生过宇宙级地震。但丁的早期读者可能注意到了这个典故，据说耶稣被钉死于十字架上这件事引发了一场大地震，劈开了耶路撒冷宏伟的圣殿，无数灵魂涌出坟墓，飘荡在圣城（《马太福音》27：51）。劈开坟墓是一种诗意的说法，进入冥府的主体显然早已死亡，却因此重生，在短暂的沉沦之后，获得了永恒。

异教徒维吉尔并不了解地震的起因，但完全懂得其精神意义：

[①] 《埃涅阿斯纪》是维吉尔所著的12卷拉丁文史诗，被称为最有影响力的拉丁文著作，通过罗马人先祖埃涅阿斯的故事，探寻苦难和死亡的含义。

>……四面都是陡峭肮脏的山谷,
>
>　这般颤抖,我以为是宇宙
>
>感受到了爱(有的人坚信,为了爱,
>
>　世界常变得混沌)。
>
>　　　　　　　　(《神曲·地狱篇》12：40—43)

　　古希腊哲学家恩培多克勒一派认为,混沌由爱而生;基督徒但丁却觉得,朝圣者与维吉尔在地狱漫游所看到的混乱景象,由形而上的爱所支配,反映了更高的意志。诗中地狱大门上写道:冥界亦由"本源之爱"所造(《神曲·地狱篇》3：6),爱对于毁灭地狱具有深远的发散意义,《神曲》后文中有着清晰的阐发。

　　后人经过讨论,形成了统一口径,认为地狱本是惩罚欺诈之处,但耶稣受难引发的地震摧毁了地狱中的所有桥梁。这种观点诗意恰然,欺诈捏造了人桥美好的外观却毁坏了其内在,多亏基督的地震毁掉误导之桥,暴露出骗子们的虚假承诺。但丁来到冥界第五条壕沟的经历,完美证明了基督之死所展现出来的毁桥之力。《神曲·地狱篇》第21曲中,他发现自己和维吉尔穿越峡谷必须要走过的一道桥已然坍塌,这个场景对于但丁而言具有特殊的个人意义:这一层地狱惩罚的罪行,与他被佛罗伦萨放逐时冠以的借口一模一样,罪名就是"失职",又称公职腐败。壕沟上没有桥,旅行中的但丁极有可能滞留于此,令诋毁者快意。为了进一步加深危机感,但丁在此层为自己创设了比地狱其他地方更加紧迫的危险,一不小心就会被魔鬼抓住。《神曲·地狱篇》中这一段异常漫长的情节，使但丁和维吉尔都显得格外脆弱。

诗篇开篇很轻松，他们在山脊顶上漫步，畅所欲言，谈论着与《喜剧》①无关之事，轻快地穿过一座又一座小桥。

> 我们从一座桥走到另一座桥。
> 谈论与我的《喜剧》
> 无关的事情，一路来到山顶，
> 　然后停下脚步，窥探
> 恶沼的另一条沟渠与其他徒劳的哀叹。
>
> 　　　　　　　　（《神曲·地狱篇》21：1—5）

开头的氛围很轻松。但丁岔开话题，避而不谈《神曲》，其实是以调侃的方式暗示，眼前的处境不是自己的过错，但事实并非如此。两人从一座桥走向另一座桥之时，魔鬼马拉科达告诉他们，前方的桥断了，并暗示桥断的原因与基督有关。

> 他对我们说："沿着山脊，走得再远
> 也没用，因为第六座桥
> 　——从底部——断成了碎片。
> ……

---

① 《喜剧》就是指《神曲》。《神曲》的意大利文原名是《神圣的喜剧》(*Divine Comedy*)。但丁原初取名《喜剧》，薄伽丘撰写《但丁传》时，为了表示推崇而加上"神圣的"一词。下文均译作《神曲》。

每一座桥都连接着另一个世界

> 自从此路破碎,
> 从昨天这个时候算起,不过五个小时
> 人间却已过去了一千两百六十六年。"

(《神曲·地狱篇》21:106—114)

恶魔的精确记忆换算成年,正好是1266年再加一天(耶稣受难日),学者据此计算出对话发生的时刻为1300年4月9日星期六上午7点。然而,恶魔后面的话就开始误导但丁和维吉尔,试图使他俩以为断桥之外还有另一座完好的桥。他们按照恶魔的指点来到那里,却没有找到桥。这一刻,但丁感受到了恶魔的威胁,没有桥,他就无法前进,地狱戏剧般地"切断了(来者的)救赎之路"。[27]

《神曲·地狱篇》第21—24曲中描绘了地面崎岖、无法通行的景象,可与此处但丁无法下脚的画面类比,此外第12曲中也有救世主之死导致地面不再平坦的隐喻,迫使但丁取巧穿过不通之路继续前进。例如他曾在悬崖上被可怕的牛头人挡住了去路,便顺着耶稣受难引发的碎石滑坡,从崖壁飞奔而下。诗中暗示:"巨石破碎,仿佛为上面的人开辟道路。"(12:8—9)

根据基督教的说法,耶稣之死标志着世界历史的断裂,却也成就了灵魂之旅。第12曲中及后来在第八层地狱"恶沼"旅行时,但丁曾多次面临破碎之路,这一切都源自耶稣的受难,是灵魂得到救赎的必由之路。基督之死粉碎了一切以道德通往永生的途径,宣告了另一种截然不同的逾越方式或桥梁形态,那就是"十字架之路",比之前任何道路都更加艰辛。换句话说,但丁只能通过破碎的十字架前行——耶稣牺牲引发的滑坡将他安然送下崖底。后来,在恶沼的第六条壕沟,但丁再次面临倒塌的桥梁(第21—24曲),这位朝圣者做了与耶稣类似的事情,顺着诈骗者留下的断桥碎石爬出壕沟(23:133—138)。于他而言,骗子之桥的废墟只是一架梯子。与之类似的是《神曲·地狱篇》末尾,但丁在神的帮助下,爬上撒旦的身躯,离开了地狱(34:76)。

基督耶稣的生死成为人与神之间的桥,见证着世俗实用主义与永生之间的本质鸿沟,跨越其间的唯一桥梁是耶稣的受难。走上这座信仰之桥,但丁必须在灾难死亡的危险中艰难前行,而那些物质的、诡辩的、利己的桥之碎片,正是灵魂超越的基石。

十字架之路上,各色人等毁桥造桥,但丁将其集中于一个特定的人物形象,在逃离沟壑之险的宏伟场景中呈现出来:一个钉在十字架上的男人,在路面痛苦地扭动。这是对于耶稣受难的直接回应,受刑者该亚法是耶稣时代犹太教派撒都该的大祭司,这个教派不修来世。作为主审耶稣的大祭师,该亚法在基督被钉上十字架的前一天晚上告诉手下,如果不处死那个拿撒勒人,就有可能失去他们的信徒。注意他的论点:处决耶稣并非其罪有应得,而实际上是为了拯救某个摇摇欲坠的信仰(陀思妥耶夫斯基的《宗教大法官》中再现了这段论述)。该亚法担任犹太教最高法庭犹太公会的大祭司长达十八年之久,这个职位在《约翰福音》(11:49—50)中是希腊语"拱桥"之意,拉丁文《圣经》中写作"造桥者",《马太福音》中则是"圣子"。

但丁对大祭司长受刑的描述，与基督耶稣的经历正好相反：

> 你看，钉在那里的人
> 曾劝法利赛人，谨慎起见，
> 该让一人受苦，而非一个民族。
> 他赤身裸体，横陈路上。
> 如你所见，受人踩踏，
> 承受一切经过者的重量。
>
> （《神曲·地狱篇》23：115—120）

该亚法被横钉在十字架上，每个伪君子都踏着他流血的尸骨越过地狱壕沟（图1-9），他的十字架成了一座桥，一座伪君子权宜道德的伪桥，与基督耶稣竖直的断桥十字架正好相反。该亚法受难是对圣洁者的嘲弄，表明欺诈的结果适得其反：他想破坏基督耶稣的声名，反为他吸引了更多的追随者。权宜之计对于没有诚信的人而言充满了诱惑，但真正寻求救赎的人需避而远之；反之，十字架带来的地震，意味着抛弃权宜，彻底跨越。

通往永恒的救赎之路，必须支起十字架，沿着基督信仰破碎之路前行。该亚法的故事不断提醒人们，任何桥，任何程序、方法或者途径，都不能将尘世人生与永恒的生命连接起来，只能通过宽恕与爱才有可能到达彼岸，象征物就是作为人神纽带的十字架。地狱中所有权宜之计与虚伪之桥的崩塌，都指向另一座通往永恒生命之桥，一座不那么虚伪的桥（虚伪之桥有该亚法的十字架横陈脚下），一座没有错位的桥（错位意味着所得超过给予）——这便是基督耶稣形象作为通道的意义："耶稣说，我就是道路、真理、生命；若不借着我，没有人能到父那里去。"(《约翰福音》14：6）

十字架作为救赎之桥的隐喻，在其他基督教批评中也有阐述，这里仅用四个简单的例子来解释。叙利亚东正教神学家圣厄弗冷（306—373）曾在《我主讲道》中感慨："我们的主被死亡践踏，转而踏上了超越死亡之路……赞美你，把十字架悬在死亡之上，灵魂在十字架上由死往生。"《约翰行传》第99节中同样将十字架比作通道："这十字架［原意木桩］……通过上帝之言，将万物连接修复。"圣保罗认为，十字架自相矛盾的内涵，给犹太人和外邦人带来了理解上的困难。他写道："犹太人是要神迹，希腊人是求智慧。我们却是传钉十字架的基督，在犹太人为绊脚石，在外邦人为愚拙。"(《哥林多前书》1：22—23）几个世纪后，锡耶纳的圣加大利纳（1347—1380）对作为通道的十字架进行了深入思考并在书中写到，永恒的圣父对圣徒说："我用我的话语，用我的独生子做一座桥，让你们，我的孩子，得知道路因亚当的罪和不顺从而中断。这座桥由天而地，建构我与人的结合，这是必要的，是为了替换破碎的道路。"[28]

布莱克的无间桥

威廉·布莱克认为，《神曲·地狱篇》第18—24曲集中了但丁对桥的思考。1824—1827年，他为《神曲》绘制插图时，大量使用了其中的桥梁主题，其中第八层地狱的画面是一幅完整的视觉佳作。不过，布莱克的地狱之桥并没有断裂，比但丁期望中的样子坚固紧缩得多。

在《被魔鬼追逐的诱惑者》(图1-7)中，拉皮条者和诱惑者的受罚之地设于一片湖景之中，湖上飞架着两座天然石桥。湖水从何而来？但丁没有提及，但布莱克的创作显然是对恶沼中十道壕沟的明喻，布莱克将其比作城堡周围同心相通的护城河(《神曲·地狱篇》18：1—39)。插图强调了中间的两座巨大石桥，为

图1-7 威廉·布莱克，《被魔鬼追逐的诱惑者》(1824—1827)，出自布莱克的《但丁〈神曲〉插图全集》，版画32。

水中绝望溺水的罪人,提供了唯一的逃生希望,只要抓住坚固的岩石,就有可能出水呼吸,但飞来飞去的魔鬼不断将罪人驱离上岸之径。

布莱克关于《神曲·地狱篇》第22曲的插图,描绘了骗子在沸腾的沥青湖中燃烧,这幅图也来自类似的背景。在版画《池边的魔鬼与但丁和维吉尔》中,但丁所说的罪人躺在岸边,像青蛙半淹于水中(《神曲·地狱篇》22:26—29)。布莱克在水景中加入了四座天然桥(图1-8),火焰自湖面上射出,远至天边。石桥暗示着逃亡,但桥的另一头却拱了回来,令妄想逃跑之人回到原

图1-8 威廉·布莱克,《池边的魔鬼与但丁和维吉尔》(1824—1827),出自布莱克的《但丁〈神曲〉插图全集》,版画40。

每一座桥都连接着另一个世界　　　　　　　　　　　　　　48

处接受惩罚，仿佛在说：此桥不通，注定无法逃离。

布莱克的插图《伪君子与该亚法》中，这种禁锢更具有象征意义。一座厚重而荒芜的桥，比之前的桥更宏伟壮观，将大祭司受罚的场景与天上的神灵分隔开来。桥下一排伪君子，裹着代表虚假谦虚的斗篷头巾，第一个伪君子踏上了该亚法十字架之路的轴心。（图1-9）该亚法上方的石桥表明，桥下的苦难与天上移动的竞技场毫无关联。这座桥无法联系利益空间，而是作为一种割裂而存在。

布莱克将该亚法称为"黑暗的死亡传教士，/ 注定了罪恶、悲

图1-9 威廉·布莱克，《伪君子与该亚法》（1824—1827）。出自布莱克的《但丁〈神曲〉插图全集》，版画44。

伤和惩罚",这句话也揭示出画中桥的禁锢意义。[29]布莱克认为,法利赛人的大祭司代表"自然宗教",这种信仰制度更倾向于惩罚而非宽恕。艾伯特·S. 罗指出,该亚法是"自然人的缩影,与充满远见和想象力的耶稣相对立。因此,他被束缚在这个世界上,没有救赎的希望,不可避免地受到残酷折磨"[30]。布莱克认为,想象力是一种自由跨越边界的能力,如宗教、艺术和诗歌一般。地狱之桥标志着该亚法的权宜之计是致命的、沉重的、功能失调的,最终还施彼身,以一个封闭的圈,永远困住主体。他们的自然宗教,有组织地做出虚假承诺:往前走一步,便会到达彼岸。

布莱克的地狱是自洽的,与基督耶稣或想象中桥梁连接世界的内涵恰好相反。布莱克似乎认为,《神曲》中亦不免惩戒之欲,不免向下压制的意志,而非向上鼓舞,从而削弱了文本的整体价值。[31]《神曲·地狱篇》第18—24曲的插图描绘了制度性宗教反对建桥的愿景。布莱克两幅关于桥的雄辩作品,强调了桥梁不可移动的属性。《桥下的魔鬼》再现了《神曲·地狱篇》第21曲中的腐败官员;《疾病之渊》则是对第29—30曲中伪善者的想象。两部作品进一步强调:罪恶困住了主体,使其无法挣脱。布莱克在画中令罪人石化,固定在桥上,这些桥不通往任何一方。

在第一幅插图中(图1-10),陡峭的拱门完全由人与尸体的碎片黏合而成,肢解的肢体与精神化作一片岩石,充满了精神惰性,暗示人类的想象力本可以将头、脚和耳朵用在更好的地方。假桥下,灵魂无助地游弋在水中,忍受着恶魔的折磨。

《疾病之渊·伪善者》(图1-11)以没有生命的尸体建造拱桥

图1-10 威廉·布莱克,《桥下的魔鬼》(1824—1827),出自布莱克的《但丁〈神曲〉插图全集》,版画34。

图1-11 威廉·布莱克,《疾病之渊·伪善者》(1824—1827),出自布莱克的《但丁〈神曲〉插图全集》,版画58。

底座，任其坍塌粉碎，恶臭熏人，但丁和维吉尔从桥下掩鼻而过，两个炼金术士背靠背相互支撑，缩在桥洞里，下身化作鳞片鱼尾，巫术也无法改变他们的处境，他们长年承受着诅咒，不断抓挠着伤口的痂（《神曲·地狱篇》29：73—84），最终成为废物之桥的一部分，身后暗黑的拱桥成了无法移动的灵魂墓穴。神之造桥术从未传至这里，正如在本章开头里尔克诗中所示，恶棍们接住的是自己抛出去的球，他们的追求"只需要一点小技巧，到手也不过如此"。

赫尔曼·布洛赫的"不再"与"尚未"

除布莱克之外，《神曲》之后还有许多原创艺术家以通往永恒生命的真桥伪桥为主题来冥想创作。布莱克插画出版一个世纪之后，赫尔曼·布洛赫的长篇小说《维吉尔之死》（1945）横空出世，以但丁的导师维吉尔为主线，被称为《神曲》的姊妹篇。

《维吉尔之死》被汉娜·阿伦特和乔治·斯坦纳等学者视为巨著，但也有人认为这篇维吉尔临终前的长篇独白是"欧洲文学经典中最不耐读的所谓杰作"[32]。诗歌试图跨越生死之间的巨大鸿沟，扬言烧掉世俗史诗《埃涅阿斯纪》，因为这部史诗并没有解决生死问题。阿伦特写到，诗人垂死之言是"一座桥，维吉尔以此跨越'不再'与'尚未'之间空洞的深渊"[33]。其中，"不再"既指维吉尔的生命走向尽头，又指古罗马时代的结束；而"尚未"指的是死亡之后的未来，尤其是欧洲转向基督教，维吉尔（死于公元前

19年）就站在这个风口浪尖。罗马信仰与基督教之间有一道深深的鸿沟，阿伦特认为奥地利小说家布洛赫作品中的哲思，通过追溯过往而跨越此堑，其风格跨度类似于在普鲁斯特的往昔叙事与之后卡夫卡的复杂性之间搭起一座桥。更为核心的是，维吉尔的思索进一步延伸，将人类的存在呈现为这样一种状态："我们永远'站在有形与无形之间的桥上'。"布洛赫作品中不断智性地追问心灵如何栖息并描述着"生死之渊"[34]。

垂死的维吉尔认为，自己的手稿中有一个巨大的信仰错误。他开始认为世界历史具有自主意识，认为《埃涅阿斯纪》神化了国家意识，神化了好友罗马皇帝恺撒·奥古斯都的统治。维吉尔临死之前突然觉得，只有超越这个世界的力量，才能成为坚实的政治基础，才能写就可信的部落史诗。美与艺术创作，从来不能救赎精神，而只是局限于表层与形式的已知世界。艺术的终极成就，体现于某种类似于宗教语言的存在，阐明了未知的、超越死亡的生命现实，而这正是《埃涅阿斯纪》不曾涉及的内容。

恺撒·奥古斯都听说维吉尔打算毁掉自己的作品，十分震惊，前来探望濒死的故友，试图劝阻于他。根据中世纪对维吉尔早期作品《牧歌》的解读，维吉尔感觉到基督即将降临，便对罗马皇帝表示，人类需要一位救世主，这是任何国家或者传统宗教都无法满足的需要。事实上，人们是否需要救世主，或者救世主如何产生之类思考本无理性可言，这里的救世主象征着纯粹之爱，牺牲的典范，一个不对等且形而上学的"承诺"与"感知"容器。弥赛亚即将开启一个超越世俗的真理境界，承担起隐秘的责任。布洛赫笔下,垂死的维吉尔充满了忏悔,他对政治帝国的态度转变毫无疑问反映了布洛赫本人的绝望。《维吉尔之死》创作于1937—1945年,正值纳粹统治期间,道德与思想丑闻此起彼伏。书中认为,充满矛盾的基督教教义可以创造出许多关于人类意义的无形之桥,人们迫切地需要找到这些桥。

其中一座桥是维吉尔与世俗皇帝的友谊。皇帝无法理解维吉尔的思路,向维吉尔发泄怒火,说他疏远朋友、分裂伙伴,认为一切到此为止、不可挽回,这正是维吉尔所谓"不再"与"尚未"之间可以修补的断桥。那么,诗人何时才看清友敌之间的无形之桥?维吉尔燃烧手稿之时。皇帝指责他对统治者不满,指责他的利己主义,指责他不加掩饰的权力意志,指责他犯下了自己批判的宗教之罪:自私、嫉妒、对拥有更多者的怨恨,以及对权力的默许。就在这个时刻,一座看不见的桥出现在眼前,维吉尔妥协了,将史诗赠予恺撒,承认作品道不尽作者之心;智性失败之处,恰是虔诚创造了桥梁。这一刻,在诗人看来:

> 无形的领域仿佛突然有了坚实的地面,无形的坚实地面抛出无形的桥梁,人与人相连成为人道,词连词,眼连眼,词眼相连,构成充沛的意义,那就是人类的意义之桥。[35]

无形的领域中的无形地面就是一座桥,修补着罗马皇帝与维吉尔之间的裂痕,拉近了世俗、政治哲学与难以理性辩解的爱之原则之间的距离。如布洛赫一般,维吉尔向但丁指明了拯救之桥,引导灵魂从异教徒的实用主义"不再"走向死亡的"尚未"。罗马诗人斯塔提乌斯为维吉尔照亮了通往新宗教的道路,《神曲·炼狱篇》中如是称赞:

> 你的所为像那夜行的人,
> 背着灯,不为自己,
> 却为后人照明路径。
> 你宣布:"时代变了,
> 公正与人类初始回归大地。
> 天上降临新的神子。"

(《神曲·炼狱篇》22:67—75)

　　布洛赫的书试图跨越死亡之黑夜的边界,可惜冥河不可跨越,断绝了道路。若非布洛赫信仰的犹太教与世俗美学的阻挡,《维吉尔之死》也许会明确宣称,世上本无超越死亡之桥,但拿撒勒人(指基督耶稣)的牺牲筑造了一座无形之桥,这便是全世界宗教想象中的神之造桥。

第二章

桥上人生

阿克巴桥

1947年血流成河的"印巴分治"之后数年,期刊《世界是一座桥》发表了评论员文章称:

> 印度教徒与巴基斯坦穆斯林之间也曾有过和平与谅解的岁月。公元16世纪,莫卧儿皇帝阿克巴以身作则,努力促成帝国之内族群和谐。他在位期间,印度教徒与穆斯林毗邻而居,不同信仰的工匠们共同为城市建造印度教与伊斯兰教建筑。[1]

面对"印巴分治"的灾难性事件造成的动荡,帕特里夏·纳蒂尔博夫不禁怀念起那位堪称文化使者的伟大统治者治下截然不同的局面。开明的皇帝阿克巴(1542—1605)不仅以征服者之名留名青史,更调和不同宗教与种族社群,形成了统一的国家。来自亚洲各地的圣徒受到皇家资助,来到皇宫辩经,挖掘伊斯兰教、印度教、罗马天主教教徒(耶稣会)、锡克教教徒和印度唯物主义无神论等诸多信仰之间的共通之处。阿克巴认为，思维中的文化差异终将殊途同归，引向共同的真理。这种想法并非其首创，早在佛罗伦萨的美第奇王朝与奥斯曼帝国苏丹苏莱曼大帝时代就一直存在，学者们称之为融合主义，最终发展为19世纪欧美自由主义。

阿克巴支持多元文化，鼓励学者们共同构筑理论之桥，并在政治上努力跨越民族和意识形态鸿沟，具体史实将在"海桥与自我"章节中详细讨论。然而，他总是下意识地压抑着内心对建设的热情，觉得研究世俗生活的哲学和道德解释并没有什么实际意义。其城墙大门上所刻铭文就反映了这种心态，铭文向一切入门者庄严宣告："马利亚之子伊萨（基督耶稣）有言：世界是一座桥，众人可从桥上过，却不可在桥上建房；盼望得一日者，或许将盼永生；而世界只容得下一时。且将人生用于祷告，其余并不可见。"这段话认为，生命只是匆匆而过的一瞬，不值得长久的情感投入，不值得用力建设。人生在世的短暂时光，最好用来为身后之行做准备；反之，执着于解释与经营此生则是多么盲目。

阿克巴铭文据说是拿撒勒人耶稣所写，摘自伊斯兰教的神圣经文，具有丰富的隐喻内涵，恍若将巨大的地球压缩为一道狭窄的直道，从永恒中切出时间薄片（一时），作为人类行为的背景。如果人生是一座桥，那不过是汉娜·阿伦特笔下"分成两半，通往无处，[介于]突然因出生显现与突然伴死亡消失"之间的连接点。[2]阿克巴铭文暗示，如果有任何绝对和永久意义上的"存在"，也必定处于人生平台无法触及的远端；眼前的人生毫无根基，生命的体验多么短视，最好不要在桥上建房。

铭言中并未提及人生之桥始于何处、通往何方，我们不妨从铭刻的位置寻找提示。铭文刻在高高的门户之上。这座"胜利之门"是当时世上最高的门，位于42级陡峭台阶的顶端，通往胜利之城法塔赫布尔·西格里，整座城池由皇帝阿克巴下令修建。门高约53.6米，宽约33.5米，由柱子、亭阁与12个圆顶共同组成，通往一个空旷的庭院，连接着宗教、住宅与官方建筑的综合体，暂且满足人类寻找生命居所之短桥的心愿。这里矗立着165米宽的清真寺，旁边是圣人谢赫·萨利姆·奇什蒂的大理石陵墓，还有一个倒影池和一座能容纳5000名妻妾的后宫（真具有讽刺意味）——妻妾们也是桥，通往后代之桥，多么超乎想象！

据说，阿克巴建造这一座城墙包围的城池，是为了纪念神圣的隐士谢赫·萨利姆·奇什蒂，他的陵墓就在里面。城池建成几年后就废弃了，历史的命运显然唯愿这座奢华的胜利之城戏剧性地见证奇什蒂与耶稣共同的禁欲智慧。废弃的原因不为人知，但荒废的街区自有其象征意义。五百年来，这座鬼城以超历史的冷漠成了游客们眼中的经典，坚固的建筑结构久久矗立，不曾消磨在历史的长河中，最超凡、最宏伟的人类建筑竟完全不是出于世俗目的而修建。矗立在莫卧儿帝国首都法塔赫布尔·西格里的不是生命，而是不朽的消亡。我们应当如何理解这雄伟而具有纪念意义的遗址所传达的信息？难道明智面对时间的唯一应对，就是一部经得起时间考验的作品？可惜大门上的格言似乎并不欢迎不朽之作！可除此之外，还有什么可以补偿短暂的人生？或者说建造这座纪念性城池与平常建房子之类的"职业性"工作并不相同，旨在回忆人生之想，而非为生活而生？

　　桥上人生的感悟铭刻在一扇通向神圣庭院的大门上，将观者引入一座精心设计的亡者家园——陵墓。与后宫截然不同，这里的空旷仿佛在谴责情欲与生育。阿克巴热衷于从帝国远方收藏文学与艺术作品，以宽容和自由思想闻名。他没有在城门上引用伊斯兰教先知穆罕默德的话，而是引用了一段关于永恒之桥的箴言，将穆罕默德与其一神教先祖亚伯拉罕联系在一起，告诉人们早在这位先知之前，耶稣已走过这条路，从而为阿克巴提供了一种延续性。但是，为什么皇帝单单选择了这个铭文？他留下了如许伟大的文化纪念，却告诫我们人生苦短，不要建设？时已久远，答案无从追索，也许只能从胜利之城宏伟的多维展现之中管窥端倪。这座城池是建筑、文字与象征的统一，仿佛"唯一"值得关注的建筑不是房屋，而是纪念碑，但建造纪念碑实非卑微琐碎的凡人之举。

桥上之屋

　　耶稣时代，不在桥上建房非常合理，因为那时的桥并不稳固（除了罗马和中国某些特殊的桥之外）。直到今天，大多数桥也难以支撑永居的建筑。即使如此，桥上的居所已存在了好几个世纪，至今仍然保留着几座这样的桥，例如意大利佛罗伦萨的维奇奥桥。欧洲曾有一百多座这样的桥，人潮涌动，比普通的桥更热闹，可见生活与桥之间，在功能、沟通与建造目的方面都有着紧密的联系。如果说阿克巴心中的桥连接着从出生到坟墓的人类生命体验，那为什么不在桥上建房呢？万物相连赋予了生命的意义，实用、互惠且公共的联系能够抵御不稳定的经验，正如清真寺或陵墓之于人生。

美国作家桑顿·怀尔德为桥屋辩护，显然并没有想到阿克巴。他向客人介绍自家豪宅时，认为"桥上人家"的说法未免过于平庸，所以称之为"桥造屋"[3]。这么一说，客人愈发疑惑，他就玩笑般地解释道：这座豪宅是靠其小说《圣路易斯雷大桥》赚来的钱所建，文字之桥化作了造房的灰泥；小说获得普利策奖之前，他只是一个薪水微薄的教师。

怀尔德与阿克巴的观念截然相反，他用小幽默告诉我们，桥确实能造房，非理性的人生状态反有可能成就更好的居所，其小说关注的核心就是：生活像桥一样不稳定，以此为基可以建造什么样的房屋？桥上建房的特例也许能为读者找到答案。

怀尔德的小说《圣路易斯雷大桥》（1927）讲述了发生在秘鲁一座桥上的故事，故事中一场灾难将五个无罪的人抛向死亡，令读者忍不住思考桥与房的关系。同一个问题还启发了多年之后的另一本书《桥上岁月》，这是关于2018年8月14日热那亚莫兰迪大桥倒塌造成四十三人死亡所引发的思索。为什么这么多人死去？是报应吗？怀尔德的小说中，一个不起眼的方济各会修士朱尼帕，试图通过秘鲁的一座桥来理解五个人的死亡。历史上，这座桥是向圣路易九世致敬之作，他是法国唯一一位列为圣徒的国王，著名的十字军战士。桥的历史与五人受害之间有何关联？五个人是否具有某种共同特质，以致同时死于1714年7月20日这个特殊的时空交点上？

他们的死是命中注定还是公正的审判？为了寻找答案，修士朱尼帕重溯五人旅行的动机，试图建构其赖以生存的精神世界。是否有某种隐秘的罪恶感将他们束缚在生命之桥的尽头？小说家富有同情、科学与好奇的头脑，是否能合理地解释生命之桥被神秘损毁的原因？

对朱尼帕来说，圣路易斯雷的命运之桥启发他进一步探索行为与结果之间、自由意志与"世界意志"（麻雀不会无缘无故地坠落）之间的智性之桥。这位深思熟虑的方济各会修士希望通过这座桥，将个体抉择与全能的宇宙之神联系在一起[4]①，可惜研究了六年依然一无所获，地球上发生的事情似乎与上帝超验的计划并没有什么关系，他不禁轻叹："信仰和事实之间的差异比一般人想象的更大。"（第99页）然而，宗教政府对自认无知的忏悔不为所动，将朱尼帕兄弟烧死在火刑柱上，不能宣之于口的罪行居然是试图解释上帝之举。

怀尔德的小说在朱尼帕的失败中戛然而止，留给读者一个值得深思的安慰性结尾。如果人与神之间存在桥（也可以理解为某种命运模式），那必是一座无解之桥，无法用理性来解释。无论这座桥是什么模样，必定不会将人生命运与其道德品质挂钩。如若此桥坍塌，最后留下或随之而来的，必是一座完全不同的桥，一

---

① 请见书后注本章注4，下文中括注页码均为注4中所标注书目的页码，并非本书页码。

座建在人与人之间的桥，一座情感连接的桥，怀尔德小说的最后一句恰恰描述了人间的心灵之通，虽说这个结局多少有些令人困惑、指向不明，但也说出了一个道理："（天地间）有生者之地、死者之地，其间跨着爱之桥，那是唯一的留存，唯一的意义。"（第107页）我们这些过桥的人，悬在两个不可捉摸的空间之间，必须自己造桥，向前人与来者延伸。在这座桥上——

> 失落几百年，本土的生命
> 曾一次次花开花落，回归原处，
> 如今似乎重新聚合、收拢，
> 全都复生于一道跨越。[5]

1981年，赫尔河畔的金斯顿镇为新建的亨伯桥举行落成典礼，定居于此的英国诗人菲利普·拉金写下了上述诗文。桥上，孤独散落的生命，像复生的花朵一样聚合收拢。这是拉金生前最后几首诗之一，诗尾曰："我们总是以桥为生。"朱尼帕修士探索行人死因的结局亦是如此：唯一真实真正的人际关系是情意，随着时光的流逝而日益增强。朱尼帕发现，圣路易斯雷桥上掉下的五人对其他人无比重要，但大多数人直到他们死后才意识到这一点。

情感之桥飞跨永恒、不可见的两点之间，那里没有超验的形而上之桥，没有生死跨越，个人行为与宇宙般的命运之间的关系也令人费解。除了情感之桥，几乎找不到其他介质，能够将有限的物质世界与阿克巴的绝对空间连接起来，令生者关注同命运的亡者。这是一座非阿克巴式的桥，跨越了短暂生命与长久永恒之间的分裂，这正是智性做不到的。

怀尔德小说的结局充满了无奈，只能一再强调爱的意义。小说末尾描绘了一排排病人聚集在收容所里，接受修道院院长多纳·克拉拉的安慰：

> 那天晚上，她谈到了黑暗中的人们……无人可以求助；对于他们而言，世界不仅充满困难，而且毫无意义。躺在床上的人们觉得，修道院院长围起的天地之内洒满光明与温暖，围墙之外却只余黑暗；即使那里没有痛苦和死亡，他们也不愿意离开这里。她说着话，脑海中却闪现出其他的想法……"总有一天我们会死去，关于那五个人的记忆将不复存在，我们自己也将短暂地被爱，然后被遗忘。但有爱便足矣；所有爱的冲动都将回归爱的根源。即使不记得了，人们依然会爱。生者之地与死者之地之间横跨的桥便是爱，那是唯一的留存，唯一的意义。"（第107页）

我们这里所说的桥，是指桥所建立的关联；无桥时，则是指以桥为媒而建立的联系。克罗地亚的古老传说描述了一对恋人的爱之魔力，将莫斯塔尔老桥隔河相望的桥墩吸引到一起。除此之外，凡人如何面对《古兰经》中耶稣所经历的短桥之类可怕的现实？铭文上书：生命是两地之间的临时通道，本身并无意义。若果真如此，桥上除了共同的居所之外，还能建造什么呢？

爱的流淌与锁定

分享人生与居所的宣言，成了桥上的爱情锁。过去十五年来，桥上挂锁的风俗越传越广，从罗马的米尔维奥桥、塞尔维亚的弗尔尼亚奇卡的爱之桥、巴黎的艺术桥，再到世界其他地方，到处都能看到成串的爱情锁。罗马的年轻人受到2007年由路易斯·普列托执导的，由莫西亚小说改编的电影《我需要你》中一对情侣的影响，成群结队来到米尔维奥桥上，用有魔力的马克笔在锁上签名，挂在大桥灯柱上，再把钥匙扔进河里。2008年以来，挂满爱情锁的米尔维奥桥，以实物的形式，见证了无数恋人永不分离的决心。他们的爱情金属如此沉重，为了使灯柱不被压弯（图2-1），人们不得不定期将爱情锁切割下来。

然而，记忆之桥并不如仪式一般坚强。不知多少世纪之前，米尔维奥桥一直是短暂情欲的邂逅之处，耶稣之后不久的古罗马历史学家塔西佗曾描述到，这座桥"以夜之魅色而闻名于世"[7]。恋人们在桥上将爱情永远锁定之时，只怕并不了解此间浪漫。莫西亚小说《谎言》中，主人公介绍了爱情锁的风俗，还告诉女友这是名副其实的古老传统，从此凭空开启了一个爱情仪式，引得全世界竞相效仿。好事者进一步追踪挂锁的情侣，却发现大多数爱情只维持了不到六个月。[8]

爱的感动超越了每一个偶然，情感相连的瞬间比一切以爱为名的承诺更加深刻。法国诗人纪尧姆·阿波利奈尔的诗歌《米拉波桥》（1912）通过歌颂短短人世的长久深情，表现了二者之间的

图2-1 罗马米尔维奥桥上的锁。
图源雷纳托尼/维基共享资源

诗性张力。《米拉波桥》中的情感起伏很难用其他的语言翻译出来，诗歌回应着阿克巴铭文，回声足以媲美美国剧作家桑顿·怀尔德的故事或者全世界恋人的深情。诗中的桥上一幕，不仅仅是时间长河中的一个小时，而且是水上的永久表演，连作为背景的水面也在不断变幻。

米拉波桥

米拉波桥下流淌着塞纳河

还有我们的爱情

难道我必须回忆

每一座桥都连接着另一个世界

每一次悲伤过后,快乐又回来

    晚钟结束了又一天
    世易时移,我却仍在此间

手拉手,脸对脸,就这样待一会儿
   下方
  双臂挽成的桥穿过了
永恒凝视的疲惫波涛

    晚钟结束了又一天
    世易时移,我却仍在此间

所有的爱像水一样流向大海
    所有的爱都在流逝
  生活显得多么缓慢
爱的希望却多么热烈

    晚钟结束了又一天
    世易时移,我却仍在此间

一日又一日,一周又一周,无知无觉
  时间没有过去

爱情不再回来

米拉波桥下，塞纳河水静静流淌

晚钟结束了又一天

世易时移，我却仍在此间[9]

塞纳河水带走了时光与爱情，带走了所有的欢乐与痛苦。诗中的"我们"，面对面站着，不知是在述说永恒的现在，还是落定的过去。"我们"紧握的双手形成了桥，跨越了流淌中不断消散的水流。除了相聚的恋人之外，言说的"我"在诗中反复出现，成为无数变化中唯一最终的稳定，刻意提醒人们爱情的双向性，一切来来往往，充满了不确定。"一日又一日，一周又一周，无知无觉/时间没有过去/爱情不再回来"，爱的流逝不可逆转。然而，这首诗的主观空间中，爱情也将回归于记忆和语言。恋人之桥留存于诗歌之中，跨越了恋人与读者之间的遥远时空。诗中，"我"恳求黑夜到来，结束白日吟唱，随着无尽的钟声反反复复，如流水般没有尽头，呼唤着结束，结束恋人的热望。结尾的副歌"晚钟结束了又一天/世易时移，我却仍在此间"，似乎期待着重逢，想要挽回时间的流逝。

奥地利女诗人英格博格·巴赫曼也写过一首意义含混的诗，以更加凝重复杂的语气刻画了巴黎的同一座桥。熟悉诗人生平的读者都能看出，诗中的桥正是1970年巴赫曼的爱人，也就是诗人保罗·塞兰跳河自杀的桥。这首暗含自杀意味的诗歌创作二十年

每一座桥都连接着另一个世界

后，真实的悲剧发生了。

> 米拉波桥……滑铁卢桥……
> 名字如何承载
> 承载无名之人?
>
> 信仰无法承受的
> 迷失者激荡着,
> 唤醒了河流的鼓点。

(《桥》,第6—11行)

米拉波桥、滑铁卢桥……区区桥名如何承载那些"信仰无法承受的"无名之人,接受他们,支持他们,甚至向他们致敬?自杀的诗人塞兰,无名无声地纵身一跃,没有留下片言只语,尸体也未找到。巴赫曼与阿波利奈尔的诗歌都设置了同样的场景,诗中的戏剧转折从爱情转向死亡,从诗歌主体的孤独转向毁灭。巴赫曼的诗,将对桥之结合的失望与结合之地的孤独联系在一起。

> 孤独是所有的桥,
> 名声太大很危险,
> 于我辈亦然……

(《桥》,第12—14行)

桥的结合如此空洞,诱使人们在桥上建房。(图2-2)

图2-2 法国弗农的"老磨坊"。
图源斯佩多纳/维基共享资源

情感之桥

  桥梁承诺着分别后的重逢,有时在电影中还能拯救绝望,转化为救赎般的依恋。早期戏剧的典型代表是查理·卓别林的《小孩》(1921),拍摄于加利福尼亚州帕萨迪纳市的阿罗约·塞科桥,这是世界上第一座弧形水泥桥。(图2-3)电影故事的原型是拍摄之前不久发生的一件事:一个年轻的母亲刚生下孩子,就被孩子的父亲抛弃。人性的裂痕出现了,进一步引向更深之处。母亲蹒跚而行,在上桥的地方将孩子遗弃在一辆无人汽车里,但她很快后悔了,想找回自己的孩子,却不料汽车被偷,孩子不见了踪影。她绝望地走上阿罗约·塞科桥,准备从护栏上跳下去。突然,一

图2-3 阿罗约·塞科桥（科罗拉多街桥，1913），位于加利福尼亚州帕萨迪纳。图源史蒂夫·拉格雷卡/Shutterstock.com

个小孩抓着她的裙子，令她想起了自己的孩子，一次接触弥补了裂痕。年轻的母亲最终找回了自己的小孩，卓别林饰演的社会边缘的流浪汉把孩子照顾得很好。故事皆大欢喜，大桥见证了团圆。[10]

浪漫主义喜剧尤善利用大桥来表现由悲入喜的主题。《桥上的恋人》（莱奥斯·卡拉斯导演，1991）中，两个无家可归者最终在巴黎的新桥上找到了彼此的依托。另一部是1999年帕特里斯·勒孔特导演的法国电影《桥上的女孩》，一个女孩正准备从桥上跳下,一个专门表演飞刀的演员邀她参与表演——与其自杀,不如来当飞刀表演的活靶。之后,二人经历了分分合合。影片结尾,女孩发现飞刀表演者爬上伊斯坦布尔的一座大桥,正要投身博斯普鲁斯海峡,她及时赶来阻止,二人从此有了幸福的将来。

2010年西达尔特·阿南德导演的宝莱坞电影《还愿之旅》,主角是两个自杀者,准备同时跳下同一座桥,但多次尝试均告失败。最终他们不得不承认,爱自己、爱对方要快乐得多。好莱坞明星同样青睐桥之连接。在巴亚尔塔港,理查德·伯顿和伊丽莎白·泰勒曾以一座跨街天桥连接房屋;弗里达·卡洛和迭戈·里维拉在墨西哥城的住所也有类似的设计。

然而,桥之连接并非总像这三部电影中那样顺利。巴赫曼的诗歌名称"桥"不仅指米拉波桥,也指滑铁卢桥。1844年,据说英国诗人托马斯·胡德发表同主题诗歌"叹息之桥"时,滑铁卢桥是许多失足女性的人生最后一站。[11]1952年,巴赫曼的诗歌发表,之后不久,罗伯特·E.舍伍德的著名戏剧《魂断蓝桥》(1930)第三次改编成电影上映,舍伍德的戏剧很适合电影创作。影片开场正逢第一次世界大战结束前,妓女玛拉在伦敦桥上搭讪一个名叫罗伊的年轻士兵。罗伊并不知道玛拉的职业,并陷入了爱河。摆在观众面前的问题在于,玛拉应该隐瞒真相,还是应该向罗伊坦白——而这样做很有可能失去一位忠诚的爱人。

舍伍德的舞台剧转向大银幕时,叙事方式随着制片风格而变化。第一部电影是1931年詹姆斯·威尔导演的《滑铁卢桥》,保留了戏剧的悲剧结局。玛拉承认自己的"堕落",但罗伊保证爱的承诺丝毫不改。随后他离开大桥，即将返回前线。然而，就在二人告别几分钟之后，德国人的炸弹爆炸了，摄像机拍摄到滑铁卢桥上玛拉的尸体。这个迷失的女子，永远得不到救赎了，与卓别林的故事完全不同。

1940年由费雯·丽主演、默文·勒罗伊导演的《魂断蓝桥》在商业上更为成功，将故事推向经典。当时的好莱坞新电影制作规范（1934—1968），要求电影对美国观众具有教育性，于是将玛拉设定为受人尊敬的芭蕾舞演员，她以为爱人罗伊死在战场上，沦落为妓女。待到罗伊活着回来，玛拉宁可选择死亡也不接受丑闻。与舞台剧及之前的电影改编一样，她为自己的迷失付出了戏剧性死亡的代价。下一部改编电影更具诗意，那就是1956年版的《滑铁卢桥》，又名《加比》，由柯蒂斯·伯恩哈特导演，莱斯利·卡伦主演。电影中的桥塑造着人间姻缘与道德，将沦落为妓女的芭蕾舞者变成贤惠的妻子，使爱人重新走到一起，从此过上了幸福的生活。

唯独1940年的改编版本以重逢和团圆为桥，来强调人际关系的脆弱性。影片始于玛拉自杀二十年后，罗伊独自在桥上凭吊，正如阿波利奈尔诗中所言。影片回溯到战争期间，这对恋人曾在此地相遇，开启了他们的故事——二人坠入爱河，之后玛拉误以为罗伊阵亡，努力生存下去，待到他最终归来却宁愿一死。老罗伊在桥上回忆过往，想到死去的爱人时，响起了背景音乐《友谊地久天长》。那个时代的社会、道德和心理束缚，既不允许罗伊与玛拉牵手，也不允许影片的制片人在桥上搭桥。

桥的主题蕴含着翻天覆地之下结合的可能，例如单元电影《六大导演看巴黎》（1965），其中一集名为《北站》，由让·鲁什导演。故事中，一个男人正要从巴黎的一座桥上跳下去，这时走过来一个困于不幸婚姻的女人。随口几句交谈，他们之间产生了深刻的共鸣，都觉得对方才是他们想要的婚姻和爱情。男人提议开车带女人去一个神秘的地方滋养爱情，女人奥迪尔退缩了，没有勇气顺着直觉行事。男人说："今天早上，我决定去死，然后遇到了你。你是我最后的机会，是我对人间最后的留恋，我看到你笑了。"最终，奥迪尔没有越过雷池，男人纵身一跃，这座桥没能让他们走到一起。

1957年，卢基诺·维斯康蒂根据陀思妥耶夫斯基的小说《白夜》改编的电影，讲述了另一对恋人分分合合的故事。主人公马里奥（马塞洛·马斯楚安尼饰演）与他生活的普通小镇格格不入。有一天，他遇到了美丽的女子娜塔莉亚（玛丽亚·谢尔饰演），在桥上幽幽地哭泣，她正在等待一年前相约重逢的恋人。影片回溯了二人之前相遇的细节，暗示男人出现的可能性非常渺茫。神秘的爱人毫无回来的迹象，娜塔莉亚与马里奥逐渐火热起来。这刚刚萌芽的爱情拥有一切可能。他俩的爱情比影片回溯中娜塔莉亚与陌生老男人之间的情意更加打动人心。然而，正当这对新人即将许下爱的承诺之时，旧情人的身影出现在背景中遥远的桥上。白夜中落下厚厚的雪花，娜塔莉亚哭着从马里奥身边跑开，与陌生男人相拥。

故事充满了戏剧性，马里奥和娜塔莉亚之间的依恋突如其来，毫无理由，无法进行道德评价，也无法提前做好准备，只能珍藏于心间。马里奥说："愿你感受这一瞬间的幸福，不是小小的幸运，而是一生的祝福。"说着说着，他也哭了。这便是脆弱的感情之桥上所建立的最亲密的纽带，与阿克巴的死亡之城一样虚幻。桥上的依恋是为缺爱的人所准备的，例如单身母亲和没有母亲的孩子、流浪汉（卓别林饰演）和妓女、疏远的妻子和丈夫，而《白夜》中的人物形象比这些人更缺乏社会背景的支撑。

桥之居民

无论是大桥还是小桥，无论是晴朗还是雪夜，桥下总是庇护着无家可归的人们。过去大桥以人行为主，妓女在桥上向路人兜售虚假的爱情。威尼斯有一座桥因此闻名，至今仍被称为乳房桥。16世纪，女妓暴露乳房作为卖身广告；后来同性恋盛行，影响了妓女们的生计。据估计，文艺复兴时期，威尼斯女性中约10%为妓女，占性成熟女性总数的20%。随着夜间变装的流行，同性恋大行其道，虽被规定为最高可斩首的罪行，却显然毫无用处。为了吸引男人回到异性恋行列，妇女们垂着腿坐在乳房桥的窗台上，露出乳房，向路人保证交易能顺利完成。[12]虽不知效果如何，但乳房桥的例子足以描述社会不认可的性行为如何艰难成事，据说这些事情一般发生在桥上桥下。

意大利成语sotto i ponti既可以表示无家可归，也指非法性接触。20世纪10年代一首著名的法国歌曲《巴黎桥下》将这两种意思轻描淡写地结合在一起：

夜幕降临，巴黎桥下，各色乞丐潜入其中，快活地摸到了床。

这个宾馆，通风良好，价格低廉，香水和水几乎不花钱，我的侯爵，在巴黎桥下。

工厂出口，朱洛遇到尼尼。怎么样，我的红头发？

今天有个聚会，拿着这束花，

几枝百合花，不多，却是我的全部。

跟我来吧，有个地方，不必担忧月光。

夜幕降临，巴黎桥下，房钱不够，快活的爱人悄悄地来此相会。

下一个作品中，人生苦短与卖淫的主题就融合得不那么随意，其中的桥始终处于社会边缘，无法附加社会身份。普拉卡什·贾达夫的诗歌《达达尔桥下》描述了一个来自印度低种姓达利特阶层的妇女与乞丐儿子之间的对话。孩子愤怒地追问，他的父亲是谁，他的身份、宗教、社会关系是什么？然而，饱受疾病与虐待之苦的母亲给出的只有痛苦的答案。他们被困在孟买桥下，周遭许多人死在了"污水沟/通往高种姓阶层的排污管道"。她向儿子哭诉道：

你不是印度教徒，也不是穆斯林！

只是一个被抛弃的火花，

世界欲望的火星。

宗教？这就是我对宗教的看法！

妓女只有一种宗教，我的孩子。

如果你想有个洞来操，就把

鸡巴塞进口袋！[13]

如今，达达尔桥上下依然挤满了贱民和流浪汉。圣方济各经常说："狐狸有穴鸟有窝，人子却无处安放他的头。"圣方济各像古希腊犬儒学派哲学家第欧根尼一样安贫乐道，但世上其他数百万人却是因为没有选择。1869年，法国艺术家古斯塔夫·多雷来到伦敦，震惊于伦敦东区及每座桥上下的肮脏与贫困，怀着圣方济各的安慰精神，想象穷人受到了天神的庇佑，被星星的光芒照亮（图2-4）；伦敦桥素描中，巨大的天使看护着苦命的人们（图2-5）；

图2-4　古斯塔夫·多雷，《星空下的睡眠》(1872)，出自：多雷与杰罗尔德，伦敦，《朝圣者》插图，第179页。

图2-5 古斯塔夫·多雷,《弃儿:伦敦桥》(1872),出自:多雷与杰罗尔德,伦敦,《朝圣者》插图,第149页。

另一幅插图中,天光照亮了桥下的过客(图2-6)。多雷的作品反复强调着桥下居民的尊严。(图2-7)

人行桥上,穷人无处不在,古罗马人委婉称之为:桥之居民(*aliquis de ponte*)。讽刺诗人尤维纳利斯认为罗马晚宴提供的食物过于廉价,轻蔑地感叹道:"为什么,即使桥之居民也会拒绝这样的邀请!"[14]巴黎俚语中,皮条客和扒手曾经被称为新桥官员(officiers du Pont-Neuf)或新桥前辈(avant-coureurs),负责制定仅用于桥上的"法律"。法语和意大利语中,finir sous les ponts("结

图2-6 古斯塔夫·多雷,《桥下》(1872),出自:多雷与杰罗尔德,伦敦,《朝圣者》插图,第185页。

束于桥")的真正意思是"贫困而死"。[15]日日夜夜,桥上桥下为流浪者提供庇护,普通人每天过桥时都不得不与驻扎在此的伙伴们面对面。有人错误地引述了法国作家阿纳托尔·法朗士的话,宣称他曾说过:"法律的智慧允许富人和穷人睡在桥下。"实际上,原话意思正好相反,应当翻译为:"法律庄严平等……禁止富人和穷人睡在桥下。"不过,错误的引述反倒更切合实际,法律试图维持大桥秩序,但执行效率非常低下。作为极端的平等空间,这里容不下强权。[16]

图2-7 古斯塔夫·多雷,《寒冷的安息之地》(1872),出自:多雷与杰罗尔德,伦敦,《朝圣者》插图,第177页。

神圣的饮者

像阿纳托尔·法朗士一样熟悉巴黎之桥的作家,往往视其为神圣的空间,认为大桥消除了贫富之间的阶层鸿沟。奥地利作家约瑟夫·罗特生命的最后几年一直生活在巴黎,与桥为伴,终日酗酒,收入每况愈下,后来几乎与其笔下《圣饮者传说》的主人公相差无几。书中的流浪汉名叫安德烈亚斯(Andreas),名字的词根是"人"(andros)。这是个神圣而无家可归的酒徒,故事的细节值得深究,看他为何沦落。

一天清晨,他在桥下睡了一觉起来,遇到一个从码头爬上河床的富家公子,莫名其妙送给安德烈亚斯二百法郎巨款,并且告诉他,如果想还钱就直接捐给教堂。安德烈亚斯非常感激,打算用好这笔钱,结果都买了酒。不久,他又收到了一千法郎,同样拿来酗酒,不到三个星期,口袋空空如也。别无他法,他只得"把自己托付给上帝,托付给他唯一相信的上帝,于是走下熟悉的台阶,走向塞纳河,回到了流浪者共同的家"[17][①]。桥下的空间是安德烈亚斯心中之神非正式的家。

安德烈亚斯来到河边,正遇上富家公子来码头,又给了他二百法郎。安德烈亚斯认出了恩人,说出了与第一次见面时几乎同样的话。他为没能及时偿还这笔钱而道歉,解释说找不到对方的地址。这位绅士道:"我家没有地址,每天住在不同的桥下。"(第3页)可见运气与法律一样,不区分富人和穷人。此人很有钱,可以选择像穷人一样生活,而穷人却别无选择,于是他分享了自己的特权。

这位绅士解释其慷慨的理由,说他读过19世纪末几十年流行

[①] 请见书后注本章注17,下文中括注页码均为注17中所标注书目的页码,并非本书页码。

的法国圣徒利雪的圣特雷莎（St. Thérèse de Lisieux）的生平传记之后皈依了基督教。他像作者罗特一样是犹太人吗？故事里没有讲。绅士又说了一遍他的请求，希望安德烈亚斯在方便的时候，将这笔钱捐给某个有圣特雷莎雕像的教堂。人们亲切地将这位圣徒称为"小特雷莎"，她十五岁成为修女，在罗特写作的1939年，是天主教会最受欢迎的圣徒之一，人们认为她庇佑着受难者。

一天晚上，圣特雷莎来到安德烈亚斯的梦境中，她长得很像他想象中的女儿——他没有女儿，只能想象女儿的样子。故事没有解释圣特雷莎为何出现，也没有说安德烈亚斯为什么没钱还，难道在罗特的人生图景中，任何人都债务缠身？或是因为作者与安德烈亚斯同样离不开酒？罗特酗酒越来越厉害，再加上20世纪30年代他的祖国奥地利突然爆发反犹主义。他深受震撼，写完这个故事一个月后在巴黎自杀身亡——这个小说成为他最后一部作品。

爱喝酒的安德烈亚斯是个来自波兰的移民，法国政府的驱逐令迫使他陷入无家可归的境地。然而，在生命的最后一个月，神秘的现金礼物如雨点般落在他身上，恢复了他的尊严感，恢复了他有序的生活。每个星期天，他都动身打算去那个有着圣人神龛的教堂，决心偿还债务；如果没有做到，自然只是因为圣礼之酒的象征性滋养，使他过于忘我。

故事中的最后一个周日，安德烈亚斯再次尝试捐款。他找了个合适的时机从街对面的小酒馆走到教堂去，却在这个不太可能相遇的场景中遇到了一个年轻女孩，名叫泰蕾兹（Thérèse），穿着天蓝色的衣服,"天空特有的蓝色,受祝福的日子才有的蓝色"(第47—48页)。安德烈亚斯认为她就是圣特雷莎,是拯救自己的人,他的小圣人终于来到了身边。女孩给了他一张一百法郎的钞票,安德烈亚斯却瘫倒在地,恳求服务员在女孩的陪伴下把他抬进教堂。他从口袋里掏出所有的钱,发出死前最后的呼喊:"特雷莎小姐!"

救赎的恩典笼罩着安德烈亚斯的最后时刻,故事结束于对神圣自由的赞美,似乎在告诉我们,像他这样的人也能够获得神圣的自由,就像福音书中的精神贫者一样,只因认识到自己的穷困而得到祝福。生命的最后几周,安德烈亚斯"认为自己是财富的宠儿"(第43页),于是挥霍掉仅剩的一点钱财,忠诚地回到了桥下的流浪者之家。故事的隐秘寓意违背了功利主义的论点,即认为生活会给努力者以公正的回报。安德烈亚斯可能太醉了,分不清一个早已去世的圣人和活生生的年轻女孩之间的区别,居然向她还债而不是向教堂里的雕像,或者说在雕像面前向她偿还债务。19世纪的"小特雷莎"也许和这个女孩很像,每月第四个周日来到小酒馆,和安德烈亚斯假想中的女儿一样。这个寓言中,两人都是圣徒的化身,安德烈亚斯堕落之后依然是命运眷顾之人,没有建造,却在桥上拥有了一座房子。

天桥之下

罗特描述的桥下时光,充满了无家可归者仅剩的安全感,神圣的放逐成了流行歌曲中的灵光一闪。红辣椒乐队的专辑《血糖的性魔力》（1991）中有一首歌《桥下》，讲述了洛杉矶乐队歌手如何被吸引到市中心贫民区，不为酒精，而是为了买一种名为"快球"的海洛因与可卡因混合物。与罗特的故事类似，歌手来到桥下，与这座城市建立起深层情感联结。在桥下，他感到"我唯一的朋友就是我生活的城市"。

这首歌在全世界孤独的都市青年中引起了共鸣，发售达一百万张。歌词作者安东尼·基迪斯后来评论到，陷入毒品世界的真正受害者不是歌手自己，而是与一位珍贵朋友之间的情感——他忘了二人的"爱"。遗忘与堕落，本质上是一回事。城市的阴暗面促使歌曲以对城市的爱来补偿那一份失去的爱。带着这份爱，他哭喊着想要被带到"我爱的地方"。三种不同的爱——男女之爱、城市之爱，以及对二者相交之地的爱，与市中心的桥融合在一起。

这首歌作为单曲发行的同一天（1991年9月24日），另一个著名摇滚乐队涅槃乐队发布了关于桥下避难的新曲《路阻》，回顾了乐队主唱库尔特·柯贝恩高中辍学后在阿伯丁市的杨街桥下度过的时光。（图2-8）歌中讲述了这样一个故事：有一天他回到家，发现母亲收拾好他的物品，放到了屋外。他被赶出了家门，无处可归，只能向桥下走去。这首歌所在的专辑《无所谓》使"另类摇滚撞上了主流"，最典型的当属专辑最后一首歌，歌中探索着"阻碍"人们获得社会归属感的原因。[18]

柯贝恩唱道："在桥下，篷布漏了"，捉到的动物成了宠物。他"避开草地"，避开桥上坠物，觉得"可以吃鱼"，只因"它们

图2-8 华盛顿州阿伯丁市的杨街桥（1956）。
图源Popturf.com / Flickr

没有知觉"。这首短歌内容很少，与涅槃乐队的其他歌词一样费解，整首歌只有一个诗节和一个重复的副歌。其中，篷布可能是指保护歌手身体的包裹物，鱼、草和被困的动物可能是他的食物，也可能是毒品的委婉说法。歌中唯一不变的是不断重复地降音，从Em和弦降到C调，毫无变奏，却非常和谐，表现了桥上平台与桥下临时住所之间的空间转换。开场词"在桥下"还强调了桥下柯贝恩避难之处与桥上过往车辆之间的鲜明对比。

桥上车马喧嚣，反衬着桥下圈外人无形的脆弱。车辆通行的大桥成了庇护之地的天花板，促进流通的大桥下产生了一个不流动的地方。桥上的场所与活动变得微不足道，强调着桥下的"非场所/不活动"。这座桥将工业生产者与另一群人区别开来，正如之前一首歌所唱的那样，"顺流而下……河边还有恋人、乞丐与窃贼"。歌词来自1966年洛杉矶乐队斯坦德尔斯（Standells）的作品《脏水》，将波士顿查尔斯河附近的居民描写成不懂得珍惜的局外人。

涅槃乐队的歌曲试图弄明白，生活滚滚向前，"路阻"到底为何？是什么挡住了道？这阻碍明明存在，却为何总是被忽略、被否认？与露宿店铺门口或人行道上的无家可归者相比，桥下的流浪者更加离群索居、不苟言笑且自我隐藏，依靠头顶的商业建筑遮风避雨，与志同道合的伙伴们一起在下潜藏，既无世俗的承诺，也不在意阿克巴所谓另一个世界的承诺，这些流浪者和无家可归的社会边缘人与大桥建立了建设性、务实的辩证关系。

不仅是过客

桥下庇护着脆弱的生命纽带，阿克巴皇帝曾对此非常担心。但另一方面，大桥也为房子提供了坚定的支持与群居的氛围，尤其河流沿岸发展起来的社区，例如剑桥、牛津、阿尔坎特拉、因斯布鲁克、法兰克福、阜姆、莫斯塔尔（意为"桥梁的守护者"）。河流口岸，即从河口流向大海之处，为居民们提供了食物与生计。大桥在贸易路线中的价值举足轻重，四周总是围绕着旅馆、营地与集市。

桥的实际功能是将人与货从河流一边转移到对岸，长期以来桥受到社会和制度的支持，发展为永久结构，以满足居民的需要。中世纪欧洲，许多桥梁由教会监督管理，桥上的小教堂非常引人注目。（图2-9）桥上还常有防御塔楼（图2-10），甚至磨坊、商店与住宅。中世纪罗马，每座桥至少有一座瞭望塔。[19]由于近水的便利，欧洲主要城市的桥上大多有人居住，伦敦桥最初亦是如此。（图2-11）

威尼斯里亚托的木桥两旁是一排排商店。这座桥几个世纪以来多次重建，1591年重修之后成了我们今天看到的样子。当初的设计师安东尼奥达·庞特力压更著名的设计师安德烈亚·帕拉迪奥，赢得了这项工程，于是这座桥被顺理成章地命名为安东尼奥桥。其实，遭到否决的帕拉迪奥设计更为大胆，试图为城市提供一个完整的交流空间。（图2-12）莱昂·巴蒂斯塔·阿尔伯蒂认为，15世纪初的圣天使桥也是廊桥，"屋顶横梁由二十四根大理石柱子支撑，整体为青铜覆盖，装饰得富丽堂皇"[20]。

那时，巴黎是有人居住的桥梁最集中之地。繁忙的兑换桥上（图2-13）到处都是货币兑换商和金匠在交易。巴黎塞纳河上第一座不为商店和房屋而设计的桥是前文提到的新桥（1607），但最初也曾计划盖成廊桥。琼·德让在《巴黎的诞生》中，大致描述了这座热情好客的桥如何在了不起的"管理者"规划下，成功地发挥其社会功能，平抑阶层差异，丰富街头表演，公开阅读新闻，举行政治示威活动。

大桥成为昼夜的居所已经好几个世纪了。横跨伊斯坦布尔金

图2-9 英国坎布里奇郡的圣艾夫斯桥（15世纪），1736年教堂加建两层，1930年拆除。本图来自明信片，无日期。

图2-10 法国卡奥尔的瓦伦垂大桥（1350）及其防御塔楼。
图源维尔维特/维基共享资源

图2-11 16世纪的伦敦老桥,1769年之前一直是该市唯一的过河通道。图源经典照片/阿拉米图片库

图2-12 安德烈亚·帕拉迪奥,里亚托桥的第二个模型(1569),绘图者是弗朗西斯科·科尔尼。

图2-13 尼古拉-让-巴蒂斯特·拉格内,《圣母院桥和兑换桥之间的划船比赛》(1751),帆布油画,47厘米×83.5厘米,巴黎卡纳瓦莱博物馆。

角湾的加拉塔桥经历多轮人类移居,形成了完整社区。(图2-14)中国最长最古老的木桥万安桥(图2-15),据说始建于一千年前,一头连着乡村,一头通往寺庙,桥面成了村民们的休闲中心。几个世纪以来,伊朗的郝久古桥(图2-16)中间的八角亭一直是公共集会场所,最初还有一个茶馆。保加利亚洛维奇市的廊桥由知名设计师科利乌·菲切托设计,毁于1925年,近年重建,桥上有十四家商店。(图2-17)北美许多廊桥为旅行者提供了避难和休憩之处,据说恋人们会在桥上张贴海报,将孤独者聚到一起,电影《廊桥遗梦》(1995)助长了这种风气,此外还有加拿大魁北克的维克菲尔德廊桥,法语中叫贡德隆桥,桥顶常常被白雪覆盖。(图2-18)

图2-14 老加拉塔桥,1895年的照片。
图源维基共享资源

图2-15 位于中国东南福建省屏南县的万安桥,始建于北宋(960—1127),此后数次重建,据称是全中国最古老、最长的木桥(98.2米)。
图源TAO图像有限公司/阿拉米图片库

图2-16 伊朗伊斯法罕的郝久古桥（1650）。
图源阿里扎·贾哈维里/维基共享资源

图2-17 保加利亚洛维奇市的廊桥（始建于1874年）。
图源埃奥拉/维基共享资源

图2-18 加拿大魁北克省的维克菲尔德廊桥（1915），1984年被纵火烧毁，1998年重建并开放。
图源阿拉斯泰尔·华莱士/Shutterstock.com

公共交通普及之前，桥梁曾是集体生活的神经中枢。安德里奇在1945年出版的历史小说《德里纳河上的桥》中写到，索科罗维奇大桥上，"乡亲们的生活在流动，在发展……所有关于个人、家庭或公共事件的故事中，总能听到'在桥上'的字眼，德里纳河桥上有童年学走路的第一步和少年时代玩的第一场游戏"。安德里奇之桥，不是过客的象征，而是这座城市沧桑变迁的唯一稳定参照，是城市的叙事纽带。对于数以百计类似的河流城市而言，人们可以说："小镇的存在归功于这座桥。小镇从桥上开始发展，宛如从不朽的根上生长出来。"[21]

前南斯拉夫的城市里也有充当市民中心的桥。（图2-19）两座人行天桥以一定的角度延伸，与早前的石拱桥连接在一起，这便是1929年约热·普列赤涅克设计的卢布尔雅那三重桥，为城市的步行干道增添了肋骨。宏丽的水上景观不仅是城市地标，还交织

图2-19　斯洛文尼亚的卢布尔雅那市的三重桥（1842—1932）。图源杜拉库/ Shutterstock.com

着社会交往。近几十年来，城市规划者建起越来越多的天桥，强化了阿克巴桥，让人们在天桥上聚集和漫步，演奏音乐和表演舞蹈，参加公共活动。罗马音乐之桥（图2-20）及其姊妹科学之桥在设计中也考虑到了这一点，不过目前空空荡荡。这两座桥的竞标设计理念是将桥化作"悬浮水面的广场，催化社会活动；成为展示空间的大门……沿着河流蜿蜒出的空白建立新的聚集中心"。设计者还谈到，戏剧空间向内、向外交替延伸，不仅成了"天然的观景台"，而且还是"桥上广场、桥上剧院、桥上市场"。[22]1996年和2009年在伦敦举行的人行天桥竞赛展示了许多类似的有趣设计，人们呼吁为城市设计增添古老的桥屋模式。[23]

20世纪，许多城市都曾有过这样宏大的理想，要修建可供居

图2-20 罗马的音乐之桥（2011）。
图源尼古拉·切罗尼/维基共享资源

住的非机动车桥，将一个又一个巨大的城市连接成网络。20世纪20年代，雷蒙德·胡德、休·费里斯和路易斯·克里斯蒂安·马尔加特计划修建一座摩天大楼桥，横跨纽约和旧金山湾。1960年，丹下健三设计了横跨东京湾的机场桥。1958—1959年，约纳·弗里德曼想将巴黎改造成一个立体城市，后来又打算改成桥城。1962年，弗兰克·劳埃德·赖特设计的马林县市政中心在他去世后完工。[24]20世纪70年代，维托里奥·格里高蒂集团在意大利卡拉布里亚大区将一整座大学校园建在近1.6千米长的大桥上，桥楼高三层。（图2-21和图2-22）

机构投资推动老城新建，"建造小型、精品、充满艺术感的桥梁，激活与重塑老城"[25]，造出了许多富有戏剧感的作品，例如中

图2-21　阿卡瓦卡塔的卡拉布里亚大学（1973—1981）图纸细节。
图源：Vittorio Gregotti, *Il progetto per l'Università delle Calabrie e altre architetture / The Project for Calabria University and Other Architectural Works*, ed. Italo Rota and Gabriella Borsano (Milan: Electa International, 1979), 9–10.

图2-22　卡拉布里亚大学，亚历山德罗·兰泽塔为该项目拍摄，"通过建筑讲述意大利"项目，由创意总局资助，意大利文化遗产和旅游部总局当代部。

每一座桥都连接着另一个世界

国张家界玻璃桥和长沙梅溪湖的中国结步行桥（均建于2016年）、新加坡亨德森波浪桥（2008，图2-23）、荷兰钢琴桥（2015）、伦敦千禧步行桥（2000）、澳大利亚库里尔帕桥（2009）和韦伯桥（2003）、越南的金桥（2018）、意大利佩斯卡拉的海之桥（2009，图2-24），以及由圣地亚哥·卡拉特拉瓦设计的许多精美桥梁。有些桥有着明确的符号学意义，例如米歇尔·德·卢基为第比利斯设计的和平桥（2010）和卡拉特拉瓦为卡尔加里设计的和平桥（2012，图2-25）。这两座桥都被命名为和平桥，象征目的与实用意义同样强烈。再如塞西尔·巴尔蒙德设计过一座动人的小桥，以一对命运多舛的恋人命名。这对恋人是葡萄牙王储佩德罗与爱人伊内斯，二人生了四个私生子。（图2-26）佩德罗的父亲阿方索国王对儿子的婚外情很不满，于1355年将伊内斯杀害。绝望的佩德罗无法忘记伊内斯，他挖出伊内斯的尸体，为她梳妆打扮，与死去的爱人成婚。为了纪念这段悲惨的爱情，佩德罗伊内斯桥

图2-23 新加坡的亨德森波浪桥（2008）。
图源诺斯佩德斯斯特尔/ shutterstock.com

第二章　桥上人生

图2-24 意大利佩斯卡拉的海之桥(2009)。
图源马瑞3001(音译,mauri3001)/维基共享资源

图2-25 加拿大卡尔加里的和平桥(2012)。
图源Pxhere.com

图2-26 葡萄牙科英布拉的佩德罗伊内斯桥（2007），塞西尔·巴尔蒙德设计。图源塞西尔·巴尔蒙德，2003

（2007）因此得名。这座桥又被称为"不遇之桥"，由两条始终平行而分离的人行道组成。[26]

如今的人行天桥技术上充满了想象力，常常引人遐思。天桥的设计大胆运用新概念，使过桥者从实用性转而关注其美学体验，激发人们对桥的感悟，与其说是为了满足过客的交通需求，不如说创造了另一个认知空间，让运动慢下来，成为深思的话题。桥梁以视觉戏剧的方式主宰着城市的天际线，成为河流景观的焦点，于实用之外平添惊险（thrillbridge[①]）。

威尼斯与阿姆斯特丹都是水城，水道纵横、桥梁密布，城市生活始终围绕着河流，不时跨越水道分割的小片陆地。在这里，极具设计感的桥以更加传统深入的方式描述着居民的体验。新修的人行道使僵直的市政设计显得相对宽松曲柔，也许人们只有在休闲的时候才能体会到其中的妙处，不过在此之前还得首先改变城市的日常经济生活。许多人甚至不曾真正定居于此，城市规划始终落后于需求，他们奋斗不止却无处栖身，内外矛盾无处安放：巨大的城池、巨大的桥梁，连接着空间，却没有相应的社会与心理之桥，我们只能期盼这些无形之桥终将获得生命意义，允许房屋修筑其上。

[①] thrillbridge字面意义是"惊悚之桥"，其实不是具体的桥，而是描述挑战性体验的抽象名词，这里简单译为"惊险"，希望读者能理解原作的文字游戏。

第三章

音乐之桥

声音的跨度

弦乐之鸣起于琴桥。琴桥是一方架空的小木块，固定着粗细不同、松紧各异的琴弦，跨越各色音阶，或弹拨，或拉弓，或击弦，不同的音调协调成曲。音乐中还有"桥段"之说，指的是旋律、主题或调性之间的过渡，从主旋律滑向副歌。流行音乐中，桥段能变调或转调，调和一首歌里的两种元素。

音乐触动着人的主观感受，将听者引入另一个心理空间，引入跨越之境。声音本是一座桥，在被人类加工成某种审美形式之前便已如此，耳朵的环境如回音室，不同的声调在其间回荡相接。声学之桥数量庞大、变化无穷，许多声音同时响起就成了噪音，一道单声反能唤醒自然与社会的"迷你世界"，令人沉沦。

声音是我们与无形世界之间的纽带，穿透墙壁、渗入地板、响彻屋顶与山巅，令我们关注距离感，这是五感中的其他感官无法做到的事情。我们不妨闭上眼睛，集中精力聆听，感觉到每一种声音的独特位置，声音传递着生命活动的轮廓和质感。不远处，鸟儿在枝丫上啼叫，三幢房子之外的地方传来敲锤子的钝响，在千米开外的地方，汽车发动机正在轰鸣。近处，作家敲击键盘的咔嗒声，一个个字母将音符转化为文字。有时，声音从不可见之处而来，进入听觉、渐渐消散。聆听的心灵汇聚成一个振动的世界，每一个音符都有着独特的存在、音色与音阶。

声音与视觉的传播方式迥然不同，视觉形象牢牢占据着一个统一共存的位置，而声调却一道一道地相继发出，迫使我们搭桥牵线、连音成曲，创造出共同居住的多维世界。视觉受到空间限制，墙壁、树干和人等物理障碍都会阻碍视线；视觉还依赖于光线，受到人类视角范围的限定，容量有限。相形之下，声音始终环绕着我们，包围着我们，无孔不入、不易隔绝。如果说视觉是一幅填满的画布，听觉则是一块白色画布上点缀着的斑斓色彩。画布，或者说寂静，才是我们感知声音的背景。视觉就像画在眼睛周围的面具；听觉更像天空中闪耀的星辰。欣赏视觉作品时，我们的注意力不断转移，从一个细节扫向另一个细节。声音却是分层的，叠加出和谐或不和谐的曲调。声音如此主动，我们可以闭上眼睛，但耳朵始终敞开。

声音将远方带到身边，从不可见之处而来，跨越广袤的空间，跨越无法逾越的空间，悄悄来到耳边。闻而不见的感知之内，那些想象中的、看不见的现实，似乎反而能够帮助我们更好理解眼前的一切。无形的现实来自我们的行动视野，以隐性的方式通过日常实践与内心相连，又以思考、写作、回忆和建筑等显性的方式表达出来。声音是一道不可或缺的纽带，连接着视觉之外的空间，填补了我们讲述的故事中的一大片叙事空白。

声音还能确认我们与声音来源之间的距离。让-吕克·南希写道："视觉形象早就存在，在我看到之前就在那里，声音却翩然而至。"声音连接着倾听者，一边连接，一边展示其与众不同。倾听中的我们努力"去理解可能的含义，许多意义最初并不明晰"。我们站在"意义的边缘……仿佛声音恰好是这个边缘、这个界限、这个边际"[1]。边缘像一座桥，横跨主观与客观。大卫·伯罗斯写道："听到钟声，是一个从内向外的心理活动的转变过程。"西蒙娜·薇依补充道：倾听就是设身处地的思考。[2]聆听包含着双向的参照过程，从符号到缘起，又从符号的刺激到主体内在的行动。

桥式连接的效应创造了印象的共存，这是听觉特有的效果。伯罗斯继续写到，听觉就像被触碰，"但声音的触碰不止于皮肤，似乎能够穿透内部，淡化此处与彼处的差异，乃至生物学意义上更为基础的内外之别"。听觉不是纯粹而简单的触感，而是传递一种存在的存在，是"与自我的关系，或者说是对自我存在的感知"[3]。这类似于汉娜·阿伦特将声音与思考行为相联系的做法，反思中的行为主体往往将其视为感知本身。[4]另一方面，无论大脑的视觉刺激多么剧烈，观看和凝视通常也很难产生这种超验关系。（实际上，大脑所受的视觉刺激越大，自身体验感越小。）因此，不要将自我视为实体或主体，而要视为一种过程，一种与自我的关系，这样引导、连接或中继的空间至少能够成为自我运作的空间。如今，视觉技术日新月异，追求无限高清，但声音质量不断下滑，越来越模糊、混乱与弥散，人们甚至在电话中也无法理解彼此。

声音感知为音乐时（这需要专注力），其存在亦得以强化。托马斯·克利夫顿写到，音乐感知通过声音之桥不断向他靠近，"如此迅速，如此接近，远远超过了我的想象……我自愿消除了我与它之间的隔阂，我的个人空间与音乐空间不再对立，身处音乐空间意味着我栖身其间"[5]。当代哲学家，从叔本华到尼采和阿多诺，都认为人性倾向于将注意力"转向音乐，转向崇高，转向形而上……（叔本华称其为'意志'、'生存的意志'，将存在视为欲望，而非理性）"[6]。作为"意志"或"欲望"的存在包含着一种趋向、一种动态张力、一种自我与他人的体验跨越，还有理解与人际互动。

声音的想象

诗人贾科莫·莱奥帕尔迪和很多人一样，认为声音之桥跨越了距离。他对无实体的声音（也就是没有物质参与的声音）特别感兴趣，尝试了毕达哥拉斯的"无形听觉"，即只听不看，实验效果惊人。据说毕达哥拉斯蒙着面纱讲课，学生们不得不将注意力集中在话语上，反而能更好地理解课程。事实上，将话语从声音的物理来源、音色、音量和歌曲中剥离出来，提取其内涵，反而更需要高超的专注力来解读声音。

声音还可以反映身体状态——暗示主观意图、欲望和目的。自然界中，声音的复杂度与使用频率似乎与动物社会关系的强度成正比，成对生活的物种尤为如此（例如90%的鸟类），它们通过听觉强化联系，生物与世界之间仿佛设置了一个由声音构成的门槛。伯罗斯认为，身体只是发出信号的手段之一，大量交流数据无法仅靠自身的存在或身体的外观来表达，还需要依赖声音。每一次有声的交流中，伙伴们"既分离，又共处于全新的共同场所，那是它们的情感共鸣之所在"[7]。我们倾听着或偶然听到一个看不见的声音，刹那间感受到一个生动的世界。

声音超越了发声者与倾听者各自的精神与关切，将二者联系在一起。莱奥帕尔迪曾随手写了个便条，提醒自己思考：

> 声音如何唤起了我们对世界多样性的关注、对自身与地球虚无的关注、对大自然伟力的关注。我们曾以洪流来度量自然之力，但这在地球上毫无意义，在全世界也算不了什么。思考间，一个声音将我唤醒，叫我去吃饭。仿佛从那一刻起，我们的生活、时间、如雷贯耳的名字乃至整个历史都成了虚无。[8]

莱奥帕尔迪描述的是家人日常呼唤年轻诗人吃晚餐的场景。平凡的召唤穿透了他的孤独，将他从被排除在外、被忽视的感受中拉回来，确认了自己关于肉体界限的直觉。一声召唤将现实存在的证据带到听者所在的此时此地，而此前的思考中他曾将这独特的现实驱散于心灵之外，这现实的存在驱散了诗人的幻想。一声召唤，超越了可见的身体，暗示着存在本身同样包含着超越性的意志、欲望与精神，无论这种存在如何定义。

还有一个无形的声音提醒着我们物质存在的局限性:

> 深夜的乡村,听到人们在庆典之后经过我家门前时唱的夜曲,我感到无尽悲伤。过去的种种涌入脑海,回想起罗马的辉煌,以及灭亡的喧嚣,想着过去的事情,听到农民的话音或歌声,才意识到夜晚如此深沉寂静。[9]

不见人影,只闻歌声,此情此景与无尽的过去而非当下相连,过去也曾响起类似的声音,例如行军的喧哗。莱奥帕尔迪写下笔记的那一刻,门外的热闹如同夜晚的寂静一样难以察觉。他在其他书里提到,歌声让人感受到生命的根源,就像"世界的起源(我本想谱成音乐,感叹诗歌词穷),那是石匠的歌声引发的想象"[10]。也许只有大脑才能想象出石匠歌声的源头,也许连大脑也无法想象这一切超出了视觉和概念的范畴,只能通过音乐来表达:这是物质从无机的史前时代走向生命的过程,这是存在形成的过程,没有任何词汇或概念形象足以描绘当下的降临。

莱奥帕尔迪对声音(sound)和话音(voice)的冥思表明,这是一系列的传播过程。首先,话音指明或暗示了不在场的身体;然后又指向了一个更庞大、无法量化的现实;最后,话音揭示了人类理解力本身的运作方式,即将模糊的印象转化为可识别的形式。可以说,莱奥帕尔迪的话音是具体话语的对立面,这正是哲学家阿德里安娜·卡瓦雷罗的兴趣所在,她将意义、意图和言语嵌入到悸动的肉体生活情境中。莱奥帕尔迪的话音使人通过感知和理解，将具体的身体和精神情境进行转化，激活了从耳朵回到声音源头的运动，而源头却最终被空间与时间带走——穿过一座桥，指向声音的本体语境。

只有通过这样的话音，人们才能想象声音沉入其中的寂静，无边的地平线环绕着我们所感知的世界。莱奥帕尔迪最著名的诗就将话音与无形的风相联系。他听到疾风呼啸着穿过植物的声音，于是在《无限》中写道：

> ……我将那
> 无尽的寂静与这话音相比；
> 回忆起永恒，与季节，
> 死去的和当下的
> 生命季节，以及她发出的声音。[11]

风中吹着当下季节的声音，启发了无声之物的认知比较。想象的比较完成了一次隐喻的穿越，从听觉感知跨越到无法感知的无限之境，超越了确定、有限的数据（声音），去思考那些无法同化的数据——思考其产生与回归的场所，创造往返的通道（比较一下："我去比较；我建立了一种关系"）。听觉想象激发了哲学思辨，人们开始反思缺失与抽象的身体，反思已知与未知的关联。听觉想象弥补了视觉的不足，发出情感与思想之声，超越了身体。

电影音桥

　　电影艺术中，声音以类比的方式填补空白，将缺失的信息引入屏幕前的视觉空间，创造出一个完整的故事。早期的"有声电影"技术上不足以同步声音与图像，全靠图片快速投射到屏幕上，使观影者产生动态印象（伴以背景音乐演奏）。主要依靠字幕来讲故事，解释演员动作，揭示前因后果。后来，技术上实现了图像与声音同步，沟通能力大大增强，屏幕动作被赋予了超越视觉的现象学环境，不仅有视觉感受，还包含着其他感官与认知。

　　电影声音的主要优势在于提供了图像本身无法完全传达的信息。例如屏幕上出现了一个男人，独自坐在房间里，情绪低落。随即，我们听到婴儿的哭声，看到男人转过头来，通过声音推断婴儿就在隔壁房间。声音和图像结合在一起，引导观众思考男人与婴儿的关系。婴儿的哭声渲染了男人的沮丧，丰富的视觉数据告诉我们，他可能失业了，正在独自抚养这个婴儿。随后，街道噪音升腾，暗示着男人和婴儿的公寓位于一个喧嚣的大都市。突然，爆炸声响，是从窗外还是从公寓里面响起的？每一道声音都将意识与眼睛无法感知的空间联系在一起。

　　正如莱奥帕尔迪所言，声音相较于图像的认知优势在于，声音能够将其他地方的信号输送过来，穿透或扩展填满的空间。如此一来，视听艺术将电影屏幕变成了幕后艺术。[12]电影音效富有约束力，为眼睛看到的事件赋予声音的深度，更加完整地投射出现实印象。意大利的第一部有声电影《爱之歌》（1930）中，引人注意的并不是人们的交谈声,而是晚餐时刀叉碰撞的咔嗒声,实在出人意料。外在剧情声,也就是剧情范围之外的声音(电影角色无法"听到"的声音)还可以评论画面,引导观众的特定反应(例如接吻场景中加入小提琴声)。电影的外在剧情声主要依靠配乐,将戏剧画面与人类情感紧密相连。先前的例子中,婴儿的哭声与众不同,虽是剧情声,却发生在屏幕之外,我们和画面中的男人都能听到,但无法窥见声音的来源。声音将所见与不见联系在一起,这就是声音的艺术。

电影中也有非同步的声音,其中之一是声音闪回,也就是将先前听到的声音叠加在当下的图像之上,将现在与过去剪辑到一起。旁白声像翻译一样解说银幕画面,阐明某个动作的意义,叙述正在发生的事情,使观众置身事外地解读剧情。再比如,内部剧情声让观众听到只有电影角色才能够听到的声音。1974年路易吉·科门奇尼导演的《上帝,我怎么掉了下来!》,通过影院扬声器,放大了易怒的女主角尤金妮娅的心跳声。

另外还有音桥,指的是主题音轨在两个不同场景中响起,将二者联系起来,使之前之后才应该出现的音效,从相邻空间中以适当的方式(也就是符合剧情的方式)渗入当前的画面,通常用于柔化场景之间的时空过渡。但有时音桥也能产生特殊效果,例如1964年皮耶特罗·杰尔米导演的《被诱惑被遗弃的女人》中,音桥不再是自然的过渡,而引发了双重解读。男女主角拥吻时,管风琴音乐突然响起。最初,乐声仿佛游离于故事之外,令人联想到婚礼上的相拥;下一个场景,音乐绵延但情势陡转,推翻了之前的联想，电影切换到特写镜头：一个神父正在教堂告解室里训斥女主角。原来，管风琴的音乐应属于这个篇章，属于道德审判的惩罚之地，不代表婚姻，而是象征着天主教罪恶感。我们没有听到女孩的忏悔，但愤怒的神父似乎在说："你这个可恶的家伙！居然屈服了！你不感到内疚吗？！"她回答："是的，神父，我错了，我做完就知道错了。"神父说："太迟了，无耻的女孩！"女孩的话证实了音桥的暗示：现实做法是一回事，把自己的做法想清楚是另一回事。

桥上之语

实体桥梁也可以增强智识感知。共鸣的结构，如同小小的琴桥放大了听不到的振动，伟大的实体之桥令共鸣之声回响激荡。

弗里德里希·荷尔德林的诗歌中，海德堡老桥恍若鸟儿优雅飞翔时在空中朗朗而轻盈的动作。

> 像森林中的鸟儿飞越山峰，
> 河上之桥从身边颤动着
> 闪过，飘逸而强大，
> 回响着车马与行人。[13]

其中，德语动词词组"schwingt sich"（意为摇摆、颤动）位于主语桥梁之前、鸟儿之后，这种倒装手法使读者倾向于将鸟儿视为动作主体。这一简单的技巧将"飞翔"与"颤动"两个不同领域的动作联系在一起。之后,桥梁的第二个动作是像乐器一样"发声"(tönt)。桥梁发出回响、嗡鸣或共鸣的声音,是人车经过时的声学现象。然而,从另一个层面来看,又似乎是大桥"在车马行人的激荡之下,发出了自己的声音"[14]。不管怎样理解,荷尔德林笔下的老桥(1788年建成;该诗创作于1798—1800年之间),发出了新桥特有的物质结构才能发出的声音[①],桥身的回响超越了物质存在。

另一位诗人直接将桥梁结构与音乐,尤其与一首歌联系起来,认为这首歌与边缘、无名的自我建立了关联,那便是诗人朱塞佩·翁加雷蒂于1916年创作的《怀旧》:

那时

天色即将破晓

春天临近

路上行人稀少

巴黎

笼罩着

---

① 老桥是海德堡最著名的地标之一,跨越内卡河,连接海德堡老城和新区,是德国最古老的石拱桥之一,现更名为卡尔-特奥多桥(Karl-Theodor-Brucke)。新桥是一座现代化的桥梁,位于老桥的东侧,也跨越内卡河。新桥建于1978—1980年,是为了缓解老桥交通拥堵而建设的。

第三章 音乐之桥

惨雾
愁云

在桥的
歌声里
我沉思于
无尽沉默中的
一位窈窕的
姑娘

我们的哀愁
交融

似乎我们总是迷失[15]

  这首诗唤起了人、印象与地区之间神秘的交融与融合，具象化出巴黎"笼罩着惨雾愁云"的晦暗之色。夜晚即将消失，一切在桥的歌声（意大利语：un canto di ponte，canto具有双关意义，既可以指"歌声"，又表示"角落"）中得到了安宁。那里，诗人凝视着一位苗条纤细女孩的"无尽沉默"，无名之桥的建筑结构使诗人得以聆听桥之歌声中无限而主观的寂静。
  翁加雷蒂在桥上构建了一个本就处于边缘状态的空间——河流两岸之间，以及黎明之前、春天来临前的边缘时间。桥成了时空边界，既具有时间属性，又具有空间属性。特定时空中的回响，将这个空间时刻与广泛意义上的家或对家的渴望（乡愁唤起了回家的渴望，却伴随着痛苦）联系起来。这个时空之下，巴黎弥漫着悲伤，唤起了无法言喻的沉默；即使无言的女孩站在桥上也只是一个模糊的身影，是思绪中的浮现，是被"沉思"的对象。桥之歌使她得以存在，一幕景唤起一种心情，发出一种声音。此声之中，说话者听到了沉默。

桥的环境解释了桥之歌的重要性，描述出两个主体在歌声中的忘我。桥把人们带离喧嚣的街头，来到水上的宁静空间。液体传播声音的能力比固体更强，可以将声音传得更远。桥增强了声效，使桥上之人的存在更容易被人接受。桥上，另一个自我伸出手，抓住第一个自我。听觉主体的界限变得像感官之间的边界一样多孔，使哭声有了色彩，自我之间产生了联系。这种联系如此强烈，以至于两个人的"哀愁"融为了一体，这交融悄然受到了桥下水流液化效果的影响。一座桥连接着河流两岸，形成了类似主体之间的汇合。

这首诗最引人注目的是二人交融的结果："似乎我们总是迷失"（E come portati via si rimane），也可以直译为"人们仿佛一直被带走"。在意大利语中，代词 si 表示一个非人称主语，"一直"如此的既不是"我们"也不是"我"，而是一个普遍的、无法定位的"人"。诗歌的最后，这个无法识别的主体恍然若失，句法意味着两个人都情绪失控（portati via 表示复数），他们的哀愁融合在一起，一直是一个统一体，既具有桥的稳定性，又像桥下流水一样瞬息万变。

最后的画面超越了时间与空间的界限，持久与分离的界限，将桥上此处变成了一个看似不自然、自相矛盾的所在：一个稳固的立足点却建立在不停运动的元素之上，稳定于变化的情境之中。桥令我们"一直"如此，如同迷失，穿越无尽的水域，连接了两个有限（河岸）之间的无限。桥上，跨越水面站立或行走，意味着穿过无限，从一个有限过渡到另一个有限。

翁加雷蒂《怀旧》的意涵近似于纪尧姆·阿波利奈尔的诗歌《米拉波桥》，都包含着一个相同的悖论：水流奔流不息，桥上的主体却始终不变，也就是"时间流逝，我仍在"。后文即将谈到的尼采诗歌《威尼斯》同样用一首歌呼唤着桥上孤独的听者，歌声穿透了他的主观边界。"远处传来一首歌……我的灵魂唱起一首船歌回应。"霎时，尼采的歌宛如一滴"黄金之水"充盈起来；翁加雷蒂的哀愁也在天空中呈现出深沉的色调。嗡嗡的桥梁在城市内部悄然无声地建立起联系，城市本身也在喋喋不休。孤独的身影感知到稀薄的呼唤，内外音调交织的乐曲隐含着良心的呼唤，就像阿尔贝·加缪《堕落》中的叙述者，过桥时遇到一个女人跳桥自杀，未能及时做出反应，内心意识到："在巴黎的桥上，我发现自己害怕自由。"[16]

桥之音乐

1930年，哈特·克莱恩的诗集《桥》将桥梁的声音放大成了一架巨大的风弦琴,以风神命名①,琴桥之间的若干琴弦跨越共鸣箱,弦在风中发出不同的曲调。浪漫主义诗人如柯勒律治和雪莱认为,诗歌源于竖琴,受生活灵感的吹拂或启发而动。对于克莱恩来说,纽约的布鲁克林大桥就是那架风弦琴,悬索颤动,回应着桥上的运动。

> 哦,愤怒熔铸的竖琴和祭坛
> (苦劳怎能校准你唱诗的琴弦!)
> 先知誓约的庄严门槛,
> 贱民的祈祷和恋人的呼喊,——[17]

正如我们将在"文辞之桥"这一章中所见,克莱恩听到此桥的桥音后创作了一首长达千行的抒情诗。为了庆祝布鲁克林大桥百年纪念,声音艺术家比尔·丰塔纳录制了布鲁克林大桥上风与万物的音效。他将麦克风置于大桥道路下方,捕捉到汽车沿着路面网格行驶时发出的振荡音符。随后将这些声音传输到1.6千米外的世界贸易中心一号大楼,创作出《布鲁克林大桥振荡的钢格》(1983)这部作品,通过隐藏在大楼外立面一根柱子后面的扬声器播放出来,曼哈顿双子塔下面的广场瞬间被从桥上移来的嗡鸣声填满,令人毛骨悚然。嗡鸣声重复往返;声景不断变幻,产生了

---

① 风弦琴(Aeolian Harp):风弦琴的英文可以直译为埃俄罗斯竖琴,是希腊神话中风神埃俄罗斯居住在伊奥利亚岛上时爱用的乐器。据说风弦琴不需要人演奏,只要有风吹过,琴弦就会自然发声。

类似和弦的效果。"普通一天的声音变化，如交通（道路不拥堵时汽车加速，发动机发出更高的音调）、天气（暴风雨突袭桥梁和广场，产生奇妙的音响延迟）"以及"布鲁克林大桥百年纪念的特殊声音（游行、船笛声和烟花声）"被糅合在一起。[18]

四年后，为了庆祝金门大桥五十周年纪念，丰塔纳将加州大桥的声音与海上岛屿野生动物保护区中候鸟和海洋哺乳动物的声音联系在一起。这位声音艺术家将此现场二重奏命名为《金门大桥的声音雕塑》(1987)。[19]相形之下，《振荡的钢格》理念前提更加清晰：桥梁不仅是声音的生产者与记录者，也是其概念目标。早期的声音作品总是将城市喧嚣声从城市一角传到另一处，但旧金山之作更强调融合不同的声学环境。事实上，保护区与大桥相距约51.5千米，岛上居住着"超过五十万只鸟和三千只海洋哺乳动物"，另一处却是复杂的实体大桥，不时响起雾角声。[20]

为了加倍扩大声景的桥式连接效果，丰塔纳将这部二重奏作为跨大西洋《科隆旧金山音乐桥》(1987)作品的一部分，通过卫星将把环境声传递到旧金山和科隆。美国公共广播电台报道称，这次实时广播是"欧洲和北美之间首次进行的洲际现场音乐桥，是无线电史上首次通过传输声音装置将两个大陆连接在一起"[21]。

这道声桥的意涵与美国先锋派古典音乐作曲家约翰·凯奇的追求一样古老。1937年，也就是金门大桥竣工的同年，丰塔纳评论说："无论身在何处，我们听到的主要是噪音。忽视它们，就受到扰乱；而倾听时，就会发现那多么迷人。"[22]丰塔纳试图说服城市居民，不必急于降噪。声音艺术重新定义了所谓的噪音，使人们

每一座桥都连接着另一个世界

更加仔细地聆听，创造出"一座增强城市生活体验的声音桥梁"[23]。耳朵与环境相连接，汇聚各种意识。2006年，丰塔纳来到伦敦千禧桥，放大了大桥动态变化中几乎无法察觉的"声音的音乐性"，将桥上的细微声音传输到泰特现代美术馆和伦敦地铁的一个车站，大声播放出来。作品命名《和谐之桥》（2006），仿佛大桥的画外音，音效活跃，以乐声刻画人类工程空间，是"对于自然之耳无法听到、无法隐藏的声音世界"的回响。

丰塔纳之后，还有许多人循他为例，探索人人可以听到却几乎无法察觉的桥梁之声。1994年，乔迪·罗斯开始记录湄公河三角洲和悉尼格利布岛桥之间数十座桥梁的声音，称其为声音雕塑：将"以斜拉索桥和悬索桥之索为弦，创作声音雕塑……［听］缆索中的无声振动转录为声，那是桥的密语"[24]。对于罗斯来说，桥的共鸣中存着灵性与万物有灵的意义，接触式麦克风释放了缆索与桥墩内在的声音，宛如语义通道的媒介，将神使引向人间。罗斯引用了哲学家米歇尔·塞雷斯对天使传说的研究来解释这种效应，塞雷斯的著作中包含着他自己对桥的诗性冥想。[25]罗斯还提到了约翰·凯奇，或者更准确地说，是凯奇从奥托·费辛格那里继承的一个想法："世上的一切都有自己的精神，振动起来，我们就能听到它。"[26]借用罗斯某张录音专辑的标题来描述，罗斯之桥是超验的共鸣板，是"无尽的传送者"。

另一位值得注意的桥梁音效工程师是迈克尔·甘巴库尔塔，他与马蒂亚斯·S.克吕格尔和东野由希合作，在美茵河上的凯瑟雷桥上录制了一场表演，收录于专辑《自鸣乐器：用桥梁的耳朵倾听》(2008)。其他人看到的只是一座桥，甘巴库尔塔却发现了一种自鸣乐器："以自身物质发出生动的曲调……交通、风和天气不断调校着共鸣板——那是一个永不停息的音乐会，无穷无尽的主题变化。"[27]

环境声音艺术家尤其在意桥梁对声音的转导效应及声音的象征意义。("转导"〔transductive〕这个词灵感来自让·皮亚杰，他认为儿童能够"转导推理"〔transductive reasoning〕。皮亚杰认为，儿童与成年人不同，能够看到无关事物之间的联系，但并不是使用归纳或演绎的方式来做到这一点。)桥的转导能力来自其结构纤维，对环境反响非常敏感。桥梁横向跨越长长的距离，与广阔的空间接触，是展开的、外向的结构，无数复合而纤细的构件在桥上、桥下与周围的动静中发声。大桥高悬在两点之间，像声音一样成了来去的通道，带来远方的证据。大桥见证着边界的超越，形象地呈现出智慧的胜利与精神的和谐，常常被借以表达着对形而上学的追求，对盟约的渴望。

桥声的灵性潜流与所有这些特性相互交织、密不可分。"以桥的耳朵倾听"，迈克尔·甘巴库尔塔安装的声音装置在截然不同的空间之间打开通道，使一个空间的振动与另一个空间的振动交互。[28]循环往复而非线性或渐进的音韵，传达着差异中的统一主题。丰塔纳和罗斯作品中"声音雕塑"的概念同样是为了将翁加雷蒂诗歌中流露的各种感知联觉起来。

在音乐家手中，桥之聆听成了生动的表演：栏杆的碰撞、指甲刮擦着钢索、跺地声等等汇入其间。约瑟夫·贝托洛齐的《桥之音乐》（所属厂牌为德洛斯〔Delos〕，2009）中，专业的打击乐器演奏家敲击着中哈德逊大桥，按照传统的音乐结构混音编曲，以此为主题和变奏来创作作品。他的目标与其他声音艺术家一样理想化，希望组织一支音乐家团队，在跨度长达约915米的中哈德逊大桥上，为河岸两侧公园的观众现场演奏，大桥与两岸河堤共同组成了舞台，这体现了空间理论上的结合。

实体之桥创造了音乐，音乐也成就了大桥。法提赫·阿金执导的纪录片《穿越大桥：伊斯坦布尔之音》（2005）拍摄于亚欧之间的地理分界线，将音乐看作文化差异相遇之地。贯穿两个大陆的博斯普鲁斯大桥曾是美国以外最长的悬索桥，如今是音乐与文化交汇的实地与象征。电影跟随德国实验乐队"倒塌的新建筑"（Einstürzende Neubauten）的贝斯手亚历山大·哈克走过大桥，从欧洲走到亚洲的门户，探索地缘政治结出的音乐成果。在那里，他找到了东西方音乐的融合：硬摇滚、吉卜赛组合、古典阿拉伯风格、嘻哈说唱、垃圾摇滚、梅夫拉维迪敬神音乐、电子摇滚、民谣、爵士和蓝调音乐。

观察纪录片中伊斯坦布尔俱乐部和街头的表演者，便能理解音乐比其他艺术形式更容易在远方共鸣。叔本华在《作为意志和表象的世界》中提到了一些原因，认为强烈的音乐旋律具有难以言喻的普遍吸引力。[29]毫无疑问，全球音乐运动获得了文化政治上的广泛支持，逐渐由西向东发展，将欧美的古典和流行音乐（摇滚、爵士、蓝调）传递到亚洲和非洲。不过，正如欧洲小说形式在他国经历巨变一样，西方音乐亦是如此，例如在阿金的纪录片里，博斯普鲁斯大桥两岸的音乐风格迥然不同。当然，影片中还列举了许多反向输出的例子，比如加拿大歌手布伦娜·麦克里蒙在保加利亚发掘20世纪五六十年代的土耳其民谣，再以纯正的本土口音向土耳其和西欧听众演唱。近几十年来，世界音乐正重新平衡其产品流向，但依然是西方主导下的调整。

大桥所在之地与倾慕邻国文化的氛围促进了音乐艺术的传播，纪录片中一位伊斯坦布尔音响师说道：

> 你要关注各处的音乐动态，不管是南方、东方、西方还是美国。欧洲大陆的人们通常更加局限。在美国，唱片店随处可见，电台也是本地的，音响师们拥有的音乐空间有限。但生活在这里时，无论是否愿意，你的耳朵会接纳一切。[30]

可惜如今的美国，唱片店不再常见；伊斯坦布尔反倒人均拥有更多唱片店。但这位音响师的话并没有错，开放性存在于被我们称为"地理"的历史和文化土壤中（这个主题将在"海桥与自我"一章中探讨）。土耳其人迁徙到西方之前，长期居住在阿尔泰山脉边陲的偏远地带，靠近当前的蒙古、中国、俄罗斯和哈萨克斯坦边界。他们将游牧生活方式带到安纳托利亚，之后发生了无数的改变。他们居住的新环境，见证着欧亚大陆几个世纪的深度交融，成为土耳其游牧主义强大的外部背景。音响师认为，即使有人想要屏蔽各方河道弥漫而来的声音也不可能成功。音乐以独特而美好的方式渗透到亚欧海峡之中，土耳其的爱琴海沿岸地区深受多种文化传统影响。

音乐桥段

之前讨论的是声音和音乐的外向跨越，包括现象学、建筑学和文化传达，以及耳朵的感受。但是，音乐的跨越效应也是内在的，深深嵌入作品的形式特征。桥段[①]便是其中之一，作为歌曲中的过渡部分，像支点一样串联起歌曲的主要线索，将听众从一个音乐焦点带向另一个音乐焦点。与支撑主题的稳定旋律相比，桥段算是次要内容，基本功能就是作为过渡段，把"整部作品中有分量、更重要的两部分连接起来"[31]。

奏鸣曲少不了桥段的过渡。奏鸣曲的引子或第一乐章通常呈现出两个主题，二者之间不断发生调性变化，这时桥段通过转变节奏或者和弦，引导乐曲从第一主题转向第二主题，此外桥段还能连接两个大节。20世纪欧美流行音乐比奏鸣曲更爱用桥段，这里的桥段是相对独立的重要小节，跳出了主题（即主旋律）反复，以免音乐过于单调。1880—1950年，纽约音乐行业形成了这样的惯例：在一首三十二拍小节的作品中，桥段往往占一个八拍小节。这些叮砰巷歌曲[②]的标准结构包括两个音乐形式相同的八拍（AA），紧接一个八拍的过渡小节（B），与之前的小节构成对比，

[①] 据商务印书馆《音乐术语多语词典》2021年版，音乐中bridge译为"经过乐节"。在实际生活中，也表述为"桥段"。

[②] 叮砰巷歌曲（Tin Pan Alley）：叮砰巷是纽约市的音乐出版业中心，以出售乐谱和歌曲闻名。叮砰巷歌曲是美国20世纪上半叶的白人主流音乐，19世纪末开始萌芽，20世纪三四十年代达到高峰，通常是爱情主题的流行歌曲，对百老汇音乐剧、好莱坞电影音乐，甚至摇滚乐都产生过重要影响。

然后回到A完成最后的一个八拍，形成AABA的模式。詹姆斯·布朗很少使用AABA形式，但他在《起床，爱情机器》(1970)中喊着"带他们上桥"时就有此意味。桥段能够连接首尾的A小节，爵士乐中有时也称之为"通道"。

桥段离开A节，又回到了A节，并没有引向全新的内容（例如C节），因而算不上真正的过渡，更像重复模式中偶然的离题，有着独立的趣味。桥段没有让我们登上新的音乐海岸，它首先引向别处，然后回到我们的起点，让我们继续旅行。桥段一度十分流行，将听众挽留于过渡元素之上。

有时，桥段的挽留充满了魅力，过渡段也可以演变成副歌而不断重复。一般来说，副歌的人声部分——歌中最打动人、最想跟唱的那一部分——往往比桥段更坚定自主。后来的20世纪60年代，主桥结构中间的B节越来越引人注目，AABA形式让位于主歌—副歌（AAB）反复的总模式。过去，AABA中的焦点是主歌；而现在，AAB结构中，副歌同样重要，B节大量增加，主歌反倒成了引向桥段的准备部分。

桥段和副歌之间最大的区别在于副歌反复吟唱，而桥段只出现一次。约翰·列侬评论披头士乐队的歌曲时，只有一次提到了"副歌"一词。事实上，披头士乐队的歌曲中的B节人声经常反复，严格来说就是副歌。[32]但是，列侬不愿意区分桥段和副歌，而是用"中间的八拍"来描述，表明一些作曲家认为其区别并不重要，重要的是这八拍的递归功能，通过音乐变化将听众带回主歌。

每一座桥都连接着另一个世界

图3-1　约翰·塞尔·科特曼,《达勒姆郡的格雷塔桥》(1805)。
图源大英博物馆

更奇妙的是,"桥段"既有离开又有返回起点的意思。为什么音乐家称B节为"桥段"而非"道路"呢?因为道路通向不可见的未来,而桥却连接着两个可见的堤岸?桥将我们引向远方,同时指明归来之途,形成递归结构。拱桥可以理解为河床底部凹陷的几何对应,桥的反向曲线像一道镜像,连接着上升的河堤,又引向桥的起点。(图3-1)这样看来,莱昂·巴蒂斯塔·阿尔伯蒂对桥的经典定义可能需要修正。他一直认为,桥只是道路的一部分,用来克服自然屏障。[33]事实上,桥的连接能回到自身,形成了一个闭环。

蓝调回转

深入研究音乐桥段的递归含义不难发现，其运行规律越明显，人们越不在意。传统音乐学并没有在蓝调音乐中找到桥段，但标准蓝调和弦结尾的"回转"起到了类似桥段的功能。十二拍蓝调完成一个和弦循环后转向另一个循环，不妨将歌曲主调基音标记为I，蓝调的行进顺序是从I到属IV，回到I，再到属V，最后回到I完成曲调：

节拍	1	2	3	4	5	6	7	8	9	10	11	12
和弦	I	I	I	I	IV	IV	I	I	V	IV	I	I

最后的V-IV-I构成了蓝调的桥段，也被称为回转。有时，蓝调乐手也将一、二小节中的吉他装饰音称为回转，但这种和弦急速转奏本身就是对传统V-IV-I结构的延续或回应，也是宽泛意义上的回转。V-IV-I段具有终止小节的意味，一般是第一个从I到IV曲段的深度变奏——进一步探向更远的V段，然后回归I段。

回转，也就是蓝调的桥段，保证了这个十二拍小节的稳定行进。桥段在经过IV和V段后，重新回到I段，引向最终的回归，其作用类似于和谐副歌（harmonic refrain），是对欲望或诱惑的克制（refrain）。[①] 曲调的欲望不断向前，但桥段既远离又回归。完成了一个十二拍小节之后可以添加任意数量的小节来发展歌词主题，

---

① 英语中的refrain具有双关意义，作为名词的意思是"副歌"，而动词意义是"克制"。

每个十二拍小节的单元都在V-IV-I的回归中结束，不断反复，不断前行。

这就是回转产生语义差异之处，回转激发着蓝调歌词的潜力，而歌词又利用并加强了回转的效果。在主歌中，歌词重复表达着一个陈述，然后是另一个，不妨称之为"1.1.2"。这解释了为什么需要完成十二拍小节的循环：第一个陈述提出危机，第二个陈述引向结束，二者如何与十二拍小节的和声结构相契合是保证回转效果的关键。

第一个陈述包含着前四拍的演唱，并在第5—8拍的不同和声结构中重复，既强调又添加了新的色彩。第二个陈述（在第三行）对应着第9—12拍中反复出现的危机，也可以称之为呼唤或召唤。所有的歌行几乎都要押韵，至少也是协韵：

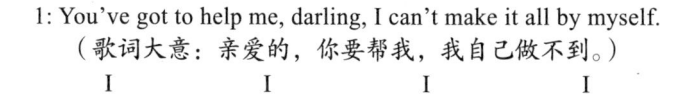

1: You've got to help me, darling, I can't make it all by myself.
（歌词大意：亲爱的，你要帮我，我自己做不到。）
  I   I   I   I

1: You've got to help me, darling, I can't make it all by myself.
（歌词大意：亲爱的，你要帮我，我自己做不到。）
  IV   IV   I   I

2: If you don't help me darling, I'll have to find somebody else.
（歌词大意：如果你不帮我，我就找个人来帮我。）
  V   IV   I   I

（《帮助我》，索尼·博伊·威廉姆森二世，威利·狄克森和拉尔夫·贝斯演唱，1962）

十二拍一节的小叙事暂停之时，故事结束了，但每次恢复循环又会增加新的章节。最后的回转，如同通往起点的桥梁，结束第一章时开启了第二个篇章。

1.1.2中的"呼唤与回应"与蓝调音乐的历史有关。早期，美国棉田里的非洲奴隶通过歌唱秘密交流。歌手被监视时，常以一段副歌的重复与变换来偷偷传递信息，不断确认接收到别人的消息，并不时给予答复。发展到后来，蓝调歌曲一开场就展开自传曲，以戏剧性吸引观众，以下五首歌曲的开头展示了开场词如何呼唤危机的解决：

> 我感到如此孤独，你听到我呻吟……
> 这是我的错，亲爱的，按照你想要的方式对待我……
> 我的魔力在发挥作用，但对你却无效……
> 当太阳今天早上升起时，我身边没有我的宝贝……
> 给我一个留下的理由，我会立刻转身离开……[34]

充满矛盾的关键时刻，前景中的"我"要么在与"你"交流，要么在为"她"或"他"痛苦，反复吟唱的压力，深深印在观众心里。慢蓝调留给听众十五到二十秒来沉浸于一个想法，一旦铭刻于心，就会得到回应或逆转，构成一个小情节。音乐回转通常发生在第9—12小节，转折形成的简要叙事，在全世界成年人心中都能引起共鸣。

> 我宁愿看到我的棺材从我的前门走进来，

我宁愿看到我的棺材从我的前门走进来,
也不愿听你说你不再要我了。
　　(罗里·加拉格尔,《离开的布鲁斯》,1969,在戴维·格雷厄姆〔1965〕和利德贝利〔1941〕之后)

我不会孤身一人走在这条泥泞的道路上。
宝贝,我不会孤身一人走在这条陈旧的泥泞道路上。
如果我不带着你,宝贝,我会找个别人陪伴我。
　　(豪林·沃尔夫,《不会走上那条泥路》,1968)

　　如果说歌词开头如同把一根渔线抛入水中,那回应就像钓起的鱼。人声呼唤着,吉他、钢琴或口琴等器乐回应着(通常发生在第3—4小节、第7—8小节和第11—12小节),推动歌曲向前发展。这样的1.1.2循环中往往包含着三个或更多单元,不断拓宽开场词,直到歌曲走到结尾,例如蓝调歌手豪林·沃尔夫的歌曲《你会毁了我的生活》(1959):"你还要再次像你这样对待我多少次?/你还要再次像你这样对待我多少次?/你拿走了我所有的钱和我的爱。//现在我头发花白,无处可去/现在我头发花白,无处可去/你找了个年轻人〔小帅哥?〕,你再也忍受不了我。//我要去楼梯那里,我要求你还我衣服/我要去楼梯那里,我要求你还我衣服/我去哪里,没人知道。"

　　每增加一个1.1.2单元,最初的叙事要求就变得愈发复杂,不断延展,为蓝调音乐的重复赋予无穷变化。蓝调中的重复不仅不令人厌烦,而且饶有趣味,富有美学凝聚力,主要原因就在

于两个语义位置（1.1.2）与三个和弦位置（I-I-I-I | IV-IV-I-I | V-IV-I-I）的相互锁定。第一个呼声重复时，音乐从音调基础I转向IV，虽时有偏离，但不改初衷，重复着歌词主题。第三个和声板块中，和弦进一步偏离基调（到V），而歌词解决了最初提出的问题。在这里，尾韵的复现抵消了距离，突显出V与解决I之间的联系，简单的语言强化了递归之桥。

  递归扩大了蓝调音乐的影响力，蓝调文化席卷全球，奏响世界各地。90%的十二拍蓝调音乐都重复着I-IV-V结构与二元陈述基础，两首歌的差异也许仅仅在于演奏现场：歌手的外貌、声音和性别；器乐配置、即兴演奏和独奏；节奏和音色。蓝调歌曲的和谐音程模式几乎没有变化（虽然也可以改成六拍或八拍等节拍，但仍需保持目前的"三和弦/两行"模式），包含着如下的稳定要素：（1）情感主题的自我述说，往往通过对话推进，意味着歌曲始于一种情绪，结束于另一种情绪；（2）歌手与观众之间的联系；（3）渴望解除压力。这正是为什么蓝调音乐能够在不同的社会中迷住众多的听众，相同的故事重复了千百次，人们却从不厌倦。蓝调音乐的稳定策略通过每一次新的演出，创造了社会、文化和话题之桥，跨越了鸿沟，呼应着彼此。

情感回转

  欣赏哼唱着蓝调音乐，带着我们跨越鸿沟。许多歌曲最初是在白人主导的美国社会为受压迫的黑人种族发声，并没有提及哲学主张。歌中描绘着简简单单的艰难困苦，讲述着具体生动的人生故事——倒霉、贫穷、流浪、情感背叛和不公正的监禁，既是直白的个人表达又具有社会普遍性，歌唱着无解的痛苦和压抑，只能学会面对。集体困境的无解正是蓝调音乐递归旋律的合理性所在。

然而，如果蓝调音乐仅仅只是重复的哀歌，并不会获得全球吸引力。无论歌中的经历如何个人化，关键在于唱出了同一个社群的心声，或至少有这样一个被视作共同的群体。情感回转同时影响着个人与群体，蓝调音乐改变着歌唱非裔美国人心灵深处伤痕的两种方式，其一是田野上奴隶的歌唱，其二是教堂福音歌曲的安慰。历经一天的辛劳，夜幕降临，人们聚在一起喝酒跳舞，唱起了歌，歌中的故事或许很悲惨，此时唱起来却令人振奋，于是激活了古老的悲剧美学，令人反思自己的境遇——辨别优劣，进入理性分析——进而掌控情绪。英国乐团刺猬上树（Porcupine Tree）在歌曲《小事》（2009）中唱道："沮丧时，我开着灵车。"这首歌的语境完全不同，歌中将自己从心理学上映射或投射到更糟糕的境况中，从而获得解脱，关键是"再现"糟糕的经历，唤起并强调需要解决的问题，激励主体抵抗或采取行动，将经历转化为思想，肯定"我"承压的价值和力量。

虽然"这只是我自己的故事"，但强调个体经验的蓝调音乐总能在听众中获得共鸣。无论是荒凉的农村乡间还是城市俱乐部，蓝调音乐表演中沮丧的"我"往往被解读为"我们"，将表演者与观众联系在一起，将孤独的心灵与集体相结合，将内心投入公共空间，产生了宣泄和安慰的效果（抱团取暖）。早期，蓝调音乐的演绎环境中，互动和即兴演奏起着关键作用，一个幽默的听众足以轻松化解歌手的悲伤。可以想象，蓝调末尾三行诗节（对呼唤的回应）中的桥段，最初来自观众中的不同声音，将悲伤投向新的视角：

明早起来，我要清理扫把。
明早起来，我要清理扫把。
女朋友，你爱的黑家伙，女朋友，可以用我的房间了。
（罗伯特·约翰逊，《我要清理扫把》，1936）

你知道你震着我，整夜震着我。
你知道你震着我，整夜震着我。
哦，亲爱的，你不停地震动着我，弄得我的快乐之家一团糟。
（威利·狄克森和J. B. 勒努瓦，《你震动了我》，1962）

蓝调演出在音乐之声与社会之声间创造了一种对话，一种轮唱互动的交流。歌词中充溢着自我批评、讽刺与骄傲的姿态，歌手吹嘘自己在逆境中毫不示弱。爱情中的抛弃与背叛暗示着性爱的能力和报复的计划，双关语和文字游戏催生出情感的转移，弥合了沮丧与快乐。主歌尾部的心理转变将歌手和观众带向启发性结论，歌手的心境跨越到观众的空间，观众回应着歌手，彼此相互支持。

蓝调之转调

蓝调音乐不仅是个体到社群的交流，而且跨越了性别、种族和文化的界限。黑胶唱片扩大了传播范围，把人声从个人和现场的实体互动中解放出来。蓝调本是外来音乐，最初受到各种社会限制。乐手们远离家园（非洲），彼此抒发着作为外来者的疏离之情，却突然触动了无数共同的心灵，经历多次演变，最终风靡全球。

蓝调音乐的第一次演变，是从美国奴隶的野性呼喊，化作获得解放的奴隶后代所创造的音乐形式；第二次演变为男女之情，强调歌词中的性意象和音乐表演的动态感；第三次跨界于黑白之间，涌现出大量白人艺术家，吸收20世纪30年代蓝调音乐的特点，改编为适合60年代大众的作品，这也意味着音乐在两个社群之间的双向迁移；第四次跨越了大西洋；第五次将沾染英国气息的音乐带回美国。无论如何迁徙，始终不变的是蓝调中微妙的哀愁。

20世纪20年代女歌手黑胶唱片的发行，迎来了蓝调的第一次大范围传播。尽管在密西西比三角洲，男歌手更多，但女歌手更受城市观众欢迎。美国作曲家杰利·罗尔·莫顿说，他第一次观看蓝调演唱是1900年左右在新奥尔良，那是一个名叫玛米·德马尔的妓女的现场表演，在她之后又出现了玛米·史密斯、玛·雷尼、贝西·史密斯、伊索·沃特斯、维多利亚·斯派维等人。那时的女性蓝调音乐以色情内容吸引男性听众，隐含地表明她们有权追求自己的性满足。不知这是授予弱势性别的特权，还是男性欲望的移植，只为迎合男性听众（作词者往往是男性）？男性的非裔美国蓝调音乐人则更需谨慎控制欲望，以免对手的暴力报复（据说罗伯特·约翰逊死于情人丈夫的毒杀）。女性蓝调鼓励歌词中隐晦的挑逗，之后愈演愈烈，突出地表现在阿尔贝塔·亨特、科科·泰勒、埃塔·詹姆斯和邦妮·雷特等人的作品中。30年代，城市蓝调女歌手的流行唱片开始影响三角洲地区农村男性蓝调表演者的演唱风格。[35]

1920—1940年，蓝调音乐是两性之间的双向交流，从男性到女性，然后影响回来。男女歌手不仅在演出中互动，而且写歌词与录音时也经常交流。正如歌手和观众的情绪相互影响能成就更好的作品，跨越性别的交流也推动了蓝调音乐的发展，从小型现场乐团到独赏的留声唱片，从乡村到城市，蓝调音乐的传统不断丰富。

音乐领域最激进的跨越是跨越种族、跨越洲际。然而，蓝调音乐以唱片的形式横跨了大洋，从美国黑人传到英国白人，并为美洲的黑人和白人开辟了另一条归家的道路，不禁令人疑惑，如此具有地域文化特征的音乐形式，何以在大西洋两岸产生共鸣？英国白人与黑人音乐家阿米里·巴拉卡所谓的"蓝调人民"截然不同，他们有什么文化权力来挪用这种根植于种族、社会和经济不平等的音乐？他们先假设自己拥有倾听的权利，随后开始了"幕后运作"，这场由白人主导的蓝调音乐挖掘工作在60年代早期备受瞩目。[36]

类似的情况并非第一次。30年代的乡村音乐和50年代的摇滚乐中也是从黑人转到白人，从查克·贝里转向比尔·哈利和猫王，然后转向灵魂乐。差别在于，对白人来说，摇滚乐不像蓝调那样不和谐，充满了不同政见，显得不那么陌生、沉重和紧张。摇滚乐获得了大量商业支持，精力充沛的唱唱跳跳，满足着年轻人寻求感官刺激与自我肯定的情感需求。摇滚乐的节奏和歌词乐观幽默；相形之下，蓝调节奏忧郁，歌词充满了种族风格。20世纪60年代初，美国的白人观众几乎不听马迪·沃特斯、豪林·沃尔夫、森尼·博伊·威廉姆森和约翰·李·胡克，他们的唱片只能通过"种族唱片"①公司出版，直接销向非裔美国人。

英国"获得"蓝调音乐的故事，大家已耳熟能详。[37]最初，美军广播在欧洲播放"种族唱片"，第二次世界大战后又随着美军黑人来到英国群岛。颠沛流离改变了蓝调音乐的形式，使其更容易被美国人接受，不再是黑人的本土音乐。蓝调唱片传到欧洲和英国群岛时，受到的符号干扰②比在美国少得多；也不像在美国那样，引起听众（无论黑白）苦涩紧张的情绪共鸣。信号的发出者和接收者之间隔着遥遥大海，增强了作品的陌生化魅力，闻所未闻的移民异国情调将欧洲听众深深地吸引。

---

① 种族唱片（race records）是一个具有歧视性的词语，源于20世纪初美国种族隔离时期。当时，黑人音乐家和歌手无法进入白人主导的唱片公司和音乐市场，因此成立了专门为非裔美国人制作和发行唱片的公司，这些公司及其作品被称为"种族唱片"。这个词语带有贬义，暗示了这些唱片是仅为黑人听众制作的，与其他种族听众无关。当今社会，这个词因其种族歧视，已经不再使用，代之以节奏布鲁斯（rhythm and blues）或灵魂音乐（soul music）等更中性的词语来描述其音乐类型。
② 符号干扰：一个符号或标志在不同的语境中使用时，可能导致误解或混淆。

第三章　音乐之桥

1965年，滚石乐队受邀登上美国电视节目"盛大聚会"（Shindig）的舞台，但只同意在蓝调大师豪林·沃尔夫也接受邀请并共同表演的条件下参演，他们演唱的正是沃尔夫的歌曲，而此时距离1965年3月7日"血腥星期日"刚过去两个月。那一天，数百名非裔美国人在马丁·路德·金牧师的带领下，从塞尔玛徒步前往蒙哥马利时，却突遭袭击，在埃德蒙·佩特斯桥上发生了流血冲突。电视节目制片人最终同意了滚石乐队的要求，从而帮助建立了另一座桥——小而美的象征之桥，沿着马丁·路德·金牧师的宏大路线，重新确认了美国文化的重要部分。

"难以置信的是，许多我以为是蓝调之乡的地方，当地人却从未听说过大多数蓝调音乐家的名字，反问我：'"大个子"比尔是谁？'……我们重新演绎美国音乐，而他们却称之为英国风格。"[38]这是英国的"十年之后"乐队（Ten Years After）吉他手阿尔文·李回忆1968年首次美国巡演时所说的话。"大个子"比尔·布鲁兹尼只是十几位蓝调音乐家中的一位，此外还有艾伯特·金、B. B. 金、弗雷迪·金、魔术山姆、奥蒂斯·拉什、J. B. 勒努瓦、威利·狄克森、奥蒂斯·斯潘、巴迪·盖伊和小威尔斯，他们的前辈更是默默无名，不过最近也开始受到美国白人的关注。现在，许多欧洲乐队与唱片公司都在推广欣赏大西洋对岸的美国黑人音乐，比如动物乐队（Animals）和鸟鸟乐队（Yardbirds）、曼弗雷德·曼乐队（Manfred Mann）和他们乐队（Them）、斯宾塞·戴维斯乐队（Spencer Davis Group）和十年之后乐队，以及英国唱片公司——迈克·弗农的蓝地平线（Blue Horizon）。

显然，蓝调大师们在欧洲比在美国更受欢迎，尤其是英国的唱片版，年轻性感的男性形象更体现社会进步，也符合传统口味。此时的蓝调几乎摆脱了种族障碍，但表演者并没有对此避而不谈，反化作多样的社群情感。英国人不那么在意蓝调歌手的种族，也不特意为其社会"他者"身份辩护，而是将自身的危机与战后的苦难融入歌曲模式中。英国音乐人埃里克·克莱普顿说："我不觉得身份认同有问题。第一次听到蓝调音乐，就像听到一颗灵魂在哭泣，我立刻认同了蓝调歌手这个身份。这是我第一次被歌声问及心里的感受，感受到了内心的贫乏，莫名地被打动。如今，我仍不确定为什么表演蓝调，但就是莫名觉得很合拍。"[39]英国的蓝调摇滚中，灵魂的哭泣尤其迷人，音乐魅力来自多重因素，包括妆造改变、演出环境、淡化种族，以及将蓝调的美学体验纳入追求性魅力的国际文化之中。最初来到英国的蓝调音乐形式松散，从原声独奏、城市爵士到芝加哥电子乐队，表演没有严格的规则和集中的管理。I–IV–V曲调八拍、六拍和十六拍等多种变体，在音乐家的即兴演奏和廉价录制[①]下，听起来有些怪异。来到英国之后，优越的经济条件和广阔的社会环境孕育出丰富多样、精心打磨的作品。粗糙的蓝调在精良的录音室中被不断改进，技艺超群的乐手用心雕琢，在摇摆青年俱乐部演奏，成型于融合文化，以吉米·亨德里克斯为代表的大陆式蓝调终成顶峰之作。1966—

[①] 廉价录制：在低成本、低预算的情况下完成录音，通常在制作音乐、电影、电视节目或其他形式的娱乐内容时，由于资金有限而采用较为经济实惠的方法进行录音。

1968年的伦敦，亨德里克斯的形象与风格风靡一时，主要合作伙伴包括奶油乐队（Cream）和彼得·格林的弗利特伍德·麦克乐队（Fleetwood Mac）、萨沃伊·布朗乐队（Savoy Brown）和鸡棚乐队（Chicken Shack）、罗里·加拉格尔的品味乐队（Taste），还有常被抄袭的齐柏林飞艇乐队（Led Zeppelin）。早在亨德里克斯之前，约翰·梅奥尔、亚历克斯·科纳和西里尔·戴维斯已在英国奠定了蓝调的立足点，往标准曲目中添加了许多原创作品。

与此同时，在美国，迷幻、嬉皮和混合音乐家也重提蓝调，最著名的是保罗·巴特菲尔德蓝调乐队（1965—1966），曾与芝加哥的马迪·沃特斯、奥蒂斯·拉什等蓝调大师一起演奏。1967年，蓝调音乐的基本特征早已融入《门》《老大哥与控股公司》等歌曲，以及罐装热乐队和约翰尼·温特等白人音乐节的演绎中。无论国内国外，文化的交融使得音乐不再封闭。

音乐产业向无尽的听众搭建起蓝调音乐的实体之桥，将一场表演定格于无形，把美好的声音送上青云之途，这个过程中包含着复杂的伦理文化关系。例如若非一对犹太白人兄弟坚持认为沃尔夫、马迪·沃特斯等人的芝加哥街头和俱乐部表演非常精彩，值得收录到唱片中，欧洲人或许不会有机会接触到蓝调音乐。兄弟俩分别叫作伦纳德·切斯和菲尔·切斯，是贫穷的波兰难民后裔，贴着"切斯唱片"的商标制作黑胶唱片。切斯兄弟看好蓝调的商业前景，也深受其精神感召。波兰不乏民俗哀歌传统，还有过许多流浪的贫困吟游诗人。兄弟俩从蓝调音乐中看到了共同点。美国民间音乐家艾伦·洛马克斯也是如此，他收集研究民间音乐，爱读尼采，在20世纪60年代欧洲举办的美国民俗蓝调音乐节中，他是德国的推广大使。音乐节留下了许多关于他们的影音记录。技术建立了一座通往欧洲的蓝调之桥，击中上述和弦，引发欧洲的模仿。罗迪·多伊尔在小说《委员会》（1987）中描述了一位爱尔兰乐队主唱，他演唱美国黑人音乐时说道："你们的音乐，就该讲讲你们来自哪里，出身于哪种人。……爱尔兰人是欧洲的黑鬼，伙计们，都柏林人是爱尔兰的黑鬼，北区的都柏林人则是都柏林的黑鬼。大声说出来：我是黑人，我自豪！"[40]

同样的精神感召下，一位来自伦敦东区的犹太少年被蓝调所吸引，成了最杰出的表演者之一。1946年，彼得·格林出生于格林鲍姆，曾创作了《黑魔法女人》。他出身于肉类包装业，后来成了英国歌手约翰·梅奥尔的学徒，1967年组建弗利特伍德·麦克乐队。三年之后，就在乐队即将大火的前夕，他退出了乐队，认为他们之前从美国蓝调中偷窃敛财的做法令人不齿。深深的自我压抑使他重新回到了蓝调音乐的起源之地——街头。离开乐队后，他住在街边的纸箱子里，乐队成员丹尼·柯万同样无家可归。在收容所接受采访时，柯万提到了一个古老的传说：蓝调是魔鬼的作品，在十字路口夺走人的灵魂。柯万称，每当一个白人唱起蓝调，都清楚地意识到"他会伤害自己"[41]。无论种族与肤色，伤害不期而至，他们的伤痕通向蓝调之桥，蓝调之桥修补着伤痕。

第四章

桥上的兄弟与敌人

造桥兄弟

第一章"神之造桥"探讨的是精神门户,超越了人类体验;然而真正的实体桥梁往往通往相反的方向——从天堂来到人间。历史上许多桥得神灵之助才能打下坚实的基础,中世纪基督教的早期历史就有不少令人动容的故事:一群修士——造桥兄弟——倾尽所能造桥,只为将他们从全能天父那儿看到的一切,投射于人间。后人不断讲述、复述着造桥之说,据说修士们在通向罗马等圣地的途中,搭桥于小溪激流之上,缓解朝圣者旅途的疲惫。1818年,法国政治家格莱戈尔神父这样解释"造桥兄弟"的使命:

> 他们为旅行者提供住宿,照料生病的人,助人渡河,护送过路的旅人,共同抵御强盗(无政府时期强盗成群),建造桥梁、渡口、堤坝、道路。造桥兄弟一直以来的默默奉献,促进了工业分支,并以各种方式恢复着建筑与商业。[1]

造桥兄弟的故事最初源于1177年，一个十二岁的牧羊人受到神明的启示，要在法国南部城市阿维尼翁建造一座横跨罗讷河的大桥。这个男孩名叫贝内泽，他下山将神谕告知城里的居民，人们却把他当作疯子。但神灵的庇护不会轻易消散，贝内泽为了证实他的说辞，扛起一块原本要三十个壮汉才能抬得起的巨石扔进了河里，就连天使也下凡为他守护羊群。就这样，他终于得到了人们的认可，单枪匹马在阿维尼翁建造了一座石桥，长度近千米。（这座桥始建于1177年，1184年建成，桥上的四个拱和桥墩是在罗马时期桥梁的基础上造的，因此这座法国最古老的中世纪大桥能迅速建成。）

贝内泽一生短暂，却奇迹不断，曾使失聪之人重获听力，眼盲之人重见光明。信徒们蜂拥为贝内泽建桥募捐，成立了造桥兄弟会——也就是持桥修道会，从此开始在法国和意大利的河流上造桥。兄弟会的传奇创始人贝内泽十九岁过世，被封为圣徒，安葬在他亲手建造的阿维尼翁桥上的小教堂里。八百年来，每一位大主教经过阿维尼翁桥时，都会到小教堂祈祷捐款。教皇克雷芒五世因为派系斗争离开罗马来到阿维尼翁后，1309—1377年共有七位教皇（包括1378—1403年的两位伪教皇）居住于此。

贝内泽的传奇最早记载于13世纪的羊皮纸上，耶稣会修士泰奥菲勒·雷诺撰写的17世纪传记中披露了许多细节，19世纪的学术研究也有大量涉及造桥兄弟的文献。1245年的教皇英诺森四世诏书道：贝内泽的兄弟会造桥始于里昂，曾几乎造好另一座横跨罗讷河的桥（尼古劳斯·保卢斯认为：诏书上的教皇印章以及日期"显然是伪造的")²。人们说,贝内泽与同伴们还造了第三座横跨罗讷河的大桥——圣埃斯普利桥。还有人说他们的组织遍布西班牙、苏格兰等许多国家。19世纪的学者乔格·拉辛格写到,造桥兄弟会的成员承诺"保护商旅之人免遭抢劫,渡河不收分毫,救济岸边及偏远地方的贫弱旅人,修建道路桥梁"³。后来,据说阿维尼翁的造桥兄弟会改成了(或并入了)意大利托斯卡纳阿尔托帕斯奥的圣詹姆斯兄弟会,以卓越的医术和周全的看护而被大众铭记至今。

并非所有关于造桥兄弟的传说都经得起史学考证。"同一时间、不同地点,同样的需求之下"⁴,许多组织都用过"造桥兄弟会"或"修士兄弟会"的名义修桥。最早使用这一名称的法国团体甚至比贝内泽还要早一个世纪,那就是邦帕斯兄弟,约1084年在迪朗斯河上架桥。最初造桥团体甚至可能算不上宗教组织,真正的宗教团体一般要发誓坚守贞洁、清贫和忠诚(詹姆斯·布罗德曼认为,13世纪之前没有明确规定宗教组织的教义)。⁵阿维尼翁的兄弟会看起来很像宗教团体,教内的兄弟姐妹生活在一起,1196年和1208年的资料中提到了食堂和宿舍、小教堂和墓地,以及特殊的穿衣习惯等,他们的头领被称为"[修道]院长"。阿维尼翁的造桥兄弟并不自称修士兄弟会,而只称"阿维尼翁桥兄弟、里昂桥兄弟等。'兄弟会'是后人的称谓"⁶。他们的主要职能恐怕不是造桥,而是募捐筹款,以便维护桥梁、制造渡船,后来还救济旅人。

兄弟会与罗马教会之间当然存在联系。中世纪欧洲,"造桥的意义仅次于建教堂"。教会认为造桥是"功德无量的工作"。12世纪中叶,"教皇和主教都会'宽恕'造桥之人"[7]。神学家们认为,这种宽恕,也就是忏悔赎罪的做法,无异于给饥渴者饮食、给裸露者穿衣、给无家之人庇护,皆是崇高之举。修桥造福乡邻,理应得到褒奖。善举不仅利他,而且有利于教会的发展,从此受惠的邻居更愿意去教堂祷告,也愿行更多善举作为回报。

通往罗马的朝圣之路上,有许多宗教组织募捐修建的桥。桥上的兄弟们还开设救济院,为渡河的旅人提供帮助。学者们一致认为,救济院的建立与维护,教会功不可没,许多修士僧侣为旅行者和朝圣者提供免费食物和住处。[8]

魔鬼之桥

另一个共识——中世纪欧洲的共识——认为:未经神灵准允,无法修建桥梁。据说桥梁天生招灾,工人或行人踏错一步,就会万劫不复。简陋的工程、粗糙的维护、岁月风霜的侵蚀终会使桥梁坍塌,大桥建成前后都有可能被大水冲垮,仅靠人类的才智远远不够,只有巫师的法力才能让桥梁屹立不倒。最明智的做法是在造桥时安抚好反对势力,河中小怪也好,大魔王也罢,打点到位才能顺利造桥。造桥中的正反势力之争由来已久,世界各地都流传着将牺牲品绑在桥基上献祭的故事,许多文化中都有"魔鬼桥"之说,暗示桥之艰险。

桥梁开辟了横跨水面的人工通道,弱化了河流的天然防御,于是人们在桥头建起坚固的城堡和塔楼,桥墩旁摆放着守护神雅努斯和赫尔墨斯的神像，防止灵魂擅自过桥。这样看来，邪恶力量不仅要搭建桥梁，连接自然隔绝的两岸，还想在桥上畅行无阻。桥梁打破了河水阻隔的天然禁令——这一认知在民间故事、传说、诗歌中随处可见，桥梁结构学也有所体现，中国的"之"字形设计就是一例。（图4-1）据说九曲桥是为了迷惑邪恶的灵魂，他们在桥上横冲直撞，免不了撞到栏杆，但口头传说通常被中国学者视为无稽之谈。西方学者解读中日民间传说的方式，或许受到了英国群岛传统的影响。当地人认为桥能迷惑精灵女巫，还编出各种邪恶灵魂伤害未设防旅人的故事。1791年，英国诗人罗伯

图4-1 中国扬州瘦西湖上的二十四桥。
图源张玉秋（音译，zhangyuqiu）/ Shutterstock.com

特·彭斯的诗歌《塔姆·奥尚特》中,主人公塔姆·奥尚特在杜恩桥上从女巫之手惊险逃脱,就是因为邪恶力量无法渡过河中央。

住在河边的人们担心,造桥会打破水域分隔,造成不寻常的危险,一直反对用桥取代轮渡。伊斯梅尔·卡达莱的小说《三孔桥》(1978)详细刻画了14世纪人们对桥的抵触,最反对造桥的自然是摆渡的船夫,更深层的反对则源自当地迷信。正如小说中所言,中世纪的村民相信,桥梁新技术是对自然的亵渎,架桥会引起恶水河[①]反噬。卡达莱的作品源自中世纪桥梁迷信原型,即使贝内泽这样的圣人圣徒,成功建桥还须战胜黑暗势力。

卡达莱将阿尔巴尼亚的桥梁项目置于东南欧穆斯林文化背景之中,营造成庄严神秘的事业。桥梁建筑师也是魔鬼般的存在,恍恍惚惚造好了桥,其间的心路历程令人无法想象。(塞尔维亚小说家伊沃·安德里奇1925年的小说《泽帕河上的桥》中也有对建桥大师类似的描述,不是来自安德里奇描述东欧城市维舍格勒的著名小说《德里纳河上的桥》。)卡达莱小说中虚构的三孔桥是阿尔巴尼亚奥斯曼帝国的桥中典范(17世纪之前建的桥并无留存;图4-2是一座18世纪建的桥)。造桥之始,一个陌生人突然来到河边,走进一间小屋,"第三天出来"时宛如来自坟墓。他有"一头蓬松密卷的红发,满是麻子的脸颊",眼睛"似乎不允许直视。一看到他的眼睛,那病态的光芒竟令人恍惚"[9]。

造桥之时,只有一个人对建筑大师感兴趣,那就是呆子杰洛什。

[①] 恶水河:危险的水域,文学、电影和其他艺术作品中,恶水河常常被描绘成冒险和挑战的场景。

图4-2 梅西桥（1768），横跨阿尔巴尼亚的基尔河。
图源谢克尔赞·雷克莎/维基资源共享

他挥着难以理解的手势，乱舞的影子投到魔鬼桥的桥脊上，老妇人阿库娜称之为"贝鲁塞巴布之脊"[1]，预言这桥只会带来危害。造桥的赞助者不比建筑师省心，他们"买下了曾经被称为伊格纳提亚大道[2]的西部公路"，之后又不眠不休地走了三个多月，直到村民乱糟糟的巴比伦语开始带有之前买下那块地的口音，他们才停下来，用十一种语言进行数学计算。连桥梁即将取代的渡河木筏

---

[1] 贝鲁塞巴布之脊：形容某物非常坚固、强大或难以摧毁，或者暗示某人或某物具有恶魔般的强大力量。短语源自古代神话中的恶魔贝鲁塞巴布（Beelzebub）。
[2] 伊格纳提亚大道：公元前2世纪修建的古罗马道路，穿越了欧洲东南部，设计初衷是方便罗马帝国军队调运物资，客观上促进了沿线地区的经济繁荣和文化交流。如今作为旅游线路，吸引了众多历史爱好者和考古学家探访。

也与恶魔有关,需要好好盘算,那个木筏系在"防止溺水的十字架"旁,由一个"驼背的摆渡人"①撑船。[10]

危险的气息、莫测的意图,无法用浮士德式的冲动来解释,但造桥必须与魔鬼达成交易。卡达莱的读者大都熟悉这种典型的欧洲叙事:造桥激怒了魔鬼,夜间破坏进度,直到造桥者向魔鬼承诺好处——至少是第一个过桥生物的灵魂。有时,人们会耍花招来避免牺牲。魔鬼希望第一个过桥的是人类,村民则设法让一只鸡或一条狗先上桥,比如向桥上扔一块面包来引诱小家伙。詹姆斯·乔伊斯讲述了博让西桥上人们用一只猫完成交易的故事。[11]交易完美解决,故事流传至今。如今,那些狭窄的、像驴背一样拱起的桥,或者悬挂山巅、令人目眩的高空之桥,仍被称为魔鬼桥。欧洲自阿尔卑斯山向南错落着几十条河,其中包括横跨奇维达莱镇的奈蒂索内河、兰佐区的斯图拉河以及莫扎诺镇附近的塞尔基奥河。(图4-3)魔鬼桥有马里内奥附近的萨拉森桥、鲁斯河上的魔鬼桥,以及帕维亚镇提奇诺河上的廊桥等等。

恶魔之怒鲜少以人类的欢喜收场,十足的魔鬼终会得到想要的一切,索取贡品的方式之一是让村民举行仪式,把一个活人塞进桥砖。祭品最好是妇女和儿童,除了讨好恶魔外,似乎还能为桥梁注入一种唤醒和保护生命的力量。罗马尼亚宗教学家米尔恰·埃利亚德指出,灵魂的诞生"来自献祭"。[12]自然孕育与人工建

---

① 某些宗教中,驼背的船夫被视为死亡的象征,负责将死者的灵魂渡过生死之河,进入另一个世界。

图4-3 马达莱纳桥,又称魔鬼桥,横跨意大利莫扎诺镇附近的塞尔基奥河,可能是1080—1100年托斯卡纳的玛蒂尔达伯爵夫人委托建造,14世纪初翻修。图源基亚拉·博拉奇/Pexels网站

筑最强大的结合,是以年轻母亲为祭品。

南欧有一个造桥的故事在各地流传,一位母亲恳求将一边乳房露出墙砖,继续为新生的孩子哺乳。卡达莱的家乡阿尔巴尼亚著名的罗扎法城堡[①]传说中也有类似的说法,那位母亲不仅想露出乳头来哺育孩子,还想"露出右眼看看他,露出右臂抚摸他,露

[①] 罗扎法城堡位于阿尔巴尼亚的弗尔扎卡斯特县。传说中,罗扎法城堡的建造者是一位名叫罗扎法的土耳其苏丹,爱上了一位名叫阿尔巴尼亚的基督教少女,为了表达爱意,他在少女的家乡建造了一座城堡,并以她的名字命名。然而罗扎法的爱并未得到回应,阿尔巴尼亚少女始终不愿接受他的爱情。苏丹决定将城堡作为礼物送给她,请求她留下来,然而少女执意离开,苏丹心灰意冷,将城堡烧毁,使之成为一片废墟。如今,罗扎法城堡作为一处历史遗迹,吸引了众多游客前来参观。

出右腿为他摇摇篮"[13]。伊沃·安德里奇的《德里纳河上的桥》中留下了相似的故事：奥斯曼帝国的石匠们白天修桥，桥却在晚上被莫名破坏。

"什么东西"的声音从水面上轻轻传来，劝说石匠雷德找来一对龙凤胎婴儿，名叫斯图雅和奥斯托亚，把他们塞进中心的桥墩献祭，除此之外别无他法。人们说，雷德怜悯孩子，在桥墩上留了口子，不幸的母亲可以通过缺口悄悄喂养可怜的孩子。缺口是雕刻精细的盲窗，窄小如漏洞，如今有野鸽子在里面筑巢。为了纪念此事，几百年来"母亲的乳汁"一直从墙上流淌下来。"乳汁"是一道白色的细流，每年特定时间从无瑕的砖石上流下，在石头上留下不可磨灭的痕迹。这些乳白色的痕迹被刮下来做成药粉售卖给产后无乳的妇女。[14]

《阿尔塔桥之歌》（巴尔干半岛各地都流传着这首歌的不同版本）中，祭祀的对象不再是随便哪个女人或新娘，而是主建筑师的妻子。（图4-4）歌中毫不掩饰地指出：献祭建筑师妻子的仪式目的，是以女性及其自然力量来平衡、回应和补偿男人消耗的技术智慧；如此可怕的两性生产关系意味着什么，可能还需要更多研究。[15]砌入桥砖之时，年轻的妻子对大桥和行人发出热腾腾的诅咒："我的心在颤抖，桥也会摇晃；我的发丝在脱落，过桥的人也会坠河。"民谣版本众多，大部分版本中，妻子的诅咒并没有生

图4-4 希腊阿尔塔桥（奥斯曼帝国，17世纪初）。
弗雷德里克·布瓦索纳（1913）

效，最终被收回或抵消，徒留后人想象。但她依然失去了生命，胜利属于恶魔和建筑师。

受困的阿尔巴尼亚人

拱桥终将坍塌，现代桥梁同样如此。中世纪造桥献祭，主动为无法逃避的死亡寻找形而上的价值。简单转换视角，就能将造桥理解为上帝的旨意，而非撒旦之举——反之亦然，这就是卡达莱《三孔桥》中政治取向变化的情节拐点。他笔下的桥,就像之前安德里奇写的两座桥一样,都是奥斯曼人建造。卡达莱认为,桥成了奥斯曼人暴力征服欧洲中南部的工具。[16]

卡达莱生长在阿尔巴尼亚人民共和国——领导人恩维尔·霍查称之为"世界上第一个无神论者国家"——卡达莱清晰地表明,他不喜欢关于桥的怪力乱神。安德里奇早期作品《德里纳河上的桥》大加赞赏巴尔干之桥,书中却描述了奥斯曼人在维舍格勒桥上将一名塞族人活活钉死,波黑同胞指责他妖魔化穆斯林造桥者及其后裔(安德里奇1924年的论文《土耳其统治影响下的波斯尼亚精神生活发展》证明他们的指责不无道理)。

卡达莱小说的叙述者是一个天主教僧侣,名叫乔恩。他常说,这座14世纪建造的阿尔巴尼亚桥,唯一的作用是引来奥斯曼人侵略。一座桥,在别人眼中可能是融合的手段,那时却是可怕的预兆,预示着阿尔巴尼亚即将被剥夺自治权,世界级帝国的力量即将踏平自然和文化的高墙。最初造桥绝非仅为异教徒的逐利之举,而是全球资本邪恶力量支持下对地球原料有计划的动员安排。奥斯曼帝国为统治欧洲中南部,以一个不露面的西方富商的名义修桥铺路,向奥斯曼人出售焦油来修筑军事港口,富商还拥有几家银行。[17]① 在中世纪欧洲资本的萌芽力量共同规划、委托和资助下,这座桥顺利建成。乔恩对桥的用途充满疑问,不相信这座桥能带来"新秩序,把世界向前推进许多世纪"。主建筑师声

---

① 请见书后注本章注17,下文中括注页码均为注17中所标注书目的页码,并非本书页码。

每一座桥都连接着另一个世界

称，新秩序包括：

> 阿尔巴尼亚海港城市都拉斯将开设新银行，越来越多的犹太和意大利中间商在此用二十七种不同的硬币经商，大家普遍接受威尼斯金币作为国际货币。商队越来越繁忙，贸易展览会层出不穷，特别是（哦，天哪！他数次强调了"特别"这个词），特别是道路和石桥的建设。他说，所有这些变化同时象征着新生和死亡，象征着新世界的诞生和旧世界的灭亡。（第101页）

1377年三孔桥的建造表明，资本主义从中世纪欧洲重商主义精神中诞生，同时也反映了卡达莱时代阿尔巴尼亚的苦难。为了预防自然灾害和当地人反抗，奥斯曼帝国将一名阿尔巴尼亚人砌入桥砖，受害者代表着超级大国征服下的小公国命运，小国承受着东方穆斯林力量和西方资本主义的双重压迫，受害者甚至颇有些基督受难的意味。面对强大的政治势力角逐，阿尔巴尼亚的统治者退到了一边，"除了像本丢·彼拉多[①]一样撂挑子以外，没有

[①] 本丢·彼拉多是历史上的真实人物，于公元前41年去世。根据《圣经·新约》的记载，他是罗马帝国犹太行省的执政官，在任期间多次审问耶稣，最终在仇视耶稣的犹太宗教领袖的压力下，判处耶稣钉死在十字架上。历史上的本丢·彼拉多出生在罗马帝国萨姆尼亚地区的一个城镇，名叫毕士提，位于今天的意大利阿布鲁佐，可能是公元前4世纪的古罗马将领盖约·本丢的后人。现今意大利毕士提遗址仍有一座房子相传是彼拉多的住所。从史学角度来看，本丢·彼拉多是一个有争议的历史人物。

任何作为"。(第122页)筑桥者将阿尔巴尼亚人砌入桥中示众,让人们看着他全身赤裸、双目圆睁的惨状,宣告他没有来生。僧侣惊恐地喊道:"无葬身之地!这违背了生死的秩序。他像一座桥悬于生死之间,无法移向任何一端。"(第128页)

这本书将我们带回古代,基督论与反帝国政治罕见地融合在一起。罗马时期,生死之间无桥可渡——"有去无回"的冥河在生死间流淌,无法筑桥。在赫尔曼·布洛赫看来,这预示着、召唤着激进的或"关键的"(十字架般的)[①]基督教转向,转向信号来自但丁的前基督教向导维吉尔。布洛赫在《维吉尔之死》中写到,罗马先知不能容忍死亡只是呼吸停止的观点,认为死亡与无尽的来世接壤——古希腊哲学家阿那克西曼德称之为"无限论"(*apeiron*),其他人则将其归为已知形式世界之外的原始混沌。实用主义、唯物主义异教徒的问题在于,他们将生死本体视为背道而驰的两个概念,中间不可能有桥。他们无法回答来生的问题,于是打开了另一条思路,认为死亡本身就是一座桥——通往更绝对的存在。

小说末尾,讲故事的僧侣将三拱桥提升到一个更宏大的视角,将造桥与超验的神灵感应相联系。小说中,在诋毁了桥梁之后,僧人反思道:"我的脑海中突然闪现出彩虹……彩虹是桥的雏形,久久高悬于天际,在人们的脑海中种下桥的原始形象。"(第151页)

[①] "关键的"(crucial)一词,既来自"十字架"(cross)词根,又与基督受难(crucify)有关,富含双关色彩。

从实际、物质与历史角度看，原始的桥充满了暴力、动荡和政治不平等。"彩虹是桥的原型，或许也是造桥灵感的来源，但至今无人知道如何创造彩虹，更不知如何用镣铐锁住它；这岂非让人觉得有些可怕、脆弱与难以理解？"（第157页）僧侣的恐惧与犹疑表明，世间并无所谓伟大的神之造桥，没有什么可以弥合分歧，将所有的人连到一起。小说似乎预言了1377年奥斯曼和阿尔巴尼亚人之间的种族和文化敌对无法妥善解决，必会再次爆发。卡达莱小说出版十多年后，土耳其（奥斯曼）与阿尔巴尼亚在科索沃问题上爆发冲突。

20世纪70年代卡达莱写这部小说的时候，阿尔巴尼亚毗邻南斯拉夫科索沃地区，那是一个自治省，主要居住着信仰穆斯林的阿尔巴尼亚人。卡达莱在小说中写到，14世纪时科索沃曾是塞尔维亚政治文化中心。五百年后的19世纪，局势发生转变，科索沃成为阿尔巴尼亚民族觉醒运动的先锋。21世纪前夕，该地区爆发种族和意识形态冲突。1998年2月至1999年6月，塞族人平息斯洛文尼亚、克罗地亚和波黑战争后转向科索沃，一百万居民在战火中逃离家园。[①]

卡达莱小说中造桥献祭发生的日期，推算一下正好是1377年。三孔桥建成于塞尔维亚王国彻底战败于奥斯曼土耳其（1389年科索沃战役）之前十二年。1389年，穆斯林占领了塞尔维亚－科索沃地区，六百多年后的1998年，塞族人终于报了仇。北约的炸弹阻

[①] 塞族与阿族的历史非常复杂，这里有些观点未免偏颇，提醒读者注意。

第四章　桥上的兄弟与敌人

止塞尔维亚进攻后，科索沃分裂为两个单一种族区域，分别是阿尔巴尼亚科索沃和属于塞尔维亚人的北科索沃。人们在战乱中被驱赶到伊巴尔河对岸，全副武装的哨兵在岸上设防，以免不受欢迎的族裔入侵。直到今天，自治机构仍然在边境城镇科索夫斯卡－米特罗维察的大桥两岸对峙。[18]

几年前，南斯拉夫战争期间无故被毁的波黑老桥突然成为热点，或许就是因为斯拉夫人的桥象征着和解。老桥距离安德里奇笔下的维舍格勒大桥约二百公里。1566年，奥斯曼著名建筑师辛南的学生哈杰鲁丁受苏莱曼大帝委托，设计建造了这座桥。古桥所在的莫斯塔尔是"一个典型的多民族、多宗教城市"，约三分之一的婚姻来自不同宗教的结合，不存在单民族聚居区。[19]就在这里，哈杰鲁丁设计的美桥在种族冲突中被炸成了碎片，简直是"文化战争罪"。

刚开始，也就是1992年4月至6月，塞尔维亚发射大炮和火箭围攻，莫斯塔尔的克罗地亚人和波斯尼亚人联合起来防御。然而，塞尔维亚人一被击退，克族部队就出人意料地将枪口转向穆斯林同伴——"半夜用枪指着他们，集中拘禁在营里"，让他们挨饿，并于1993年5月至1994年2月期间杀害了两千人。[20]1993年11月9日，克族武装炸毁了莫斯塔尔的奥斯曼风格的古桥，没有任何军事目的，只因其跨越了波斯尼亚基督徒和穆斯林之间的分界线——内雷特瓦河。莫斯塔尔古桥"作为（民族融合的）文化符号，不符合塞尔维亚或克罗地亚民族主义者的叙事"。[21]

每一座桥都连接着另一个世界

无人倾听的历史：德里纳河上的桥

卡达莱把彩虹看作人类桥梁的原型，可能是向前辈安德里奇的作品《德里纳河上的桥》致敬。安德里奇的小说中，历史与人类的哀伤不逊于卡达莱，甚至有过之而无不及，不过他更在乎桥。安德里奇的桥位于波斯尼亚，跨越德里纳河，曾是奥斯曼帝国和基督教领土的分界；人们对桥满怀着希望。

四个世纪以来，德里纳河上的桥见证的更多是纷争而非统一，但仍比卡达莱的恶水桥更受欢迎。安德里奇认为，造桥源自奥斯曼帝国统治者的精神需求。在波斯尼亚的维舍格勒镇，至今矗立着一座十一拱桥，设计者不是普通的土耳其人，而是著名的权臣索科鲁·穆罕默德·帕夏。他是塞族出身的基督徒，十岁时被人从斯拉夫父母手中夺走，被迫皈依伊斯兰教，成为一名奥斯曼帝国新军士兵。1565—1579年，这位被尊称为"巴伊察·索科洛维奇"[1]（这或许是他的本名）的人，成长为土耳其帝国的实际统治者。

1571年，索科鲁·穆罕默德下令造桥时，奥斯曼正面临外交内困。那时，塞浦路斯是威尼斯的前哨，土耳其出兵将塞浦路斯的威尼斯人赶了出去，莎士比亚的戏剧《奥赛罗》中就提到过这场战争。奥斯曼帝国的对外征服激起了基督教的反抗，梵蒂冈、西班牙、那不勒斯、西西里岛、威尼斯共和国、热那亚、托斯卡纳和马耳他骑士团的武装力量组成了反土耳其联盟，史称"神圣

---

[1] "巴伊察"（Bajica）是土耳其语中的尊称，表示"长者"或"智者"，而"索科洛维奇"（Sokolović）是他的姓氏，这种尊称既能表示他的地位和威望，又能传达姓名信息。

联盟"（the Holy League）。1571年10月7日，神圣联盟在莱庞托战役中击败土耳其舰队（著名西班牙作家米格尔·德·塞万提斯参加了战役，并身中三弹）。地中海的形势非常紧张，但在安德里奇看来，这些政治因素与造桥无关，毕竟桥建在奥斯曼帝国腹地。安德里奇更在意这座桥的社会和个人因素，在意其日常功能与长久效益。这座桥就像喷泉、清真寺和学校等公共设施一样，使奥斯曼帝国广受赞誉。

按照安德里奇的描述，索科鲁建造这座跨文化之桥，是为了修复人生的重要裂痕。早年11月某个寒冷的日子，这个黑皮肤的少年被绑架到德里纳河对岸，和一群孩子关在一起，无助地看着母亲绝望地追赶，内心"被狠狠地刺痛"。多年来，这种痛苦没有消减，反倒一次次汹涌袭来——

> 仿佛将胸膛切成两半，疼得厉害，令他常常想起那个地方。在那里，在道路的尽头，荒芜和绝望止于河岸。过河太难、太奢侈也太危险。在这里，这个痛苦的地方，这个贫困的山区，他遭受着不幸，却又无能为力，内心羞愧无比，被迫深刻地认识到自己和他人的人生艰难与能力不足。[22]

乘船渡过禁忌般的德里纳河成了心灵的创伤，不断向长大后的索科鲁·穆罕默德揭示着人类的悲惨——无助、分裂、荒凉和绝望。随着年龄的增长，这位彻底皈依伊斯兰教的重臣获得了当年在岸边不曾拥有的力量，但别离之痛依旧来来回回，心里的伤口被割得越来越深。也许,德里纳河上伟岸的长桥才是他的补偿。索科鲁·穆罕默德认为,想去掉这黑刀子般的疼痛——

> 首先要取缔德里纳河上的渡口,只因苦难与不便常年汇聚在此、不断累积;然后要在陡峭的河岸与恶水之上铺设桥梁,把德里纳河分隔的两端连接起来,从此一劳永逸、安全地把波斯尼亚和东部地区——他的来处和住处连接起来。冥想之中灵光一闪,他仿佛看到一座石桥优美坚定的轮廓,从而设计出这座大桥。(第26页)

穆罕默德的桥(图4-5)有望修补情感世界,征服两岸之间的

图4-5　德里纳河上的穆罕默德·帕夏·索科洛维奇桥(1577),波黑维舍格勒。图源弗拉迪米尔·米贾伊洛维奇/维基共享资料

"恶水"，克服分裂、分别与限制。

大桥建成后，维舍格勒的每一个居民都感到它的结构是那样超凡——

> 最平凡的镇民，也觉得力量陡增，超越有限的力量和受限的日常，带来了超人类的绝妙体验，仿佛已知的地球、水和天空等空间之外，还有一个空间向他敞开，仿佛只要积极努力，每一个人都能立刻实现最渴求的愿望，满足人类自古以来的梦想——跨越水域、成为空间的主人。（第66页）

这就是德里纳河大桥的精神：为人类的存在创造新的可能，甚而引导人们打破局限性。然而，具有悲剧讽刺意义的是，即使造桥人期待民族融合，这座连接穆斯林和基督教世界的桥非但没能实现政治团结，反而见证了一波又一波冲突，直到这篇小说写作的时代，直到如今，依然不得安宁。从14世纪到17世纪，土耳其人和塞尔维亚人之间纷争不断；19世纪历史重演，还添上了土耳其人和奥匈帝国的恩怨；再后来是1914—1918年的第一次世界大战期间，塞尔维亚和奥匈帝国各执一方，战火纷飞；20世纪90年代，塞族突然攻击其波斯尼亚的穆斯林同胞，令欧洲震惊。近四百年来，安德里奇小说中的桥静静地躺在时间的震荡之下，唯有当初建造的目的远比其后见证的历史更加明确可靠。[23]

安德里奇的历史小说中，桥是超越一切的主角，不仅比过桥的人更长寿，而且成了无声而超验的审判者，审判着人类行为。

每一座桥都连接着另一个世界

《德里纳河上的桥》一共二十四章，每一章结尾都要从章节描述的时代精神中抽身出来，重新关注大桥的材质、地理位置和本体稳固性，外界的纷纷扰扰丝毫无法改变其本质，从而为历史提供了一个宏伟的框架。这桥梁、这框架，由"崇高灵魂的伟大智者"所建，不为别的，只为"上帝的垂爱"。这就是安德里奇书中的终极观点，借书中的穆斯林圣人阿里霍贾之口说了出来。他还解释了以天使翅膀做桥的寓言意义：

> 仁慈的上帝第一次创造世界的时候，大地是光滑的，像一个精美的盘子，这是上帝送给人类的礼物，令魔鬼嫉妒。大地刚从上帝手中创造出来之时，潮湿而柔软，像未出炉的泥土。魔鬼偷走了地球，用指甲在大地上划出深痕。从此，地球上有了河谷沟壑，将大地分割成一小块一小块，人们无法在大地上畅行来获取食物、谋取生存。上帝看到魔鬼所做的一切，十分地怜悯，却又无法将魔鬼制造的裂痕恢复原样，所以派去天使帮助人们，使生活不那么困苦。天使看到人们无法通过深渊峡谷劳作，不得不来回折腾，徒劳地寻找，隔着深渊相互呼喊，于是天使在峡谷上展开翅膀，使人们能去对岸。从此，人们从上帝的天使那里学会了造桥，造桥是继喷泉之后最大的福音，而世间最大的罪过莫过于阻人造桥，因为每座桥，从跨越山涧的独木桥到穆罕默德·帕夏的伟大设计，都有天使守护。只要上帝下令，天使就会一直守护着、维持着一座桥。[24]

然而，圣人阿里霍贾过于乐观，终成小说中最后一个受害者，为了一个狭隘的目的死在一座小桥上：在一次政治冲突中，一个反对穆斯林的人抓住阿里霍贾，用钉子钉住他的耳朵，钉在桥上。理想主义者受到了惩罚，就像本书第八章中提到的乌娜·特洛伊小说中的宗教使徒一样，阿里霍贾赞美过的桥则变成了酷刑的工具，原来历史和天使之桥并没有什么共同之处。血腥的波斯尼亚冲突，使人忽略了维舍格勒大桥的美好情感，忽略了结尾的美好期待，但也在小说末尾赞颂了20世纪前几十年里新生的南斯拉夫自我意识。虽然20世纪末南斯拉夫共和国解体后，该地区重新变得冲突不断，但小说坚信，随着南斯拉夫自我意识的增强，东方与西方、穆斯林与基督徒、塞族与克罗地亚人之间的冲突终将得到解决。

最后，安德里奇预言，随着技术和工业经济发展，人们将不再迷信天使。小说写作之时，天使造桥之说已然过时，索科洛维奇桥边修起160千米的铁路，"上有超过100座桥梁和高架桥，约130条隧道"，安德里奇的实体桥与现代化的"功能-结构"之桥形成了鲜明的对比。[25]如今，安德里奇的桥意义何在？维舍格勒只会让人联想起欧盟内部主张排外的苏联卫星国联盟"维舍格勒四国"，此名并非来自安德里奇书中的城市，而是另一个匈牙利同名城市。

即使小说读者是巴尔干人，也容易误解安德里奇的意图。有的人认为，安德里奇像个南斯拉夫政治家似的鼓吹民族主义意识形态，而这种意识形态根本无法涵盖"全部巴尔干地区的主流意识形态"。[26]安德里奇的期望最终落空是南斯拉夫社会主义联邦的解体。联邦成立于1945年（小说出版于同一年），联邦解体后爆发了塞族和斯洛文尼亚人之间的十日战争（1991年6月至7月），随后是塞族和克罗地亚人之间的战争。然后呢？1991年3月的卡拉多德沃会议上，小团体秘密结盟，塞族和克族民族主义者大打出手，他们的波斯尼亚同胞血流成河，波黑共和国就此分裂。安德里奇本人也成了无法饶恕的战争导火索。他的家乡维舍格勒爆发大屠杀，比小说中描述的三百五十年中任何一次都更惨烈。波斯尼亚穆斯林袭击维舍格勒，肇事者将杀戮说成对一些具体事件的报复，其中就包括破坏镇上的安德里奇雕像。安德里奇是基督徒，更是歌颂桥梁的塞尔维亚诗人。据说破坏雕像源自反穆斯林情结，有人反对安德里奇的小说，尤其是其博士论文中关于穆斯林的片段。另一方则认为，安德里奇的作品，"是关于波斯尼亚多民族最动人的抒情，经过波斯尼亚塞族人的编辑，有选择地引用来支持种族清洗"[27]。

维舍格勒大屠杀已经过去了二十年，二十年的战争审判和档案研究也很难说清楚当年的事情，历史学家都认为，大屠杀不可能仅仅源于对一座雕像的破坏。1992年维舍格勒大屠杀灭绝了当地几乎所有穆斯林人，许多人被活活烧死，有些人被淹死在德里纳河中，还有人被抛下大桥射杀。根据战地记者克里斯托·赫奇斯的观察，连接之桥成了屠杀的工具和舞台。[28]族群压迫之下，神之造桥变成了魔鬼造桥。历史滚滚向前，不听未来与过去，成为毁灭者。

第五章

文辞之桥

歌舞之桥

感谢阿维尼翁的贝内泽,将歌舞与桥联系在一起。脍炙人口的民歌《阿维尼翁桥上》唱的就是他的桥。唱歌跳舞也是造桥,合唱将人们的双手和声音连在一起。贝内泽过世后几年,当地人把这座桥当成庆典的场所,在桥上欢歌乐舞。这首歌的第一个版本来自16世纪,当时名叫《阿维尼翁桥下》,不是桥上而是桥下。贝内泽造的桥,宽度不足5米,桥上跳舞转不开,大家都在桥下跳。奥地利作家约瑟夫·罗斯在一幅古老的版画上看到桥下跳舞的画面时也很吃惊。[1]桥下的巴彻拉塞岛有着更宽敞的狂欢空间,至今仍是集市和民间舞蹈的场所。1184年阿维尼翁桥落成以来,大桥为狂欢者遮阳避雨,护佑桥下的人们尽情享受跳舞的乐趣。

法国小学生要求背诵的是这首诗的19世纪版本,下面仅录开头。其中的"绅士"和"淑女",可以代之以士兵、音乐家、园丁和乡亲等,创造出无穷无尽的歌行:

阿维尼翁桥上，人们在跳舞，人们在跳舞，

阿维尼翁桥上，人们围着圈跳舞，

英俊的绅士们这样跳，

然后那样跳。

阿维尼翁桥上，人们在跳舞，人们在跳舞，

阿维尼翁桥上，人们围着圈跳舞，

美丽的淑女们这样跳，

然后那样跳。

舞曲衍生了相应的舞蹈，将人们聚在一起，圈成一个没有起止的圆。语言艺术也能产生类似的效果，可以歌唱歌曲之美，可以写诗赞美诗歌，这一切都将多层次的人类经验结合在一起，不再沉默或者脱节。

最小的缝隙最难搭桥

尼采少年时必定和其他学童一样熟悉《阿维尼翁桥上》。这首歌创作流传几十年后，尼采将桥、歌曲和舞蹈融合成一系列关于语言本质的隐喻，写入《查拉图斯特拉如是说》第三卷"新愈者"章节。此章中，沮丧的哲人几乎想要放弃作为哲学家的使命，不再分享智慧的果实。令他如此低落的是，他发现世间发生的一切永远以最初的形式重现，伴随着毫无意义的断裂。

查拉图斯特拉昏迷了一个星期，总算在动物伙伴悦耳的交谈声中慢慢恢复了精神。它们劝说道："走出你的洞穴，世界像花园一样等待着你。风儿带着浓郁的香气，想要轻抚你，所有的小溪都在追随你，万物都在渴望你，而你却孤独了七天。走出洞穴吧！万物都将治愈你。"[2]

查拉图斯特拉珍视动物们的感情，却对它们眼中和谐的自然持怀疑态度。他微笑着回应道：

哦，我的动物们，继续说下去吧，让我倾听。你们的话儿如此清新。哪里有你们喋喋不休，哪里的世界就是花园。多么美妙，世间有了词语和声音！词语和声音不就是彩虹和虚幻的桥，连接着永恒的分离？

在查拉图斯特拉看来，事物的本质是无休止的相互矛盾，然而声音和文字的亲密关系不承认这种矛盾状态。他解释道：

最相似的事物之间，幻象最完美；只因最小的缝隙最难搭桥……所有的声音都让我们忘却这一点；多美妙啊，我们能忘却。难道不是有了名字和声音，人们才发现世界变得与众不同？说话是一种美丽的愚蠢：借此，人类在一切之上起舞。多么美妙啊，所有的交谈，所有声音的欺骗！有了声音，我们的爱情在多彩的虹桥上跳舞。

"多彩的虹桥"将相似的事物连接在一起,就会变得更加美丽,使大脑忽略了细微的差异。声音和文字有力的流动中,人们不会注意到缝隙。查拉图斯特拉认为,我们有能力忘却事物的不平等,想象它们共同发挥作用,多么美妙啊。流畅的言语和歌声在事物之间起舞,使它们以连贯、充满生机的色彩纽带结合在一起,这一切更多是情感和审美的,而不是认知的。

查拉图斯特拉沉思于动物朋友们的幻想,逐渐敞开心扉,接受它们所说的和谐。他回应道:"哪里有你们喋喋不休,哪里的世界就是花园。"尽管他对其言论包含多少真理尚存疑虑,但在谈话中甘拜下风。聊天结束时,这位哲学先知承认,为了康复,他也必须跳舞、唱歌,并为世界无休止地翻来覆去而欢欣鼓舞,没有韵律,没有理性——无意义的事件永无止境地重演,理性上令人无法忍受,这摧毁了他的行动意志。

动物们不接受他把文字当作想象之桥的说法,它们说:"对于像我们一样思考的物种来说,世界并不是由无限的循环和不可打破的孤独构成。"恰恰相反——

> 万物自身都在舞蹈;他们到来,伸出双手,欢笑,逃离,再回来。万物去,万物归;存在之轮永恒滚动……万物断裂、一切又重连;永恒地造着同一座存在之屋。

谁能想到,海德格尔将语言视为"存在之屋"的想法竟来源于此?[3]整个屋子都是由语言的言语、歌唱与舞蹈编制、造就,将永恒的分离连接在一起。

一方面，查拉图斯特拉允许自己被说服，他站起来迎接生命的挑战，庆祝万物永恒的创造/毁灭，在存在之轮上转圈跳舞。感谢动物们的叽叽喳喳，查拉图斯特拉从无法找到意义的病态中恢复过来，想象着所有存在的无意义循环都聚集在一起。另一方面，这本书的作者一生都在与语言的虚幻做斗争，但作品的辉煌和悲怆恰恰在于难以在知识手段怀疑论（知识手段无法令人满意）与坚持哲学目的之间找到平衡。感知和语言是手段，可靠和可验证的真理是目的。

尼采完成第一本书《悲剧的诞生》（1872）后，立刻提出了如下假设：语言既不能把握也不能传达其试图建立的连续性："每个概念都是因为我们把不相等的物体等同起来而产生的。"概念上的简单使我们将不同树木上的树叶形态，视为同一个现象的形式变化，认为那些都是"叶子"。这不仅是概念的力量，也是创造性的"隐喻、换喻和拟人化"的力量使我们能够做到这一点。[4]尼采直到事业的最后阶段，依然对其哲学使命所依赖的语言资源抱持强烈的怀疑态度。他准备出版的最后一本书《狄俄尼索斯酒神颂》以一首自我批评的诗歌开头，"只是一个傻瓜！只是一个诗人！"似乎表明，哲学家的每一句话——再次与彩虹有关——只是小丑的嚎叫。《查拉图斯特拉如是说》后半部分，即回文诗首次出现的地方，追求真理的语言是一座由幻觉和谎言构成的桥，是智性狂欢的平台。

诗歌问道："真理的追求者，是你吗？"

回答如下：

不！只是一个傻瓜！只是一个诗人！

只会像小丑一样滔滔不绝，

只会从愚人的面具下发出色彩斑斓的哭喊，

爬着谎言的文辞之桥，

追着误导的彩虹。

徘徊在虚假的天堂之间，

漫游、潜行——

只是一个傻瓜！只是一个诗人！[5]

  这里的小丑，就是《查拉图斯特拉如是说》开头提到的架在动物和超人之间的桥上的那个人，他在诗中被定性为一个故意撒谎的思想家，在虚假的天地之间、在欺骗的文辞之桥上潜行。尼采早年的一句箴言曾试图将诗人与迂腐的思想家区别开来："诗人在韵律的马车上欢快地展示思想：通常是因为无法行走。"[6]《查拉图斯特拉如是说》就是一道供人嬉戏的彩虹，诗意的韵律铺成的桥面最好以探索者的步伐来测量；但直到后来，尼采也没有发现非诗意的行走方式。

  这样的表述可能对诗人过于轻慢，虽然他们并不比尼采的文辞之桥理论更有创见，但语言的趣味并非在于符号能否抓住事物的本质，而在于通过连接符号来阐明我们能够理解的本质。古希腊"诗歌"一词，本意就是创造性地制造或编织语言。创造性语言不像彩虹或桥那样虚无缥缈，而是概念感知的根基，是精神感悟中发现的所有符号的前结构。《狄奥尼索斯酒神颂》中同一文本的注释稿中，尼采承认了诗歌作为修辞文体的矛盾价值：

> 诗人，可以明知故犯、心甘情愿地撒谎，
> 只有他能说出真理。[7]

有些人说，尼采认为语言仅仅是表象和类似智性的东西，我们对此不敢苟同。和尼采的动物们一样，我们必须重新评估语义之桥的积极意义。

隐喻性

经典语言学认为，在独立或前语言条件下，语言知识在"这边"，而语言知识所指向的现实在那边。维特根斯坦的《哲学研究》(1953)发表之后（或许更早），人们推翻了这一观点。亚当语言观①认为，我们把这个或那个东西命名为"狗""房子"或"树"，然后把概念串联起来，反映我们已经感知到的复杂状态。词语"狗"是指一种四足动物，而"我"是说句子的人，这两个词都从言语行为中获得了实际意义，结果就产生了概念框架，开辟了从一个词到另一个词的交际通道，否则这些词本身并无意义。

---

① 亚当语言观是一种解释语言起源和本质的理论，最早由波兰语言学家博杜恩·德·库尔德内提出，后来被美国语言学家诺姆·乔姆斯基发展和推广。理论认为，语言是人类与生俱来的一种能力，我们能够理解和运用复杂的语言规则，而无须经过特别的训练或者学习。

法国诗人保罗·瓦莱里在写下的每一行诗中都感受到了这种不寻常,他如此描述"语言材料的奇异状况":

> 在我看来,我们能够如此迅速地跨越思想的鸿沟,追随思想的提示(思想构成了表达,表达提示着思想),就像人们往沟渠或山缝扔下一块轻木板,可以承受一个人迅速走过,但通过时不能使劲、不能停留,尤其不能在纤细的木板上跳舞来测试牢不牢,想都别想!否则,脆弱的桥梁会立即倾斜断裂,将一切抛入深渊。[8]

在桥上跳舞与快速穿越的区别,如同诗歌与散文的区别。散文更快更高效地表达意义;诗歌则通过冒险来索取智慧的回报。正如瓦莱里所言,诗歌质疑着通往思想的每一步,诗歌对文字的要求如此之高,以至于阻碍了思想的通行,至少放慢了速度,结果不再简单明确。

受到瓦莱里的启发,伊塔洛·卡尔维诺强调了文辞之桥的另一个特点。许多符号与实物并无关联,方向上更为抽象,将"可见的痕迹与不可见的事物、不存在的事物、渴望或恐惧的事物联系在一起,就像在深渊上架起一座脆弱的应急之桥"[9]。卡尔维诺和尼采一样,因词语与其所指之间的巨大鸿沟而惴惴不安:语言试图跨越深渊,或在深渊底下深不可及之处为现实命名。语言平台如脆弱的桥梁,使得我们无法触及底部,无法达到我们最关心、最能产生思想差异的词语。瓦莱里将"生命"和"时间"的首字母大写，此外还有"爱"和"正义"、"真理"和"权利"，似乎表明这些都是我们无法触底的词。

语言和音乐一样，连接着其他事物，比如思想。文辞使各种智慧交汇，就像彩虹、鸢尾和赫尔墨斯——他们都是神的信使——他们的言语必须解码。词语本身之间的鸿沟还伴随着其他鸿沟，例如思想意图和表达之间的鸿沟，表达和解读之间的鸿沟。因此，词与词之间（语法）、词与词的最终意义之间（诗歌和哲学）、思想与思想之间（言语交际中）有了联系。卡尔·雅斯贝尔斯反驳海德格尔时也隐晦地谈到了这些关系，认为语言不是存在之屋，而是存在之桥，这一点将在后文中讨论。

关于语言的这一切，广义上讲都是隐喻的。"隐喻"一词由希腊语中的 *meta* 和 *pherein* 合成，表达了承载、运输、转移的意思。可以说，从一个词到另一个词，从一个句子到另一个句子，再本源一些，从感觉或思想到恰当的表达，甚而更早，从一个人说话到另一个人倾听，都是一种飞跃。汉斯-格奥尔格·伽达默尔描述到，语言是"世界与我相遇的媒介"，世界和我在这里"显现出［我们的］共同的原始归属"[10]。在语言中，它们显露彼此的共存，先让自身区分开来，就像一条河流的两岸。正如保罗·利科所言，阐释学，或者说理解的科学，其"主要问题"就是理解这个互动空间的轮廓——也就是产生意义所依赖的相遇、汇聚与交融。[11]

初遇隐喻，我们将其视为一种特殊的语言行为，具体来说就是把一个词的意义（字面意义和传统意义）转移到另一个领域的语言行为。这种狭窄的隐喻观将其视为一种修辞，"将一个术语或短语应用于不直接适用的事物上,暗示其相似之处,例如马丁·路德的名言'我们的上帝是坚固的堡垒'"[12]。隐喻的修辞构成了独特的文辞之桥,将一个普遍接受的意义延伸到不"恰当"的地方。这种充满局限的理解引发了一个问题:什么是"字面的"或"恰当的"。认知语言学充分证明,隐喻之桥贯穿于通常被当作"字面"意义的无数日常用语中,产生了语义的转折,比如"我内心充满情感"(将人看作容器,将感受视为液体)。[13]有的学者认为,词语既有"恰当"的用法,也有隐喻的用法,例如猫"舔伤口"属于"恰当"的用法,而类比于人受到的苦难则是隐喻用法。这种观点没有考虑到人类思维的许多方面本来就是隐喻结构。在最深层次,隐喻是概念联系,而非简单的语言联系;源于"共同关注的领域",在这个领域内,说话者之间发生了"经验领域之间的多组系统对应或映射"[14]。在共享物理及文化语境的交互空间中,行为和现象从一开始就相互关联。有一种观点认为,隐喻只是转换文辞、装饰字面意义,这种理解语言之桥的方式相当平庸,毫无诗意。

对于隐喻更广泛的观照足以质疑事物和文字之间的区别,即事(res)和词(verbum)的区别,这是西方科学与理性的基础,这些学科"或多或少始于这样一个观点,即词只是一个名称"或者仅仅是对存在的一种表达。[15]早期,事物和词语并非不同的本体现实,后来出现"真正的存在"这个概念,人们将其想象为先于词语存在的某种东西,认为词语尽可能与之匹配。尼采有时也不得不向这种理性观念屈服,将词语视为事物之间搭起的桥,认为本质上说,现象(被感觉或感知到)先于其语言表达或与其无关。

然而伽达默尔的诠释学坚持相反的立场，认为经验从本质上、从一开始就是语言的。

伽达默尔总结到，"语言的生动隐喻性"是"所有自然概念赖以形成之处"。[16]隐喻性是一种状态，其中的体验、感受和思考必然以一物喻他物，雅克·德里达认为这标志着"语言的起源"。人们不断追求术语的终极意义或者恰当意义，以至于不得不放弃一个形象的表达而接受另一个，"这正是语言自身的运动"[17]。这个运动决定了思维的状态，进而决定了历史的状态。狭隘地从文学风格角度来理解隐喻，则"仅仅只是普遍（语言和逻辑）生成原则的修辞形式"[18]。

语言生成了不同于现实的新感觉，我们以"某某进入了语言"来描述对于存在的新理解，从而进入思想和行动的新领域。亚里士多德在《诗学》中指出，创造隐喻是诗歌最重要的功能。欧内斯特·费诺罗莎说："没有隐喻，就没有'从看得见的次要真理到看不见的主要真理'的桥梁。"[19]

合二为一

要理解广义的隐喻性，需要重新审视狭义上作为文体风格的隐喻。传统修辞学可能会这样分析"我们的上帝是坚固的堡垒"这句话：上帝是主语，堡垒是次要部分，作为述谓来修饰前者。解说者将述谓部分"翻译"为堡垒的本质内涵"保护"，从而理解语义。意义替代一旦完成，两个名词之间最初的不连续性得以中和，读者解读出"上帝保护我们免受敌人伤害"这层意思。此外，还可以赋予隐喻内涵更复杂的变化："上帝像堡垒一样坚固，但不信上帝的人得不到保护。"

翻译之说的问题在于指向不够明确。我们如何判断哪种字面释义最适合原文的比喻？对应关系没有规则可查。此外，句子中的两个元素（上帝和堡垒）1+1不构成等式，句子中的复合元素仍是两个（且不止两个，因为每个词都包含不止一种含义）。将God和fortress这两个词像桥一样连接起来，只是扩大了选择范围，使"1+1"变成了"2+2"或"3+3"之类的东西。本书可能无法进一步讨论非常规语义组合迫使读者重新思考各部分内涵，扩展和发展交际形式逻辑的话题。

持古典隐喻理论的学者艾弗·阿姆斯特朗·理查兹将隐喻分成两个部分，分别是"本体"（tenor）和"喻体"（vehicle）。他不认为"修辞"是第二性的，是塑造主要内容的一种形式。他将隐喻的两个部分相提并论，并引用了塞缪尔·约翰逊博士基于直觉的看法：隐喻性的语言总是比试图简单地表达事物的语言更丰富，"合二为一"地表现出亲近联合的"思想共现"。[20][①]通过隐喻的联系，概念相互作用，产生"思想的交流，语境之间的交叉"，语境同时具有了物质、文化、概念和本体论意义，每一种都将自身的意义领域带入结合之中（第94页）。例如"堡垒"的语境是军事防御，而上帝的语境是神学，用一个句子把二者结合在一起，就会

[①] 请见书后注本章注20，下文中括注页码均为注20中所标注书目的页码，并非本书页码。

每一座桥都连接着另一个世界

产生密切联系的域联合,而不是沿着垂直、聚合的词汇轴,不是用一个词替换另一个同义词的翻译对等。因此,隐喻的标准在于是否"合二为一;是否……同时提出了一个语旨和一个喻体,且二者以一种包容的方式合作"(第119页)。

莎士比亚笔下的哈姆雷特喊道:"像我这样的人,爬行在天地之间,该做些什么呢?"他认为人类和其认为低人一等的东西(蠕虫)非常相似。某些文学隐喻甚至跨越了更大的概念距离,从英国玄学派诗人的隐喻到超现实的美学悖论。安德烈·布勒东认为:"将两个尽可能遥远的对象进行比较,或者通过其他任何方法,以一种粗暴而惊人的方式将其对立起来,这仍然是诗歌所能追求的最高任务。"[21]这位法国超现实主义者想当然地认为,一个傻瓜都能做出易于理解的类比(后布勒东时代的傻瓜们则以相反的假设为基础,认为诗人只需要打破常规,他们没有注意到像"黑色的雪"和"石头般的乳房"之类的短语,看起来很新奇,但其实和日常组合一样公式化)。无论如何,词与词之间的概念距离越大,就越难结合。

诗人的创新公式继续延伸,拉伸了语义关系试图弥合的不连续性。相关的修辞具有相似的目的,例如反讽(说一件事却有另一层意思)、拟人(用一个人来说一件事)、提喻(用部分表示整体)、转喻、轭式搭配、夸张等。如果从改变词汇常规意义的修辞(转义〔tropes〕)转向改变句法顺序(方案〔scheme〕),可用的修辞就更多了。方案运用构词语法生长出的精致文本,就是我们所说的诗歌、故事、戏剧和小说,这些都是广泛且复杂的隐喻。

每一个隐喻都有一个参照领域（关于什么）和一个接受领域（读者的心灵或世界）。大卫·洛奇指出："我们解释它、揭示它的'统一性'时，就把它变成了一个完整的隐喻：文本是它的载体，世界是它的语旨。"[22]文学阅读研究并阐释创意写作中的转折，寻找着作品要带我们去的地方。

寓言是一种隐喻叙述方式：一个奇怪有趣的故事将一个领域与另一个模糊的领域联系起来。有些寓言，例如耶稣关于天国的比喻，在第一个领域和第二个领域之间造成了巨大的差异。如果说他们的"语旨"相当非凡，那么其"载体"则显得过于平庸。利科研究《新约》中有关神国的记载后发现——

> 没有神、恶魔、天使、奇迹，没有《创世记》故事中所谓时间之前的时间，甚至没有《出埃及记》中的创世事件。什么都没有，有的只是和我们一样的人：到处行走、出租土地的巴勒斯坦地主，管家和工人，播种者和渔民，父亲和儿子。普通人做着普通的事情，诸如做买卖、撒网入海等等。这里存在着最初的悖论：一方面，这些故事——正如一位评论家所说——是正常的叙事；另一方面，据说天国就是如此。悖论在于，非凡看似平凡。[23]

彼得·斯洛特戴克重申了这一主题："在上帝的国度里，看起来不连续的存在就是纯粹的连续性。"[24]马丁·布伯早在几十年前就得出了同样的结论，他指出寓言非常典型地在现实与应然（或历史事实与道德正义)之间搭桥,从而"将绝对意义插入事实世界";将抽象的远岸(河流)与近岸连在一起,把我们带去又带回。神话的隐喻策略则正好相反:"将事实世界插入到绝对意义"[25]。

寓言中的"相似"与"不同"不可分割,无论谁试图把一个比喻翻译成字面所言的明确道德教导,一定都会减损比喻中两个领域之间的张力。寓言的形式就是为了不被简化为教义,因此福音书对天国只字未提,没有说天国是什么,只说"看起来像什么"[26],《圣经》甚至为教义模糊的决定辩护:

这都是耶稣用比喻对众人说的话;若不用比喻,就不对他们说什么。这是要应验先知的话,说:

我要开口用比喻,
把创世以来所隐藏的事发明出来。

(《马太福音》13:34—35)

寓言之中,语言"从头至尾,都是通过隐喻来思考,从未超越",迫使我们抓住修辞的意义。[27]弗朗茨·卡夫卡的寓言《桥》,将桥描绘成人,又把人写成桥,不允许二者合一,退化为某种共有特征或者超越二者的新结合体。恰如语言的隐喻功能超越了具体的转义(传统的隐喻),福音书中简洁的抛物线式话语也延伸出悖论的修辞策略,如对立的组合("凡寻求生命的必将失去生命")和夸张的命令句("爱你的敌人"),其目的就是"把听者从生活持续不断的预期中唤醒"[28],给我们提供新方向,使得我们迷失方向,这就是隐喻的概念气质。

华莱士·史蒂文斯与隐喻的动机

我们正在接近隐喻的"动机"——隐喻作为认知的桥梁可以双向跨越,原因就在于其互惠可逆的结构。毕加索谈到绘画方法时说:"我从头开始、以蛋结束,或者从蛋开始、以头结束,始终处于二者之间。"他的修辞自由是通过参照向量的相对性释放出来的:"我感兴趣的是建立所谓的'大跨度关系'——事物之间最意想不到的关系。"[29]即使这种双向运动没有消除语义的相似性(头和蛋确实看起来很像),却回避了语义的同一性,不会把头说成蛋,而更关注头和蛋之间的关系,而非其区别。虽然艺术并非都像毕加索或超现实主义者那样深入探讨显著差异,但都致力于交叉结合,质疑对意义的预设,探究延伸和连接之处。

诗歌激活了隐喻的语言,解释其优点和存在的理由,华莱士·史蒂文斯的诗歌《隐喻的动机》(诗名很贴切)见证了这个过程。

隐喻的动机

你喜欢秋天的树下,

一切都濒临死去。

图版1 瓦西里·康定斯基,《构成第四号(战斗)》(1911)。油彩画布,159.5厘米×200.5厘米。
图源德国杜塞尔多夫的北威州艺术收藏馆

图版2 爱德华·蒙克，《弗里德里希·尼采》（1906），油画，201厘米×160厘米。图源斯德哥尔摩提尔斯卡画廊

风像跛足的人在树叶间移动,
重复着毫无意义的词语。

同样的,你在春天也很快乐,
生长了四分之一的一半色彩,
微亮的天,融化的云,
单飞的鸟,朦胧的月——

朦胧的月照着朦胧的世界里,
那些永远无法完全表达的事物,
在那里,你自己从未完全成为自己,
不想,也不需要,

渴望着变化的喜悦:
隐喻的动机,从
初午的沉重退缩,
ABC的存在,

躁动的脾气,红色和蓝色的
锤击,沉闷的声音——
钢铁锤向暗示——尖锐的肉体,
生命力旺盛、傲慢、致命、主导的X。[30]

史蒂文斯对比了"你"喜欢的一切——秋天和春天之间模糊的中间状态，与"傲慢、致命、主导的X"形成鲜明对照。诗中占有主导地位的X，带着"初午的沉重"，宣示出坚实而毋庸置疑的身份力量。隐喻，作为联系着不同但相关事物的凝聚体，在诗的前三节中与中间状态更契合：秋天的树木，"一切都濒临死去"，风的跛足移动，春天"生长了四分之一的一半色彩"，伴随着融化的云彩和朦胧的月亮，还有"那些永远无法完全表达的事物"。这些中间状态属于"在那里，你自己从未完全成为自己，/不想，也不需要"的空间和时间，你存在于此，毫无强迫之意。

隐喻的动机或目的正是适应模糊性：万物生长消亡，明亮的天空和生长了四分之一的一半色彩。定论的明确语言无法描述过渡季节。秋天的风"重复着毫无意义的词语"；春天凸显出"永远无法完全表达的事物"。时光的半明半暗使思维无法沉浸于X，而是介于X和Y之间。

最后六行可以通过隐喻的目标来推测诗歌的动机，强调的是隐喻所回避的事物：铁匠的锤击、正确使用语言的字母表（"ABC的存在"）、"沉闷的声音"、"尖锐的肉体"，以及最后"生命力旺盛、傲慢、致命、主导的X"。这首诗逐步引导我们认识到，语言的目标是认识和赞美正在形成的、无明确界定的事物，而非存在。隐喻松动了固定的经验，验证了本体的过渡，拒绝固定的身份话语，赞同无法固化或完全分离的现象之间存在联系，规避了一系列的、差异化的、锤子似的自我性。

为了捍卫主题的模糊性，这首诗即使在结构层面也是隐喻的，

每一座桥都连接着另一个世界

或者说它在精心措辞描述出特质方面是隐喻的。诗歌将这些特质紧密地联系在一起，使它们无法产生任何明确的语序关系——无论是同义还是反义，是因果关系还是从属关系，是互补还是互斥。我们对诗意的解释停留在史蒂文斯串联的短语之内或之间，他仅仅将最后两个诗节的观念和现象像桥一样连在一起，使之形成无特征、不具体的结合。"变化的喜悦"之后的冒号后的一切，都可能与冒号之前的"变化"形成简单的对立或示例（解释或举例）关系，不允许读者做出判断。[31]

冒号只是一个连接点，不下定论，是标点符号中最纯粹、最无观点的桥（美国诗人A. R. 阿门斯最善于使用冒号）。冒号既不表示A = B，也不表示A与B不相似；只是规定了二者之间的连接关系。其他类型的标点符号——逗号、句号和分号——也可以实现几乎相同的效果，使连接的词语之间具有相互性或平等性。例如艾米莉·狄金森就以爱用破折号著称，破折号在句法元素之间插入空间，保持连接之间的距离：

我后面——永恒——
我前面——不朽——
我自己——二者之间。[32]

"连接不相关的事物就是诗歌的虚幻现实"，这是苏珊·豪对狄金森诗作的评论。[33]

保罗·策兰将狄金森诗歌翻译成德语时，为了连贯性而放弃了许多破折号,但他自己的创作实践中却不得不大量使用破折号,来实现转折与桥式连接的组合。他的最后五本诗集分别是《呼吸转向》(1967)、《线的太阳》(1968)、《光束的压迫》(1970)、《雪的部分》(1971)和《时间之地》(1976)。诗集的书名独缺连字符,却反而使概念更统一。(名词之间的连字符不像破折号和冒号那样能够桥式连接不同的概念,后者强调延展思维句法空间。)破折号大师尼采爱用破折号打破思想的分割,标记未知的关系,产生出人意料的悖论性转折。"一个民族自发而迂回地来到六七个伟人身边——然后绕开他们。"[34]尼采发出此种言论并不奇怪,他一生都秉承着多元开放的"彩虹思维",在其间腾挪跳跃,而灵活地使用破折号算是这类思想家的特权。他的破折号具有双面性,既可以通过突然的转折"推动论点向前发展",又可以让读者"回到刚刚读过的内容,结合新资料重新思考诠释"。[35]思维看似完结之时,尼采式的破折号却宣告反思并未完成,标志着未言之言的边缘。1885年,尼采在写给妹妹的信中说:"到目前为止,我写的每一句话都是前景;对我来说,一切从破折号开始。"[36]他用德语中的Gedankenstrich(中文意思是"冲刺")一词专指破折号,用来表达"思维突转"之意,表明破折号既是暂停也是延伸,一道横线引发的思维突转恰与"他者"相连。写这封信时,尼采特别关注破折号,认为与哲学方法中的"思维"(Gedanke)和"问题"(Frage)同等重要。那时他正在撰写《超越善恶》,其中几节的标题分别是:"一个好欧洲人的思维和破折号""问题和破折号""弗里德里希·尼采的初步思考和破折号"和"一位心理学家的破折号"。[37]

这些句法元素（我们提到了冒号、分号和破折号）并不搭桥，而是紧密相连，将过渡留给读者去完成，更宽泛的理解则需借助更复杂的桥梁、更多步骤来实现。我们聆听别人说话或理解周围的事物，就像踏着桥上的木板前进。实验性的现代诗歌（例如史蒂文斯的作品）在语言理解上激活了更多的不确定性和流动性，呈现出"体验的交汇，而这种交汇无法与感官直觉结合在一起"[38]。诗歌的语义耦合——不仅通过隐喻、转喻和借代，而且还通过押韵、押头韵、对仗、反复、谐音、否定、双关语、矛盾修饰和感触交融等方式产生——创造出声音和意义的共鸣或对抗，确认并保持符号与意义之间的距离。换句话说，诗歌之桥把我们留在桥上，暗示我们意义并不像单个的独立建筑物一样早已"在那里"。

哈特·克莱恩"不分之言"

华莱士·史蒂文斯向上桥的方向迈出了一步，而哈特·克莱恩则迈向相反的方向。研究隐喻的语言，必须研读他广阔宏大的长诗《桥》，这首诗游走在迷宫般的智性之桥上，将历史、城市和地缘传说结合在一起。克莱恩动用各种类比、语义关系、神话和交叉概念来实现两个互补的目标：其一是用一首诗描述隐喻性，这是人类理解万物的主要方式；其二是描绘一幅关于美国发展进程的图景，自哥伦布到建造布鲁克林大桥的多元化全景，从中发掘宇宙进程的征兆。

最终，《桥》对第二个主题的挖掘远远不及第一个。诗歌深刻地理解美国文化所面临的智性挑战,却没能很好地解读美国文化的复杂性。从一开始,诗中的隐喻就覆盖极广,以布鲁克林大桥为中心向周围辐射,涵盖跌宕起伏的一整天,从海陆相接的喧嚣大都会纽约开始,无数文辞之桥沿着美国东部的地理文化特征,逐渐扩展到实质与内涵迥然不同的其他地区。《桥》试图连接欧洲、美国和亚洲(尽管三者之间差异巨大);连接先知、传说和性欲;连接理性思维和艺术狂欢;连接音乐和宗教;连接海鸥的飞翔和人类投死的冲动。整部长诗以布鲁克林大桥开头,亦以此桥结束,仿佛横跨两座桥墩,其间以言辞的桥板相连;有些桥板比较脆弱,令人担忧诗歌之桥是否坚固牢靠。对于克莱恩改造文化现实的长诗,他的好友艾伦·泰特和伊沃·温特斯率先就诗歌的可信度提出了质疑,之后还有哈罗德·布鲁姆、约翰·T. 欧文、R. W. B. 刘易斯、布莱恩·里德和艾伦·特拉亨伯格发文回应或批评二人的质疑。当诗歌张力与概念的日常形式剧烈对抗时,不知文字将如何安放。

长诗《桥》中的"波瓦坦的女儿"部分有两首诗特别动人,分别是《海港黎明》和《范·温克尔》,诗中交融着画面与声音、回忆与梦想、口述与传说,描述了布鲁克林冬日黎明时分"你在我身旁"的情景(诗人的伴侣醒来了)。诗歌叙述者提醒伴侣注意听"人声之潮"与"被雾隔离"的噪音,那些声音"在你梦中与倾听的你中途相遇"。半梦半醒中,睡者似听非听;随着恋人之间身体和情感的接触,听觉转化为触觉;"柔软衣袖的声音"伴随着其他感觉"在小巷回响上升"。于是,诗人将卧室与窗外的世界合

每一座桥都连接着另一个世界 186

二为一，回声弥漫"枕头湾"，像"散落在面纱中的信号"。感官的联觉交错此起彼伏，恋人们有形的臂膀也发出了声音："你凉爽的臂膀在我身旁低语。"[39]

雪花开始粘在建筑物上，它们的接触看起来（或感觉起来）像小小的手，映出印象与身体的其他关联，触及听觉与行动之间的联系：

无数雪花小手聚集在窗棂——

你的手在我的手中，便是约定；
我的舌在你的喉上——歌唱

双臂相拥……

(《桥·海港黎明》，第17—21行）

觉醒意识开始变得"无法回忆"（第19行），没有在心里留下完整的印象；回忆、视觉和对未来的展望随之而来。阳光射向独眼失明的"曼哈顿水域对岸的巨人塔"（摩天大楼），反照出"明亮的窗户眼睛耀眼的光"（第32—33行和第19行）。窗户将内外空间分隔开来，像眼睛一样主动成为预见者。

接下来的诗歌《范·温克尔》描述了这位传奇人物的故事。瑞普·范·温克尔身陷睡眠谷，在隐蔽的山谷间沉睡了二十年后醒来，发现竟已横跨了两个时代。空间上，本诗开篇提到的"柏

油路面"高速公路也实现了大幅跨越,横穿广袤的美国大陆,从长岛一直到达金门海峡:

> 柏油路面,金枪鱼腰线般的灰,
> 从长岩一跃而至金门大桥:
> 听!手摇琴摇出的里程——
> 一程一程释下金色的琶音。
>
> (《桥·范·温克尔》,第1—4行)

手摇风琴奏出的是英里而不是音符,公路谱写了"金色的琶音"。这条路等于一座桥,等于瑞普·范·温克尔,他存在于一个既不在这里也不在那里的时间与空间(第26—27行)。根据同样的原理,"记忆……压了一个韵",将当前的事件与"早些时候"联系起来。此刻,即使在诗中的此时此刻,"这是后日的同一个时刻"(第5、6、28行)。

《桥》的修辞连贯发展,在遥远的事件和当下的感觉之间建立联系,有时非常牵强,令解读者困惑。克莱恩四年前的作品《致浮士德与海伦的婚姻》就曾让许多人觉得概念跳跃,难以理解。对此,诗人解释说,联想意义有助于更深层的非理性层面理解:

> 整个诗歌的结构是建立在"隐喻逻辑"的有机原则之上,这个原则早于我们所谓的纯粹逻辑,是一切言语、意识和思维扩展的遗传基础。[40]

每一座桥都连接着另一个世界

思维延展，将《桥》的写作意图向前推进，从开篇走向终章，赋予物质和象征逻辑以崇高的形象，成为《圣经》中的"汝"。布鲁克林大桥上"唱诗的琴弦"暗示着"竖琴和祭坛"，以"高处所见的旅程远景"突出了"先知誓约的庄严门槛，/贱民的祈祷和恋人的呼喊"（《致布鲁克林大桥》，第13、29—30、31—32行；《亚特兰蒂斯》，第42行）。先知、贱民和恋人都是诗人的自我刻画。诗歌开篇，他游走于桥下，游走于矗立的高塔之下，寻找情欲的交流。

克莱恩的诗歌追求广阔宏大，足以解释他为何深深地投入到桥的理想化主题中。这座桥象征着欧洲与美洲之间的文化联盟，延伸到了想象中的中华/亚洲，将一切提升到思想历史的综合跨度，暗示全球团结本身与浮士德的全人类理解在本质上是一致的，这可能是为什么《桥》在描绘纽约这座雄伟的大桥时以"哦，你那钢铁的认知"（《亚特兰蒂斯》，第57行）作为结尾的原因。这种认知、理解或智慧，理论上能将自然历史中可想见的一切联系在一起。思维历史实体化是最终的桥，将过去与未来之地同化连接，融入诗歌结构的超验氛围。这种认知表达旨在实现"不分之言"（《致布鲁克林大桥》，第34行）：一种能够克服理性和文化分裂的语言，表达出原始的理解，解决诗人一直以来的矛盾动机与自我认知。[41]如果诗人的独特伦理观念想要被普遍接受，培育预逻辑隐喻就是交流的引擎。爱——万物结合于此——就是"不分之言"，跨越了精神的分界。

然而，表面的分裂仍然无法减少，成为魔鬼留在地球上的裂缝，只能靠桥来修复，这就是为什么克莱恩要在诗中以《圣经》引语开篇，强调作品隐喻的整体统一，强调创作的根源和动机。

> 我从地上走来走去，
> 往返而来。
>
> ——《约伯记》
> （《桥》，书名页）

这是《圣经·旧约·约伯记》中撒旦对上帝的回话。这位著名的分裂者一直在地球上来回游荡，没有坚定的目标和方向。克莱恩是否通过这段引语暗示，长诗《桥》本就起源于不可逾越的分裂？倘若如此，全诗一千一百行都与开篇一样，寻求以诗意修补分裂。对此，尼采笔下的查拉图斯特拉充满了怀疑：万物永远分裂，语言怎能弥合。

任何文学作品都无法实现如此崇高的目标，尤其无法从隐喻的视角来把握历史资料。大部分情况下，一个现象同化为另一个现象时就失去了其特异性，事物的本质也失真于转化、语义抽象及其多重关联之中。诗行如狂想曲一般，雄辩地表达了"我"在布鲁克林大桥脚下的喜悦之情，但"我"的个体体验很难融入文化历史的纷争变化。克莱恩诗中的哥伦布以为自己来到了"中华"，但他所谓的"中华"无论在历史和地缘上都不是亚洲，而是美洲。诗人无视诗句精简的要求，在诗中承认：哥伦布的中华"最终转变成意识、知识、精神统一的象征"[42]。克莱恩的"不分之

每一座桥都连接着另一个世界

言"强调认知融合,但这种说法本身就令人费解,使我们陷入了隐喻诗学固有的困境:如何尊重事物的永恒分离,同时令其共同起舞。《桥》想要实现一种理想且无限的统一,于是不断地从认知的此岸推向彼岸,那是从定义来看就不可能达到的彼岸。这首诗以贴切的象征描述人类的符号创造,"以隐喻描述隐喻自身创造世界的力量"[43]。针对克莱恩或超现实主义诗学的牵强类比,或是不知道自己在说什么的某些哲学家,路德维希·维特根斯坦可能会说,人们需要注意隐喻中的具象拉伸(figurative stretch)[①]。我们必须注意到起点和目的之间的距离,越关注跨度,这个距离就越大,看起来单一、确定或容易理解的状态(史蒂文斯所谓"半"状态),往往依靠视野之外的力量来完成,这样才能既确保差异性,又令其共同起舞。

---

① 具象拉伸是绘画术语,是指一幅画作中将人物或物体表现得夸大或变形,以达到某种艺术效果。

第六章

桥如绞架

太阳和天使

许多人说,罗马最美的桥是埃利安桥,这座桥曾通往伟大的哈德良皇帝陵墓。它的建造没有别的目的,只是为了通往统治者的安息之地,后来这里一直是罗马皇帝的陵墓,一直持续到卡拉卡拉皇帝时代。大桥建成四年之后,也就是公元139年,大桥前方建起了庞大的圆筒状建筑,如今被称为圣天使城堡。城堡对岸是罗马城,位于台伯河左岸,桥的起点就在罗马岸边。皇帝的陵墓远离人类居住区,这一地理特征仿佛意味着必须越过冥河斯提克斯,才能到达哈德良超越人间的永恒住所。(图6-1)

埃利安桥不仅仅是生与死之间的桥,更是两种不同存在秩序的连接。哈德良死后被罗马参议院封为圣徒;这座桥和陵墓都是他生前为此准备的。哈德良皇帝名叫埃利乌斯,出生时全名为普布利乌斯·埃利乌斯·哈德里安努斯,取自希腊太阳神赫利俄斯的名字,因此埃利安桥也称太阳之桥。哈德良的太阳之桥

图6-1 罗马哈德良陵墓和埃利安桥。
图源阿兰·詹松

像一扇金色大门——那是凡人成神的通道。[1]

　　罗马基督教化之后，埃利安桥通往的安息之地，比哈德良陵墓更重要，且同样与永恒相连，那就是基督在人间的使者圣彼得之墓，他安息在基督教最核心最神圣的大教堂旁几百米处的地下。于是，埃利安桥后来又被称为圣彼得桥，也叫圣天使桥，引导凡人通向宏观历史上最重要的两座陵墓，一座世俗，另一座神圣。皇帝的象征之桥，开辟了一条通往救赎的道路，将死亡归于死亡本身，以防虔诚踏上使徒之路的灵魂消亡。这座桥成为罗马教廷城堡的入口，是来往于梵蒂冈圣彼得大教堂的要冲。17世纪，吉安·洛伦佐·贝尼尼设计了桥上著名的天使雕像，再现基督受难的戏剧场景，成为罗马城"十字架之路"的一部分。信众们在赎罪仪式中重温受难过程，激发谦卑和忏悔之心，非如此不能在人生尽头进入天堂。贝尼尼用十字架圣像——钉子、荆棘和"INRI"字样①来装饰桥上的雕塑，还设计了大桥另一端大教堂前的露天广场，形成天堂环抱之势，迎接跨桥而来、沿着新城狭窄街道前行的虔诚旅行者。[2]

然而，早在贝尼尼和他的学生们用耶稣雕像美化大桥之前，这里曾是陈尸之地，教堂的敌人处决之后示众于此。16世纪，罗马居民以讽刺的口吻谈论宗教专制时常说，桥上的人头比市场上的甜瓜还多。[3]（图6-2）罗马执行砍头之刑的地方被称为正义之地，位于圣天使桥脚下。据说，被斩首的罗马人中最美的一个，至今仍手持头颅在那里徘徊。[4]此桥之所以成为罗马执行惩罚和集体赎罪仪式的场地，还因为不远处就是托尔迪诺纳的教皇监狱。这些仪式没有现实意义，却有象征教义，圣天使桥不仅是死亡的标志，还赋予死亡以理性。

罗马归入梵蒂冈治下，哈德良陵墓成为教皇的堡垒。为了保护教会免受攻击，他们甚至设计了一条暗道，从大教堂直达坚不可摧的陵墓。公元547年，意大利历史学家切萨雷·多诺弗里奥写到，东哥特王国的国王托提拉率军围攻罗马，声明同情共和主义，这座陵墓一再成为"对抗城市的可怕武器"。自那时起，教皇们开

---

① INRI 是拉丁文短语 *Iesus Nazarenus Rex Iudaeorum* 的缩写，中文意思是"拿撒勒人耶稣，犹太人的君王"。基督教中，INRI 常常出现在描绘耶稣受难的油画或雕塑作品中。十字架上的 INRI 是彼拉多在耶稣被钉十字架时写下的，用以嘲弄和侮辱耶稣。

图6-2 教皇西克斯图斯五世（1585—1590）从两排钉着囚犯头颅的长矛中间穿过圣天使桥。

始"以圣安波罗城堡控制罗马，对付那些顽固坚持社会世俗化的罗马人"⁵。

桥下的广场经常陈列着处决的尸体，但是最初修建广场的本意，是为了纪念一场宗教朝圣者的大浩劫。浩劫发生于1450年，这是一个特殊的禧年①，全欧洲的天主教徒来到这座永恒之城赎罪。150年前类似的巨大盛典曾经避免过踩踏事故，例如1300年的禧年庆典，但丁本人曾走过这座桥，本书第一章对此有着详细描述。1450年12月19日，朝圣者们在圣基督大教堂参加庆祝活动，返程

---

① 禧年（Jubilee Year）是天主教的一种特殊年份，旨在纪念耶稣基督的诞生和人类救赎。禧年通常与普通年份交替进行，周期为二十五年，但也有特别规定的禧年。在禧年中，教徒们会通过祈祷、忏悔、履行善举等方式，获得教廷赋予的特定恩宠和宽恕。

每一座桥都连接着另一个世界

时拥堵于桥上,这座桥是从梵蒂冈返回市区的唯一路线。(图6-3)禧年人群"如此庞大而拥挤",以至于"按当时编年史的话来说,撒上小米都落不到地上"[6]。桥上沿途都是商店,一匹失控的骡子引发了致命的混乱。这匹骡子属于枢机主教皮耶特罗·巴尔博,也就是后来的教皇保罗二世。骡子驮着两位女眷,在殴打驱赶之下,一路倒退冲撞人流,引发踩踏,导致桥墙坍塌(有一个拉丁习语,如今已经不再用了:"在桥上,[将某人]打得像驴一样")。驴、骡子和牛是出了名的害怕过桥,可谓有渡桥恐惧症,尤其是这种木板搭成的桥,透过木板之间的缝隙可以看到水面。[7]莱昂·巴蒂斯塔·阿尔伯蒂当时正在1450年禧年悲剧现场,他估计灾后从台伯河打捞出了三百多具尸体。

为了弥补悲剧,当时的教皇尼古拉五世重修圣彼得大桥,并

图6-3 朱利亚诺·达·圣加洛(15世纪末)绘制的哈德良陵墓和圣天使桥,这是现存最早的素描之一。

在台伯河左岸开辟了一块广场作为纪念。新建的庞特广场两侧，分别建造了两座八边形礼拜堂，一座供奉抹大拉的马利亚，另一座供奉无辜的圣徒，礼拜堂一直忠实地履行着宗教职能，直到1527年的罗马之劫。那时，另一位教皇被围困在陵墓城堡中。围困教皇的西班牙皇帝查理五世带领擅长火器的雇佣军，躲在礼拜堂后面和内部，向外轰炸教皇克雷芒七世的城堡。礼拜堂损毁严重，再加上不利于防守，这足以成为拆除的理由。直到1534年，保存圣彼得和圣保罗雕像的礼拜堂将它们重新安置，五百年后的我们才能看到这一切。

两座礼拜堂是为了纪念无辜丧生的人而造，但拆除之后更方便公开行刑。一次又一次的处决，在罗马人心头落下沉重的阴影，从此有了另一句关于桥的谚语："刽子手无法过桥"，意思是刽子手只能待在右岸圣彼得礼拜堂这边，一旦越过桥到达左岸，也就是被处决者的亲属和朋友那一侧，就面临着生命危险。[8]后来，处决改到桥边广场，以便示众，从此有了另一句预示砍头的谚语："提塔正在过桥！"马斯特罗·提塔（Mastro Titta）是罗马最臭名昭著的刽子手，曾经写过一本残酷的回忆录，详细记录了五百多起处决案。他的诨名"马斯特罗·提塔"是对"司法大师"（*maestro della giustizia*）一词的戏仿，本名叫乔瓦尼·巴蒂斯塔·布加蒂，出版的回忆录名为《罗马刽子手马斯特罗·提塔：本人撰写的回忆录》。

自建桥之初，通往陵墓城堡和地牢的神圣之桥一直被死亡操控。死亡甚至渗入了桥的新名：圣天使桥。这个名字与6世纪末的

图6-4 哈德良陵墓顶部的大天使米迦勒。
图源亚纳·萨帕 / Shutterstock.com

查士丁尼大瘟疫有关,瘟疫在欧洲夺去了约一亿人的生命,几乎使罗马的人口减少殆尽。[9]直到590年,奇迹降临,教皇格列高利看见了异象:天国最负盛名的代表——大天使米迦勒站在哈德良陵墓顶端，收起沾满鲜血的剑（图6-4），天使的现身和举动表明罗马的苦难结束了。从那时起，哈德良陵墓被称为圣天使城堡。547年托提拉围攻以来，圣天使城堡见证了无数暴行，成为城市生死斗争的焦点，大天使米迦勒适时出现，站在庄严的陵墓顶上。

米迦勒是撒旦和其他堕落天使最大的敌人，被称为死亡天使（就像犹太教和伊斯兰传统中的阿兹拉伊尔和阿兹拉尔）。他曾下凡保护一个垂死的人不受恶魔控制，并给苟延残喘的灵魂最后自我救赎的机会。（古老的伊斯兰改编版本，把临终的场景设在一座桥上：大天使加百列站在通向来世的桥脚下，米迦勒在桥中央。米迦勒作为引导灵魂的传送者，审问人们过去的生活，并将他们引向各自的去处——有的上天堂，有的下地狱。）[10]

桥上处决的是教会认定为污染圣城罗马的人，处决的地点恰好位于神圣皇陵改成的城堡下方，处于大天使米迦勒俯瞰之下。罗马公开处决的惯例一直延续到19世纪，共和罗马追求独立，试图摆脱梵蒂冈的统治，领导者的头颅就这样挂在了贝尼尼等人雕刻的十二位天使像旁。

将老人扔下桥！

除了圣天使桥之外，古罗马历史学家更倾向于将另一座桥与死亡联系起来，那就是苏伯利修斯桥，建造年代早于哈德良陵墓，如今存在的痕迹已经不多。为了维护这座罗马城最古老的桥，教会专门任命了持桥祭司承担神圣职责。奥维德说，每年的5月15日左右，持桥祭司会在桥上见证一项神圣的仪式。大祭司带领重兵护卫的维斯塔贞女[①]，庄严地穿过城市来到桥上，贞女们把绑住手脚的稻草人投入台伯河中。许多历史学家认为，这个仪式象征性地重现了老人从桥上落河的情景，仪式的起源可以追溯到遥远的古罗马。奥维德觉得很费解，不相信尊重长者的罗马社会竟会把虚弱的老人推下桥，为此他提出了另一种解释。

他认为这二十七个稻草人收集自阿尔格奥尼神庙，供奉的神是罗马英雄赫拉克勒斯的伙伴。奥维德推断，稻草人并非代表被扔进河里的罗马人，而是传说中追随头领来到意大利的阿尔戈斯人，他们死前请求人们把他们的尸体扔入河中，漂回深深思念的家乡希腊。

抛开奥维德的说辞，人们更愿意将稻草人与罗马推人下河的传统联系起来，这恰与欧洲修桥者抚慰河神的仪式相吻合。倘若如此，古罗马扔下河的可能是不适合服兵役、年满六十岁，或对城市无用之人。虽然没有历史证据证明，但奥维德时代流行的一句古罗马俗语"将老人扔下桥"，很可能反映的是向台伯河奉献人类祭品的仪式。

奥维德同时代的古希腊历史学家哈利卡尔那索斯的狄奥尼西

[①] 维斯塔贞女是古罗马一种特殊的女性宗教职位，意为"守护女神的处女"。她们是罗马最古老和最神圣的宗教团体之一，负责守护和维护罗马的火焰和神圣之地。维斯塔贞女必须是处女，她们要经过严格的挑选和培训，然后进行三十年的服役，期间必须遵守各种戒律和规定，如不得结婚、喝酒、吃肉等。如果她们违反了任何一项规定，将会受到严厉的惩罚，甚至可能被活埋。在古罗马，维斯塔贞女享有很高的地位和威望，被认为是罗马宗教中不可或缺的一部分。

奥斯[11]，以及后来的文化人类学家詹姆斯·弗雷泽、安妮塔·塞皮利等人都持祭河的观点。弗雷泽指出："在罗马人心中，六旬老人与桥和溺水而亡有着固然的联系，他们甚至造了一个拉丁语词汇'抛下'（英文depontans，拉丁语*depontani*），原意就是'把他们从桥上扔下去'。"古希腊历史学家普鲁塔克认为，苏伯利修斯桥确有以人祭河的古老传统，他推测古罗马不允许5月结婚，是因为5月有"净化"仪式。[12]

台伯河上游对基督徒的杀戮愈演愈烈，这些异教徒从奥雷利奥桥被抛入河中，不见尸骨，仅有少数尸体在台伯岛被冲上了岸。还有的基督徒不得不沿着哀悼之阶①爬上卡皮托利尼山，被屠戮而死，抛尸广场，任其腐朽。尸体扔进了台伯河，无法安葬或公开祭奠。[13]

苏伯利修斯桥上也许曾以罗马卫生的名义集体杀戮，奥维德时代演变成了捆绑手脚的稻草人。古罗马确有把老人抛下桥的惯例，西塞罗在一次民事诉讼中惊呼："六旬老人被扔下了桥！"竟在法庭上引来阵阵笑声。[14]爱情诗人卡图卢斯也曾提到以老人祭桥的典故来扩展隐喻体系。他的第十七首诗描述了意大利维罗纳一座修补过后依然摇摇欲坠的桥，脆弱的桥身无法支撑即将到来的节日狂欢。诗人提出了一个歹毒的办法，要将一个漠视年轻新娘热望的老"驴子"扔进水里，从此人和桥都焕然一新。

---

① 古罗马时期，基督教被视为异端邪说，许多基督徒因此遭受迫害。初期的基督徒大多出于信仰和使命感，自愿选择了殉道之路。罗马哀悼之阶是基督徒在殉道前走过的最后一段路，他们在这里祈祷、唱诗，表达对神的信仰和忠诚。并非所有的基督徒殉道都是自愿的。罗马政府会通过各种手段迫使基督徒放弃信仰，甚至将其定罪并处以极刑。

无论苏伯利修斯桥上扔稻草人的起源为何，其目的都是借水流净化生命，促进新生。圣天使桥的死亡天使守护着墓地的通道，苏伯利修斯桥活祭圣徒，净化社会的灵魂，安抚嗜血的神明，桥的文化就是向跨越的水流致敬。

河神以各种方式来索取祭品。早在台伯河遍布桥梁之前，罗马人就乘小船渡河，全天摆渡、费用低廉。法律屡屡禁止这些小船就是因为经常翻船，翻船的原因可不仅仅是贪婪的船夫把船装得太满。16世纪，罗马人常用渡船干些不法勾当。某个漆黑的夜晚，岸边休憩的船夫（很可能是冒充的）悄悄醒来，将沉睡的乘客送往死地。塞尔吉奥·德利指出：

> 这类犯罪并不少见，通常出于政治原因或私人复仇。台伯河上几乎每天都有尸体被冲上岸边，有的是棍棒击打而死，有的被刀剑刺穿，还有的死于火绳枪。杀人方式如出一辙：将受害者引入陷阱——可能是河对岸的秘密约会——然后在河中央一刀定格生命。[15]

这个混乱的城市发生了太多类似的谋杀案，以至于1556年划船就能判监禁。

死于水中的好处在于能够实现生命真正的终结，生命从水中来，往水中去。死者躺于独木舟或摇篮之中，冥王的船夫卡戎掌舵，生命形成一个闭环。阿尔戈斯人愿流水将他们带回希腊，这是水流吞没死者的文化神话的延伸。这个神话可能会影响跳桥自杀的人，生死决斗的地点也可能会因此选择桥上。

生命上的死亡之绳

集体权力对个体生命具有强大的支配力，他们以民族、宗教和军事敌人的名义，在车水马龙的交叉路口当街将人吊死或刺穿。桥上是抗议之地，例如1965年3月7日美国埃德蒙·佩特斯桥的血腥星期日就是明证。再如2004年3月31日，位于伊拉克费卢杰城的幼发拉底河上的大桥上曾堆满美国雇佣兵的尸体。1992—1995年的南斯拉夫战争期间，城市中的桥一度成为杀戮的中心。[16]优秀的文学中也不乏桥上的悲剧，安德里奇的小说《德里纳河上的桥》开篇详细描述了反叛者在德里纳河上的穆罕默德·帕夏·索科洛维奇桥上被刺死的过程。他之前还写过一个故事，讲的是战争期间的绞刑，一个死刑犯在生死时刻获得了不可思议的内心自由。

1890年，战地记者安布罗斯·比尔斯写的故事《鹰溪桥事件》讲述了美国内战中一位南方联盟活动家的死，令人震撼的不是故事本身，而是读者难以区分哪些是真实，哪些是想象，一切仿佛来自生活之外。发生在亚拉巴马州鹰溪桥上的故事模棱两可，只有一点似乎是肯定的：每座桥都可能是一架绞刑架，每一架绞刑架都可能是一座桥。

故事开头像黎明一样清晰：南方人佩顿·法夸尔阴谋破坏桥梁、影响军需供应的火车线路，被联邦军队逮捕。开篇描绘的是他身后的绞索，冷酷而原始：

男人站在亚拉巴马州北部的铁路桥上，俯瞰桥下二十英尺①的湍急水流。男人的手被绑在背后，手腕绑着绳子。一根绳索紧紧环绕他的脖子，另一端系在头顶坚实的横梁上，绳头多余的部分垂到了膝盖。散乱的木板铺在支撑铁轨的枕木上，他和行刑者——两个联邦军的士兵，听命于一个曾经可能是副警长的中士指挥——踏在木板上……准备工作完成后，两个士兵后退一步，抽掉了各自的木板……死刑犯和中士站在了同一块木板的两端，跨越桥上的三根枕木。男人站的一端几乎快要碰到第四根枕木。这块木板的重量过去由上尉决定，现在由中士决定。在上尉发出信号后，中士侧身退开，木板倾斜，判处死刑的人会掉入两根枕木之间。这个安排如他所料，简单而有效。[17]②

接下来，中士从木板上走开，故事叙述到，法夸尔"笔直地穿过桥身往下掉"（第12页）。这时，文章走向开始变化——绞索断裂，法夸尔跌落河中，游泳躲开了四周射向水中的子弹。他在河中"异常敏锐和警觉"（第13页）的感官描述与受绞刑的准备一样详细——法夸尔的仔细观察充满了好奇、激情和生死敏锐：

> 他感受到脸上的水波，听到水波荡漾时一圈一圈的声音，看着河岸的森林，一棵棵的树木、叶子和每片叶子的脉络——

---

① 1英尺约为0.3米。
② 请见书后本章注17，下文中括注页码均为注17中所标注书目的页码，并非本书页码。

看到上面的昆虫：蝗虫、色彩鲜艳的苍蝇、枝条之间织网的灰色蜘蛛，注意到百万根草叶上所有露珠光彩多变的颜色，还有水流中飘荡回旋的小昆虫的嗡嗡声、蜻蜓的振翅声、水蜘蛛的划水声，如同划起小船的桨——一切都是音乐。一条鱼在眼前滑过，他听到鱼身掠过水面的声音。（第13页）

法夸尔躲避子弹炮火，来到河岸，飞跑地穿过森林。他以几乎不可能的速度回到自己房子的前院，看到妻子从门廊上走下来迎接，他松了一口气。叙事的断裂将读者从故事的第二阶段推进到第三阶段，这一部分以现在时态叙述，我们通过他的眼睛经历着：

> 她站在台阶底部等待，笑容中充满无比的喜悦，姿态优雅庄重。啊，她是多么美丽！他伸出双臂，跑跳着向前冲去。即将拥抱的一刻，他感到脖子后方猛地一拉；耀眼的白光在周围炸开，伴随着炮声般的巨响——然后一切陷入黑暗与寂静！
>
> 佩顿·法夸尔死了；颈骨断裂，身体悬在鹰溪桥的木板下，缓缓摇摆。（第16页）

故事结局出人意料，将我们扯离现实，回到法夸尔的死亡时刻。从绞索拉紧到法夸尔拥抱妻子，似乎只是几秒钟的想象空间。客观经验性事实与主观幻想之间的间隔，以文风转变之桥来连接。

作为事实的绞刑准备工作按照军规的节奏，采用了精确的韵律[①]；而三尺绞绳激起的情绪、欲望和感受，却传达着无法测量的延伸与时间意味。桥面的水平木板代表着生命的有序推进，而垂直一落的死亡，打断了线性轨迹，代之以启迪性的反转幻想序列。落下的激情为虚构事件赋予了脉动的节奏和诗意，而这都是绞索拉紧前后的情节中所没有的。

故事最初关注横向的穿越要素（从一道枕木到下一道，从河流一边到另一边），其中真正的兴趣却在于纵向的穿越。死亡穿越了生命的平面，就像人类想象力打破了事实的秩序。这是故事的关键所在，将桥从交通手段转化为绞刑的工具。

1962年，罗伯特·恩里科执导的电影改编自比尔斯的故事，片名为《鹰溪桥上》，在戛纳电影节上获得了最佳短片奖，并在次年获得奥斯卡最佳真人短片奖，电影为故事文字增添了视觉诗意与叙事震撼。值得一提的是，电影中法夸尔并没有从枕木间掉下来，他一开始就站在桥侧突出的木板上，受刑时掉下了连续木板之间的空隙。文字书写的故事将法夸尔的死亡和想象与重复性结构的间隙相联系，重复性结构就是桥上的木板，不仅象征着目的进展和叙事延续，而且象征着人生道路上连续的步伐，桥上受刑"强化了他困在生死两岸之间的观点"[18]，这种受刑方式并没有将死亡当作远端的对岸，而是认为死亡处于生命本身的支撑点之间。

[①] 绞刑准备部分虽然是散文，但是采用了五音步抑扬格的标准诗歌韵律，这也是许多新闻或者规则性文本可能采用的修辞韵律。本文中的韵律，如无特殊说明，都是metrics，也就是英文中关于诗行音步数量与抑扬关系的等差规则。

这才是鹰溪桥上"事件"的真正意义——跌落在支撑点之间，释放读者想要改变法夸尔命运的无法抑制的念头，道明前路的本质就是他无法控制余下的生命。为什么这件事发生在鹰溪桥上，难道是因为猫头鹰的眼睛能看清黑暗，所以成了"从一个平面转向另一个平面的灵魂守护者"[19]？比尔斯的故事打破了两个平面之间的空间，就像本书第一章讨论的布洛赫小说《维吉尔之死》一样。比尔斯描述的事件表明，生命的目的性运动突然被死亡所打破时会产生创伤——是啊，从目标到终点的循环，死亡是唯一真正的结束，死亡随时可以打断循环。故事展示了如何在空洞、潜藏、垂直的空间之上，在死亡这一压抑的构成性事实之上，架起从A到B和C的桥。法夸尔在绞索的末端摇摆，给逃离的热望画上残酷的句号。

他从一个平面走向另一个平面，是因为缺乏在生命中前进的能力，这个故事颠覆了将桥视为塑造英雄之地的传统观念。中世纪曾以桥来测试骑士的勇气，使他们获得精神的升华，测试越危险，成就越辉煌。例如兰斯洛特的冒险故事中，他心爱的吉娜薇被黑骑士美利亚甘掳走，囚禁在河对岸的城堡中，通往城堡只有两条艰险的道路：一条是水道，另一条是锋利的剑桥，这位英雄将更易走的路留给了朋友高文，自己决心穿过剑桥。兰斯洛特挑战强大的美利亚甘，手、脚和膝盖上都受了重伤。（图6-5和图6-6）此类故事中的桥象征着超人般的自我克服，指向勇气和"额外的存在"，常常通过天命干涉来获得成功[20]，与法夸尔的死亡形成鲜明的对比。法夸尔之所以能拥抱心爱的妻子，就是因为没有机

图6-5（左） 兰斯洛特穿过剑桥的插图细节。取自比利时哈瑙省一份1344年的手稿《兰斯洛特—圣杯》（1230—1235）中的插图。
图源法国国家图书馆，法国122 fol. 1
图6-6（右） 兰斯洛特穿过剑桥的插图。取自15世纪早期的《兰斯洛特—圣杯》插图手稿，现存于巴黎。
图源法国国家图书馆，法国119 fol. 321v

会过桥，而是从绑住他、暂时维系生命的桥板上跌入了死亡。他本要烧毁这座桥，最终却烧掉了自己的桥。

这场处决削弱了桥的另一重象征意义：将桥视为等同于阳具的存在。弗洛伊德心理学中将可伸缩的阳具视为赋予生命的桥梁，将两个人连接在一起，创造出第三个人。[21]法夸尔的阳具之桥遭受阉割，损耗生命力的伤害强化了他拥抱妻子的欲望。一种无法战胜的力量横亘在一步与下一步之间，消弭了性交的生死之战，死亡打破了性交之桥。

桥上桥下的生死还让人联想到脐带。德国哲学家彼得·斯洛特戴克认为：胎盘之桥将母亲和胎儿连接在一起，"建立起二元关系中的第一道'纽带'"。"脐带自一开始，形成了母亲、胎儿和胎盘的三位一体，而胎盘则使母子合二为一"。纽带两头的母与子，"就其存在模式而言，只是动态变化的中间形式的两极"[22]。剪断脐带才有阴茎和性交的可能，为精液与卵子的融合铺平了道路。（明显我们陷入了一个死循环：没有脐带就没有阴茎，没有阴茎就没有胎儿或脐带。）脐带与安布罗斯·比尔斯的故事类似。法夸尔脖子上的绞索就像绕颈的脐带。绳子断了，法夸尔就能活下去；绳子不断，他就无法释放、获得新生，这是另一个死循环。但只要绞索绷紧，他就可以一直生活在幻想中，存在于生死之间，与他心爱的女人合体，而非分离。反之，如果绳索不断，"婴儿法夸尔"就无法获得单独的存在，也无法回到分离的爱人身边。

深挖故事的政治背景还会发现，这本书强调的是归属与分离。法夸尔是一个美国分离主义者，拒绝接受宽泛、理想的国家概念，也就是联邦政府所代表的国家。他是"南方联盟"的支持者，南方一直试图退出联邦政府，而桥正是联邦政府的象征，是物资流通的重要一环。法夸尔试图炸毁大桥，表现了分离主义者的狂热，他通过行使联邦政府不能容忍的行动来彰显个性，也曾有过片刻的伟大祝福——介于两种选择之间，相信自己正在用一个新的联邦取代旧联邦，用私人联邦取代一个公共政治联邦：以温情的母性田园诗彻底消除冲突。生命的危机（剪断脐带）和阉割的死亡经历（废除性交）激活了幻想的生命（尽情幻想生活中不允许的事情），生命的行为由死亡赋予。

荣格对桥的理解有所不同，其叙事风格不再是客观、散文式的报道，而是逃亡英雄的奇幻冒险。荣格分析心理学中，桥的民间故事常常涉及一个知识层次向另一个知识层次的转向。[23]标志着进入无意识使主体能够获取原本的心灵资源，完成重要的存在性转变。法夸尔垂直坠落的过程中，异质空间浮现在意识前沿，强烈的需求变得清晰。主人公不再清醒，叙述逻辑不再连贯，法夸尔陷入了心灵深处。清醒叙述是日常行为的实践秩序，秩序当中的一切似乎是事实；而想象直觉却从内部展开。比尔斯是否想说，越来越紧的绞索证明法夸尔想象中的无意识故事是虚假的？不，故事中没有任何迹象表明法夸尔不相信死亡时回到了妻子的怀抱。

卡夫卡的无往之桥

每一个真正重要的决定都伴随着死亡的可能，法夸尔行为就有自杀之意。自杀在某种程度上意味着拒绝过渡性选择：这是道德变革的成本，是每一座象征之桥带来的进步。自杀是直接承认生活的失败，是拒绝改善，是逆向传递仪式，远离过渡行为。

弗朗茨·卡夫卡故事中的凶杀与自杀往往设置在桥梁交汇之处。《判决》（1912）中，家庭局势紧张到极点，乔治和父亲之间爆发了一场激烈的争论，父亲怒骂儿子道："我判你淹死！"乔治自愿执行判决，不知是接受审判还是故意叛逆，他逃离公寓，跑下楼梯，投入河中。"他跑出大门，冲向水边"，抓住桥栏杆——

像一个饥饿的人抓住食物；他翻过了栏杆，青年时期他曾是体操健将,是父母的骄傲。握紧栏杆的手越来越没有力气,栏杆之间可以看到一辆公共汽车越来越近,轰鸣声必能掩盖他落水的声音。他用微弱的声音喊道:"亲爱的爸爸妈妈,我一直爱你们",然后松手掉了下去。

此时此刻,无穷无尽的车流在桥上涌过。[24]

乔治抓住大桥栏杆时,一开始还能支撑。他透过栏杆的缝隙,像法夸尔透过桥木结构的缝隙一样,注意到了如梭的车流。那一刻,他紧紧抓住栏杆,观察众生,使他的坠落与桥上的车流声一致——淹没其间。

卡夫卡小说《审判》(1914—1915)的结尾同样模棱两可,强调了主角的被动性和中介性。约瑟夫·K被判处死刑,罪名和《判决》中的乔治一样不清不楚,他的死亡也与桥有关。K先生与两个莫名宽容的押送者在桥上停留片刻:

月光下,他们和谐地走上一座桥。两个男人顺应着K每一个细小动作,他稍微转向栏杆,他们也转向那一方。月光下,波光粼粼的水面绕着一座小岛分流又合拢,岛上繁密的树木与灌木抱成一团,树下的砾石小径隐没在黑暗中。多少个夏天,K曾在小径边的长凳上歇息,伸展身体。"我本不想停下来。"他向同行者说道,因他们的包容而感到羞愧。[25]

K回顾着过去在桥下小岛放松的时刻,却不知小岛与大洋中死亡之岛的原型是否有关。那一刻，K对月下小桥的执着超越了死亡，他不愿意在人生旅程中继续前进（"我本不想停下来"）。一旦过了桥，来到采石场，他们会拔刀插入他的心脏。这是谋杀还是自杀？最后的清醒时刻，K"清晰地意识到，刀从头顶递过来的时候，他本应抓住刀，刺入自己的胸膛"[26]。卡夫卡的短篇寓言《桥》（1917）更深入地探讨了桥与死亡的关系，死亡不可避免，也是意愿所归。小说把桥比拟为人，因转身看到穿行之物而死，这是一种令人困惑的道德说法，仿佛桥若不塌，便只能为桥。[27]

自杀之桥

暂且不论罗马人会不会把六旬老人从苏伯利修斯桥上推下，但圣天使桥确曾陈尸示众，另一个古罗马人跳桥自杀的地方是法布里奇奥桥。贺拉斯曾有一个绝望的朋友差点儿跳下法布里奇奥桥，贺拉斯苦苦恳求他不要像自己当初投资亏损时那样鲁莽，轻易放弃生命。[28]法布里奇奥桥建于公元前62年，将罗马岛与台伯河左岸连接在一起，如今风姿依旧；台伯河右岸通过几十年后建成的切斯提奥桥与台伯岛相连。台伯岛以前的名字叫作 *Insula inter duos pontos*，意思是"两座桥之间的岛屿"，算得上岛以桥得名。1960年米开朗基罗·安东尼奥尼导演的意大利电影《冒险》精心展示了早期的岛上风光。通过岛上一间公寓的窗户可以看到两侧的河流，法布里奇奥桥下河水湍急，绕过岛屿向前延伸，在大桥南侧的尖石附近形成浅滩，罗马城就这样被台伯河分成两半。除了贺拉斯之外，还有不少人提到古罗马人在此跳河自杀。古罗马诗人尤维纳利斯告诉朋友波斯图穆斯（奇怪的名字）[①]，他早该从岛屿尽头的另一座桥上跳下，而不该犯蠢结婚。他所说的那座桥是埃米利亚斯桥，后来断在河中，如今被称为断桥。诗人咏叹道：

> 波斯图穆斯，你曾多么明智，真的打算娶妻吗？
> 那一位复仇女神提斯伊菲娜，还有她的蛇，让你发疯了吗？
> 你无须忍受这一切，身边有长绳，
> 炫目的窗户大开，埃米利亚斯桥近在咫尺。[29]

如今的罗马人更愿意驱车前往高耸的阿里西亚桥自杀，桥高72米，现在安装了防护性的金属网。还有人选择去罗马-阿奎拉高速公路高架桥或斯波莱托的塔桥，歌德曾赞颂过这座桥。[30]意大利北部有福萨诺桥，是商业大亨詹尼·阿涅利之子的轻生之地。美国许多城市都有自杀桥，最有名的是金门大桥，但南加利福尼亚还有另外三座大桥，分别是：帕萨迪纳市的阿罗约·塞科桥（又名科罗拉多街桥，这座桥曾是卓别林拍摄《寻子遇仙记》的地方，如今桥上配备钢制护栏），圣地亚哥的科罗纳多桥，以及圣塔芭芭拉的冷泉峡谷拱桥。苏格兰有一座奥弗顿桥，连狗都会莫名其妙地往下跳，聚集了一小群人大搞神秘学研究。

[①] 马库斯·凯里乌斯·波斯图穆斯（Marcus Caelius Postumus，约125—180）是一位古罗马皇帝。书中说这个名字很奇怪，是因为发音接近于英语词汇posthumous，也就是"死后的"意思。

除了自杀桥之外,还有自杀之城。罗马不算,只是吸引游客的噱头,但佛罗伦萨却是其中之一。有一本回忆录的开篇,以冷漠骇人的笔调写道:"佛罗伦萨一直是自杀者趋之若鹜的目的地。"[31]临床心理学家格拉齐耶拉·马盖里尼博士解释了文艺复兴老城带来的不安感,称其为"司汤达综合征",据说老城壮丽的艺术瑰宝可使人的精神不堪重负,产生不稳定感。症状名称源自法国小说家司汤达,1817年他参观佛罗伦萨时,艺术之瑰丽曾令他激动得无法呼吸。马盖里尼博士提供了该综合征的临床数据,她收集分析了外国人在佛罗伦萨因心理崩溃而入院治疗的情况,不少人是打算跳桥自杀或者跳下去后救回来的,其症状大多无法用其他理论解释。[32]虽然心理创伤的根源与城市美景桥梁无关,但美好风光会加剧症状,这一点很好理解。维奇奥桥、圣三一桥等诸多城市奇观都是文化和精神超验的象征,这些艺术作品像镜子一样作用于观赏者,将他们的目光反照自身,使存在的绝望感浮现于意识表层,释放出人生一事无成的挫败感。非凡的美丽刺痛了一切平庸、不幸与肮脏,若非意大利人普遍乐观向上,佛罗伦萨定会令失意者感觉更加糟糕,美好的旅行只会让不快乐的人更不快乐。还有些游客特意跑到布鲁内莱斯基自杀,环绕的美景只怕比他们离开的城市更令人觉得陌生,也许他们远赴意大利旅游就是为了离开熟悉的社群,但疏离感加剧可能进一步导向最终的结局。

无人能够进入跳桥者的心灵深处,每个案例对外人来说都是谜。人们无从推测为什么自杀者会选择桥而不是其他地方。不客气地说,跳桥确实更方便,不需要特殊设备或事先准备,几乎没有失败的风险等等。作家们写跳桥轻生都认为这是冲动自杀,多想想也许会改变主意。凯文·海恩斯是金门大桥跳桥自杀的幸存者,他非常赞同这个观点,倡导采取自杀预防措施。他提出了一个有点反逻辑的想法,认为自杀的决定只是思考中的一环,但自杀的行为是"对暂时问题的永久解决"[33]。

有些桥上每个月都有死亡,表6-1列举了比较著名的几座。为了不影响旅游业,有些桥从不出现在统计数据中,例如尼亚加拉大瀑布的彩虹桥,1856—1995年就有2780起自杀记录,跳桥地点包括附近的旋涡桥、瞭望台、恶魔洞以及山羊岛和三姐妹岛附近。[34]

表6-1　自杀之桥死亡人数

建造年代	桥名	自杀死亡人数*
1864	布里斯托尔的克利夫顿悬索桥	1000
1886	卡拉奇的尼提吉堤桥	1050
1897	伦敦的霍恩西巷桥(拱门桥)	2000
1918	多伦多的布卢尔街桥(爱德华王子高架桥)	500
1930	蒙特利尔的雅克·卡蒂埃大桥	400
1932	西雅图的奥罗拉大桥(乔治·华盛顿纪念桥)	230
1937	旧金山的金门大桥	1700
1942	马德里的塞哥维亚高架桥	520
1969	加利福尼亚州的圣地亚哥-科罗纳多大桥	400
1973	伊斯坦布尔的博斯普鲁斯大桥	400

每一座桥都连接着另一个世界

续表

建造年代	桥名	自杀死亡人数*
1973	布拉格的努斯莱桥	350
1978	墨尔本的西门桥	700
1981	英国赫尔河畔金斯顿的亨伯桥	240
1987	佛罗里达的阳光高架桥	200

* 这些数据需要结合桥梁年代评估。

自杀者选择地点时考虑的因素包括是否容易到达、护栏高低、交通流量等,表中的桥不知为何更受青睐。人们讨论过改造这些桥,例如增加防跳设施等,但也有人认为效果不佳,只会促使自杀者选择其他地方。从统计数据来看,选择跳桥的主要原因不是便利,全球范围内只有不到3%的自杀与便利有关。1998—2009年,美国加利福尼亚州马林县将近40%的自杀发生在金门大桥上,主要是因为这座桥以自杀闻名。[35]事实上,比起扣动扳机或吞服药物,跳桥可能需要更大的决心。

埃里克·斯蒂尔的影片《桥》(2006),以令人不寒而栗的记录,讲述了某些人试图在金门大桥跳桥自杀而最终幸存的故事。电影记录了一年内发生的23起自杀事件,许多人在鼓起勇气或下定决心自杀之前,曾多次来到金门大桥。影片提出了跳桥可能涉及的另一个潜在因素:有些人"选择这样做是因为知道会被看见,他们希望有人见证自己人生的结束"[36]。采访中,斯蒂尔谈到了为什么要做这个项目,摄像机镜头的记录与最后一跃的公开展示,充满了心照不宣的共鸣。美国作家亚历山大·泰鲁随手写到,金门大桥上"几乎每个人都是从面向大陆和人群而非海湾的一侧跳下去",似乎在当面控诉误解他们的人群,自己也成了公开的祭品。[37]这种推理的问题在于,金门大桥人行道防护栏的高度只及腰部,有人也许只是觉得从这儿最容易跳下去,而这里已经面向城市和海湾。一位幽默作家写给泰鲁的回信中道:"下定决心从高空跃入旧金山湾冰冷海水的人,不会那么鲁莽地穿越六条车道的高速公路。"[38]不过,绝望时刻勇于面向伤害自己的人群,确实是个好故事。

除了以上的统计数据和人生故事之外,水中的死亡还有着古老的仪式意义。一方面,沉入水中的身体淋巴组织隔绝了地球与空气;另一方面,生命源于水也归于水,重新回到水中渐渐消失。台伯河上的尸骨无法收殓,一度让受迫害的罗马基督徒恐惧不已,生怕成了无名之尸,否定其短暂的一生。

有的人希望别人见证他们的痛苦,还有的人却希望悄然离去,诗人保罗·塞兰就是后者。1970年的一个夜晚,他从米拉波桥跳进塞纳河,既不愿有人旁观,也不愿尸体被找回。1995年,另一位诗人韦尔登·基斯也是这般无声地投入水中,他的汽车在金门大桥附近被人发现时,钥匙插在车上,还是点火状态。1932年,哈特·克莱恩从一艘船上跳进墨西哥湾,尸体没有被找回。诗人们可以用坚实的言辞表达强烈的个体感受,却没以同样的尊重对待自己的肉体。诗意的创作需要超越自我的坚定承诺,人们不禁想知道,塞兰、克莱恩和基斯在结束生命之时是否觉得,千言万语都比不上想象中的海滩——文字是通往海滩的桥,甚至是自我毁灭的平台。约翰·济慈(他并非自杀)的墓志铭写道:"此地长眠者，声名水上书。"这句话表达了永恒、言语和个体铭刻与水的消隐之间的张力，确定的存在从水中向不确定的自我呼唤。"我们有了间隔，"沃尔特·佩特写道，"我们原先的地方不再认识我们。"[39]

河流再生

水葬仪式与极北之民①的历史一样古老。传说中，这个神秘而幸福的族群能够"长生不老，从无疾病、劳累、战争、争吵、饥荒、恶习或错误……但亦终有一死：约千年寿岁之后，难免对地球生活感到厌烦，于是自悬崖纵身跃入大海，溺水而亡"[40]。这段话是莱奥帕尔迪所写，最初的想法可能来源于老普林尼，他觉得极北之民跳入海中便是最幸福的葬礼："那里没有纷争，没有疾病，人生满足之后才会选择死亡。人们为老人举办欢乐的盛宴，求死之人从高高的岩石上跳入大海，这是最快乐的死法。"[41]

古希腊传说中的勒卡迪亚也是恋人们相约跳崖的地方，从岛上的海角跳下高崖，投入爱奥尼亚海，据说诗人萨福便是其中一员。不过，跳崖而未死之人，绝望立即转化为对生命的热爱。[42]极北之民与勒卡迪亚的神话传说都暗示着流水的神圣魅力，安妮塔·塞皮利的爱琴海故事中就有许多相关的描述。[43]据说，桥能站

---

① 极北之民（Hyperboreans）是古希腊和古罗马神话中的一个种族，来自希腊语 ὑπερβόρειοι，意思是"居住在遥远北方的人"，指的是遥远、富饶、宁静的北方居民。希罗多德的作品和维吉尔的史诗《埃涅阿斯纪》中都提到过这个民族。

污水域,也能安抚水流,在神话原型和动植物生长中还能疗愈与再生,这对于极度紧张的个体特别具有吸引力。

英国摇滚乐队"电台司令"(Radiohead)的歌曲尤擅表达水的超自然魅力,赋予其变化延续与本体再生的意义。2011年的专辑《肢体之王》中有一首歌名为《法典》,鼓励人们像蜻蜓一样,趁着无人"跳下尽头"。歌中反复吟唱水"清澈而无辜",暗示跳入水中能洗清罪恶("没有人受伤/你没有做错任何事")。歌中的跳水是不是寻死?这种清洗罪恶的姿势究竟是安慰还是自我欺骗(歌曲提到了魔术表演中的"快手花招")?也许歌曲的意思与歌手的本意有所出入,否则怎会鼓励人跳水自杀?唯一确定的是,水与清澈和生命疗愈息息相关。歌曲结尾,音乐和弦宁静悠长,暗示水下萌发出新的生命。

电台司令乐队的另一首歌曲《金字塔之歌》出自2001年的专辑《遗忘症患者》。歌曲以第一人称的方式唱到,跳入水中就是从痛苦中解脱:"我跳进河里,我看到了什么?/黑眼睛的天使和我同游。"水中还有"悬挂的满月、星星和闪闪发光的车",以及"我所有的恋人,所有的过去和未来"。歌曲的结尾部分,"没有什么可害怕,没有什么可怀疑",相当于后来《法典》中的"你没有做错任何事"和"没有人受伤"。水下一切都好,"我们划着小船去了天堂",唯一令人不安的是天使们深黑的眼睛,如想象中的鱼影。

这首歌的音乐短片采用了与歌曲叙事不同的视角,将渡往天堂的群体"我们"替换为更复杂抽象的升天之举。视频中首先出现了一个长得像企鹅的主角,跳入一片宽广的水域,水面无边无际地延伸。企鹅沉到水底，大都市拔地而起，摩天大楼、漂浮的椅子、无人驾驶的车辆和人类骨骼一一浮现。这是一个消失的文明，如亚特兰蒂斯一般的城市，毁于未知的灾难。企鹅抓住一个氧气瓶潜下了海底，穿过前院进了一座房子，落在星光璀璨的客厅。过了一会儿，镜头离开房子，漂回水面。水面上只有主角用过的气管，显然他留在了水底。水面突然变成了橙色的天空，云彩飘摇，一颗星星在跳舞，慢慢加入了第二颗、第三颗，直到第五颗星星，一起玩耍，在天空中轻盈地舞动。三颗星星在屏幕中心流连，另外两颗在边缘旋转。随后，星星一颗接一颗地消失，只留下正中央的一颗。

海上的暴风雨过去了。据说对水手们而言最危险的风暴来临时，船桅顶上会闪现奇异的光芒，这种电磁现象被称为放电光球，人们都认为这是好兆头，传说是死去水手的灵魂。《白鲸》第119章"蜡烛"中，麦尔维尔以壮丽的文笔将放电光球描绘成了凶险的象征，绝非什么好兆头。书中将这光芒称为圣厄尔莫之火，蓝色的火焰或紫色的微光，看起来像神话中跳进海里的星宿，领头的是太阳神赫利俄斯，罗马皇帝哈德良·埃利乌斯就是以太阳神的名字命名。希腊神话中说，赫利俄斯被抛入河中殒命，这条河流通向地球上所有的大洋，围绕着所有已知的土地。于是，太阳每天从同一片海中升起。塞皮利评论道："星星沉入海中，承诺着重生——与海洋的特性一致，赐生赐死——予效仿之人"[44]。

电台司令乐队音乐短片结尾的光芒令人联想起放电光球，正如歌名《金字塔之歌》令人想起埃及法老的安息之地，他们在那里再次进入永恒，呼应了此章开头赫利俄斯的第二个意义：哈德良皇帝的神圣化。在罗马，神圣化氛围通过精心设计的陵墓结构，类似以桥为引而渲染出来；这首歌里则是通过星宿下沉来实现。音乐短片的最后，一束光强调了视频画面，突出了歌曲与赫利俄斯的罕见关联。这首歌的第一个问题是："我看到了什么？"回答道："我曾经看到/所有爱人和我在一起/我的一切过去和未来。"歌声兜兜转转又回到了"悬挂的满月、星星和闪闪发光的车"，黑眼的天使们回头看着与自己并肩游泳的跳水者。据说，赫利俄斯被抛入了海洋，他的眼睛无所不在。

电台司令乐队另一首歌曲中再次出现了深海新生的幻象，歌词中写到，在海底，"你的眼睛/指挥我"。这首歌是《怪鱼/琶音》，收录于2007年的专辑《彩虹》。歌手唱到，不想发疯就追随眼睛的指引——前往"地球的边缘"并坠落。"如果有机会/这是我的机会"，每个人都会离去。"我"触到海底，"然后逃脱"，被虫子和怪鱼吞噬。

"你的眼睛"是谁的眼睛？来自人鱼、淹死的恋人还是有着天使般大眼睛的鱼儿？这首歌的副标题是"琶音"：一组统一和弦相继奏出，延展和声合奏。这些眼睛和音符引诱歌手将注意力转向"幻影"，随之来到地球边缘，获得新的际遇。

金门大桥

美国大陆最西端，太阳沉入太平洋的地方，矗立着一个伟大的象征，代表着水、太阳、死亡和永恒的统一，那就是金门大桥，标志着一个新的国家走上文明之路的陆上终点，人们曾经一度以为这个新的国家得到了上帝的恩典。1846年大桥建成之前，"金门"专指旧金山湾的海峡，不仅是刻意效仿君士坦丁堡的金角湾，而且期待从亚洲来的巨大财富通过这道门流入美洲大陆——这里的亚洲就是克莱恩笔下的"华夏"。这扇金门打开了毫无遮挡的视野，正对着沉落的太阳神赫利俄斯及其周围无垠的空旷。

金门大桥与美国东海岸的纪念碑形成鲜明对比。哈特·克莱恩去世得太早，来不及描绘金门大桥与布鲁克林大桥之间的区别。他的诗歌唤醒了纽约，歌颂着这个充满希望的新国家；诗歌展开了美国的全景，独独未曾来到西部，来到淘金热和东西铁路干线的终点。在这里，金门大桥标志着国家领土与自然疆域的边界，浩渺无边的太平洋、沉落的太阳和吞噬白昼的黑夜在此交替。在这里，红色的桥头堡直插天空，常常隐没云中，好像上升的天梯，又像连接天地的世界轴心，以此为纵轴，以桥面为横轴，克服了陆地、水域和空气之间的原始冲突。[45]巨大的坐标轴插入了地球的起源与海洋的终点。金门大桥的位置和设计使其成为这片土地上最伟大的结构，如一扇指向宇宙的巨大门户，一切生命都依赖于此。在这里，伟大的恒星沉入水中，希腊和近东神话称其为生死的交点，从"平凡的世界转向……想象的领域"[46]。

这样的地方太容易给精神不稳定的人施下魔咒，暗示生命之光的源泉和超越世间的宇宙。克莱恩的《桥》只能间接描述生死，塑造一个神圣癫狂的人物，在纽约这个新兴的大都市跳水寻死：

> 冲出地铁的入口、牢房或阁楼，
> 癫狂者冲向你的护栏，
> 即刻倾倒，衬衫扯得鼓胀，
> 无言的长队中迸发出嘲笑。
>
> （《致布鲁克林大桥》，第17—20行）

目睹的群众可能会说不出话来或尴尬地笑笑，但疯人的一跃既不有趣，也不绝望，反与"狂人"（bedlamite）[①]一词蕴含的"寻找新生"之意有关，这个词的词源不仅来自著名的贝德拉姆（Bedlam）精神病院，还暗示着"伯利恒（Bethlehem）与世界之初令肉体'在淹没中诞生'"[47]。这是英国历史学家理查德·萨格引自心理学家罗洛·梅的话语，讨论的是"水下、溺水与再生（的生成关系），不同宗教和文化中都流传着类似的神话……淹没然后重获新生"[48]。

本章讨论的都是单个的桥，本体各不相同，但都表达了过渡、赎罪和洗刷罪孽的愿望，就像卡夫卡《判决》中的儿子一样。水中之死的潜在意义不容忽略，灾难般的桥之绞架专为"夜间无家可归之人"所留，托马斯·胡德的诗歌描述了1844年一个伦敦女子跳楼自杀的故事。无论是否真的无家可归，无论是男是女，夜间无家之人——

[①] Bedlamite这个词源自中世纪英格兰的贝德拉姆（Bedlam）精神病院。贝德拉姆医院是欧洲最古老的精神病院之一，成立于14世纪。这个词在英语中出现，最初用于描述在贝德拉姆医院接受治疗的病人，后逐渐演变成用来泛指精神不正常的人。

每一座桥都连接着另一个世界

癫狂于生活的历史，
欢欣于死亡的奥秘，
迅速转身——
无论何时何地
离开世界！[49]

  桥是绞刑架，是交叉之地，送走疏离之物。对他们来说，美国西海岸之外只有无边的大海，无法逾越的大海。

第七章

尼采之桥

一个世纪以来,有一句话一直回荡在无数人耳边:"人类是一道绳,系在动物与超人之间——一道悬在深渊上的绳……人之伟大在于,他是桥而非终点。"[1]研究桥的概念内涵,绝不能错过这句发人深省的名言,这是尼采在《查拉图斯特拉如是说》(1883—1885)中首次提出的观点,为后人留下了无尽的疑惑。绳子另一头所系的超人(overman)——或者说超凡之人(more-than-man)——究竟是什么?[2]动物又是什么(层级)?人类如何由动物向超人转变?尼采为什么要将人类比作空间搭配,尤其是这样奇特的搭配?他将人类描述为一道绳,或某种连接组织,然而绳子本身已是人造之物,以人为绳是否意味着踏上我们已经创造的人性,通往非人(extrahuman)之路?

想要理解视绳桥为人类存在基础的说法,必须了解尼采的哲学观,以及那个时代对桥的看法,我们不妨首先从哲学角度解读人类环境建筑空间,尤其是桥。

建筑的灵魂

尼采的建筑学言论少而零散,但表明了一位思考者对人类存在的空间和主观定位的持续反思,其中一个反复出现的主题是心灵如何与建筑相连。1873年,尼采在一篇笔记中写到,任何一位注重建筑设计的建筑师都希望引发一种"多重不平等反思,使作品在许多灵魂中回响"[3]。这里的"回响/回声"(repercussion)是一种声学效应,建筑物传来的刺激会在心灵中回响。[4]五年后,尼采进一步探索他对物质和非物质现象相互作用的直觉感受,形成这样一幅图景:建筑物从地面升起,仿佛有着自己的生命。意大利古城帕埃斯图姆的希腊神庙给人留下了特别的印象:"灵魂以魔法灌入巨石,想要通过巨石来说话。"尼采推测,神庙的建造者试图实现即时和压倒性的精神效果——"以此调谐观众或听众的灵魂,使其相信完美的突现"[5]。

灵魂与巨石沟通之说,幻想打破主客观现象之间的鸿沟。尼采指出,直到19世纪末,教堂都能引起经过或访问者的遐想;但到了他所处的时代,这种情况已很少发生,他认为这种情况值得重视。现代城市应精心规划、重新设计,提供安静宽敞的反思之地,而教堂等宗教场所已对此无能为力。"反思"(Nachdenken)一词表明,哲学家乐于强化主体和空间之间的相互作用。尼采在反思结尾写道:"我们希望看到自己化作石头和植物……漫步于建筑物与花园之中,我们想在自己心中漫步。"[6]尼采为这段格言起了一个标题:"建筑洞察力"(für Erkennenden)——强调建筑空间可能且应该带来的精神活力。

建筑可以看作主观行为的场景设置（mise-en-scène）①，对于有哲学或精神倾向之人，以及试图认知或感知周遭之人而言尤其如此。尼采十三岁时就开始关注自我与环境的交互：

> 生活是一面镜子。
> 要在其中认清自己，
> 请让我第一个说，
> 这也是我们的奋斗！[7]

这首诗名为《回顾》，预示尼采后来希望建筑空间能促人"反思"，就像诗中的"认识或感知"（erkennen），用一个德语词汇表达了"认识"和"感知"这两重建筑刺激。

尼采依恋着古里亚海岸的热那亚这座坚固沉闷的城市，或许源于他对自我和空间的整体感受。1888年4月7日，他在给彼得·盖斯特的一封信中写道："离开热那亚就是离开自我。"[8]如果建筑本身是思想的物质体现（灵魂注入巨石），那么适宜的环境当然可以激发洞察者的情绪和灵感。自我在世界中的经历是为了融入共情、共感与相互反思。有意义的建筑创造了情感与反思的通道，为心灵形式的"内容"增添空间存在特征，使人们能够像书中的

---

① 法语mise-en-scène的中文意思是"场景设置"。这个词在电影、戏剧和视觉艺术领域中常用来描述导演和摄影师如何布置和安排场景中的演员、道具、布景等元素，以创造出具有特定氛围、情感和故事感的画面。

角色一样适应环境,而与周围环境融为一体就是桥式连接。

威尼斯

尼采有一首关于音乐和建筑空间的诗歌,描述了这种桥式连接:

> 最近我站在桥上,
> 在褐色的夜里。
> 远处传来一首歌:
> 一颗金色的水滴,涌动着
> 穿过颤抖的表面。
> 贡多拉,灯光,音乐——
> 醉了,游向暮色……
>
> 我的灵魂,一个弦乐器,
> 对自己唱歌,无形中触动,
> 一首秘密的贡多拉之歌,
> 颤抖着斑斓的幸福。
> ——有人在听吗?[9]

此时此刻,以此种方式打动说话人心灵的,不是他站立的桥,不是门廊或外墙,而是一段音乐,一段威尼斯船歌,飘过里亚托桥——那是1885年春天,7月2日尼采在给彼得·加斯特的信中如是写道。[10]这首歌如同帕埃斯图姆神庙，可以自我推动、自我激励，将自己化为液滴，游弋沉醉在威尼斯轻颤的湖面。声音与视觉联觉，以同样的方式影响着说话者的灵魂，他仿佛"被无形的手轻触"，化作弦乐器，悄然感动，以自己的歌声回应共鸣。

威尼斯的桥与棕色的傍晚相遇，幻化出另一座桥，引发了动态的召唤和回应。说话人不禁疑惑，可曾有人回应他听到的歌，可曾有人听到他唱给自己的歌？新歌可曾扩展增加了船歌的关联？诗中看似否认，实际上承认：1885年尼采听到的那首歌创造了人们正在阅读的这首诗，重复着桥的来去往复，每一位读诗的人，每一次阅读，都重新唤起了歌声，也许就这样无限地传递下去，这就是艺术的效果——追求互动才能实现的艺术效果。

尼采曾专门写过威尼斯，在散文中创造了一种更加复杂的传递。"一百个深邃的孤独汇聚成威尼斯城——这就是她的魅力，一个未来的人类形象。"[11]这意味着尼采独行威尼斯，享用着无数人构成的不同类型的孤独之网。一首无名之歌能够激发另一首歌的回应，一个人可以连上孤独的灵魂之链。桥城威尼斯将孤独汇聚于斯，显露出未来社会的特征。20世纪和21世纪的城市能否学会接纳独特的主体，在共享的空间中容纳政治分歧？这是否就是尼采所暗示的"未来人类形象"？

过去三十年的社群理论，尤其是莫里斯·布兰乔、让-吕克·南希、乔治奥·阿甘本和罗伯托·埃斯波西托等人的理论之后，马西莫·卡恰里的文章关注起尼采对国家的讨论。卡恰里这样总结尼采的观点：未来没有什么国家能够真正代表所有的人，未来政治所面临的压力,就是形成一个统一体,把每一个个体纳入其中。政治将面临"主体的自主繁殖",每一个人以不同的方式占据公共空间,除了空间之外,他们几乎没有交集。[12]以尼采最爱的隐喻来说,每一个人都将成为他人的过客,甚至移民,大家相邻共存。卡恰里引用了《查拉图斯特拉如是说》中的一段文字,来解读尼采的《人性的,太人性的》第一卷结尾(§638):

> 国家终止之处,才开始有并非多余之人:那里才开始有必需者之歌,那独一无二、无可替代的曲调。国家终止之处,——看哪,兄弟们!难道没看见通往超凡之人的彩虹和桥吗?
>
> (《查拉图斯特拉如是说·新偶像》)

尼采期待的那个国度,必要、异常和不可或缺的人不再是典型或普遍的主体,人们不再被国家民族之类的制度同化,而是保持其独特与"必要的"本质,异质之间的深入互动产生了新的可能,人类的言论与歌曲在人类之外找到了共鸣。在那里,国家不再存在,而出现了通往"超凡之人"的彩虹和桥—— 通往现实之外,超越了单一、自我表达的民族。

尼采承认,《查拉图斯特拉如是说》的艺术色彩依然孤独单调,但在读者中引起了强烈的反响,尤其是关于威尼斯的诗行与文章片段,描述演绎了不同的交流方式。这段话再现于卡尔·雅斯贝尔斯和马丁·海德格尔的信件中,意义进一步强化,在第二次世界大战后的动荡岁月中,将疏远的哲学伙伴们重新召唤到一起。

1949年8月6日的一封信中,雅斯贝尔斯感谢海德格尔发来的三篇论文,趁机批评这位年轻的哲学家坚定支持纳粹而在公众中声名狼藉(信中没有提到此事,但可以理解雅斯贝尔斯对此多么失望)。雅斯贝尔斯特别反对海德格尔关于"语言是存在之屋"的说法,认为这种说法过于随意、过于绝对;更重要的是,语言是连接智性的媒介,但这种信条似乎将所有事物聚纳于语言之中,使其变得封闭隔绝。雅斯贝尔斯认为,"存在"并不包含于语言之中,而是发生在语言之外——发生在开放的、有分歧的接触中,在语言服务的方向和行动中,特别是在互惠的人类关系中。雅斯贝尔斯感叹道:"语言是生存的居所"——这种说法令人愤怒,在我看来,所有的语言都只是桥梁……或者反过来说:"语言所到之处,存在尚未出现,或不再存在。"[13]

这位年长的哲学家认为海德格尔的语言之说本质过于单一,淡化了语言在词与物、人与人、社区与文化之间所建立的关系。雅斯贝尔斯以"桥"的隐喻代替海德格尔的"居所",令海德格尔深有感触,或许想起了尼采关于威尼斯的片段(也许是通过上面那首诗)。之后,在写给雅斯贝尔斯的回信中,海德格尔本可以直接指出,他所说的一元化、自足的语言能够实现雅斯贝尔斯设想的主体间行动,但他没有这样做,而是引用了尼采的一段话来描述雅斯贝尔斯的主体间语言:"一百个深邃的孤独汇聚成威尼斯城——这就是她的魅力,一个未来的人类形象。"言外之意是,这座以桥相连的城市证明，独白与对话并不相互排斥，即使一百篇深刻的独白也——必须——跨越分歧，尤其是在文化分裂和孤立的时期。战后德国的分裂预示着未来人与人之间的疏远与大都市间的疏离将更加普遍，如此孤立的时代，雅斯贝尔斯的语言之桥也许只能通过书信来往而实现。

尼采孤独单调的文字片段证明了其中的观点。两位哲学家都很熟悉这段话，雅斯贝尔斯关于语言之桥的说法引起了双方对这段话的回顾，促使海德格尔重新阐述语言与存在之间的关系，超越了最初的"居所"隐喻。三年之后，他在1952年的《筑·居·思》中认为，语言是桥的一部分。

时空之间

尼采将自己的职业视为历史性的桥式事件，之后的思想家和艺术家也没有失去这种特质。1906年，爱德华·蒙克在绘画中表现了这位哲学家站在桥上沉思的场景（见第180页图版2）。他身后一道蓝色的背景如肩上展开的翅膀，头部是一大片黄色。思想家站在桥上——低头往下看——将图像的对角线切成两半，形成视觉不平衡，画面左侧是动感的旋转和抽象运动，而桥那一侧则平静单调。

尼采站在桥上，本身也成了这座桥。蒙克生动地呈现了尼采的自我认知，他把自己看作西方历史的重要事件，站在通向未来的边缘，即将迎来与耶稣之桥开启的两千年历史截然不同的未来。

这位哲学家夸口说，此后出生的人，"都将属于比迄今所有历史都更高的历史"[14]。他对哲学和宗教的破坏性批评展现了一场"无与伦比的事件"，使这位思想家成为"一种不可抗力，一种命运——把人类历史分成两部分。他之前的历史，和他之后的历史"[15]。

蒙克画中尼采所站的桥位于两个海滩之间的关口，他背对一个海滩，面向着另一个。这座桥横跨着改变了一切的卢比肯河①，虽然下桥的角度过于陡峭，实在不适宜当代旅行，但仍是非常重要的交通要道。同理，两代知识分子都振奋于尼采提出的前景，即20世纪将以新的方式理解眼前的世界。未来派、表现主义、旋涡派、加布里埃尔·邓南遮、乔治·萧伯纳和罗伯特·穆齐尔等数十人都坚信，生活的新原则终于浮出了水面。

钢筋混凝土大桥支撑起欧洲和北美的大铁路，具有飞跃想象的象征意义。悬索桥技术以其"空间跨越形式"，积累了崇高的内涵，挑战着艺术史学家威廉·沃林格所谓"面对空间的巨大心灵恐惧"，这种恐惧是那个时代面对大桥的一瞬所特有的体验。[16]1930年，克莱恩出版了长诗《桥》，心灵之桥与工业之桥都成了文化转变之力的重要隐喻。也许克莱恩最初曾希望画家约瑟夫·斯特拉为他的史诗巨作绘画插图，不仅因为斯特拉在十年前专门创作了一系列宏伟多变的画作来描绘布鲁克林大桥，而且他的评论曾为克莱恩的创作提供了灵感。斯特拉写到，自己站在大桥前，仿佛"站在新宗教的门槛前或新**神明**的面前"。无论从哪个角度来看，

---

① 卢比肯河是古罗马时期一条重要的河流，后用来象征分水岭或决定性时刻。

这神奇的大桥都"宣告了一个新时代的曙光"[17]。然而，诗人最终选择了沃克·埃文斯三张效果迥异的照片来替代插图。可以看出，克莱恩本人将布鲁克林大桥看作是"高大的旅途幻觉"，是个人精神与世界之间的神圣中介。[18]

桥式连接的神性或新时代包含什么并不明确，但打算过桥的后尼采主义者胆子够大，这些对他们而言只是细节问题。1905年，画家卡尔·施密特－罗特鲁夫加入其他三人发起的先锋艺术团体"桥社"（Brücke）时写道："将所有革命性和充满活力的元素汇聚在一起，就是我们对'桥'的理解。"[19]项目宣言扉页的画面，一道桥跨越悬崖流水，而他们就待在危险的悬崖之桥上。（图7-1）施

图7-1　恩斯特·路德维希·基希纳，《艺术家团体"桥社"计划》（1906）。谢尔盖·萨巴斯基收藏，纽约

每一座桥都连接着另一个世界

密特-罗特鲁夫、画家和木刻家恩斯特·路德维希·基希纳、埃里希·海克尔以及弗里茨·布莱尔决定使用"桥"这个名称，表明他们的项目期待着跨越。海克尔回忆说："一天晚上，我们走在回家的路上，又一次谈到了取名的问题，施密特-罗特鲁夫建议用德语中的'桥'，这个词含义丰富，本身就可以表示项目计划之意，同时还意味着从此岸到彼岸的跨越。我们很清楚出发的此岸是什么，但不确定项目的终点在哪里。"[20]探索的旅程中，他们将非洲和大洋洲的原始元素、哥特精神和当代城市视角的元素融合进作品，并注入了动态的表现主义扭曲元素。

"桥"的灵感正是来源于尼采《查拉图斯特拉如是说》的序言，开篇曰："人类是一道绳，系在动物与超人之间——一道悬在深渊上的绳。"艺术家们为了冒险而选择冒险，收获了另一个意象的内涵，而这个意象正是其世界历史导师尼采的思想内核：没有方向的游荡者。尼采在《人性的，太人性的》一书结尾反思这种状态，强调游荡者绝非"有着终极目标的旅行者，因为终极目标并不存在"。当代"桥社"的代表人物罗伯特·穆齐尔，对远离道德和艺术的开放式行为描述得更加清楚，他写到，艺术是"一种依存条件，是一座桥，从坚实的地面弯曲而出，仿佛在虚构领域拥有相应的桥墩"[21]想象力创新离开了历史和认识论上的确定之岸，虽然依旧依赖于其坚实基础，但又从坚实的地面上拱起，仿佛在虚构领域拥有另一个桥墩，但实际上并没有。不断平衡的目的地，仅仅只是来自生产行为的假设或渴望。

旅程也许充满焦虑，也许会失去开始时的安全。奥地利-匈牙利人利奥波德·魏斯（1900—1992）对此有着精辟的表述。他比穆齐尔更年轻些，最终成了伊斯兰教的当代主要释义者。他出生于西班牙加利西亚一个培育了无数伊斯兰拉比的家庭，后来改名为穆罕默德·阿萨德，并在1926年改信伊斯兰教。改教之时，他仿佛看到：

> 骆驼的脚步声没有破坏沙漠的寂静，反而成为寂静的背景，可以听到阿拉伯半岛贝都因牧民偶尔的呼唤，朝圣者无处不在的低沉歌声，我突然被一种奇怪的感觉淹没，如此强烈，几乎可以称之为画面；我看到自己站在横跨无形深渊的桥上：这座桥如此之长，来时的一端迷失在朦胧的远方，另一端仅仅初现端倪。

站在北非桥上，雾气遮蔽了出发点，他充满了恐惧：

> 我站在桥中央：看到自己处在两端中点，惊恐得心脏收缩——我已离开了一端，却还未靠近另一端——漫长的几秒钟里，我以为将永远困在两端之间，永远悬在咆哮的深渊之上。[22]

心灵上的皈依不允许回到桥的起点；承诺改教注定要抹去出发点，为未知的未来让路。目的地逐渐展现，但依然遥不可及，阿萨德冒着永远滞留在中途的风险。与之相比，尼采之桥的渡河体验同样令人不安，比末日预言更令人不安。

人类之绳

查拉图斯特拉以人为桥的寓言,对20世纪初雄心勃勃的艺术家和思想家来说很有启发,但没有指明终点。其中构建桥梁形象的方式,比穆齐尔想象中的拱门和阿萨德激进的转换概念更复杂,尼采的文字描述了行走于钢丝上的不稳定和切近的坠落风险,这段话全文如下:

> 人类是一道绳,系在动物与超人之间——一道悬在深渊上的绳。危险的穿越,危险的路途,危险的回顾,危险的战栗和停留。人之伟大在于,他是桥而非终点;人之可爱在于,他是过渡也是沉沦。
>
> (《查拉图斯特拉如是说·序言》,第四节)

过桥有风险,可能坠入峡谷,快点走、回头看、颤巍巍、停住了。(图7-2)过桥还意味着毁灭与超越或克服之间的奇特关联。前行的目标是成为超人,这本身就是一个很模糊的目标:超人是人类想要成为的超凡之人,也许来自不同的文化建构。悬索桥的寓言似乎在倡导自我超越的精神,但只讲清楚了人类和动物的差异。绳桥一端系着动物,迫使人类前往不确定的那处途中,在此处保持平衡。

思想史上,这种人类两面性并不鲜见,例如柏拉图式的身体和灵魂二元论,将人类物质和精神、有限和无限强行结合,这样

图7-2 葛饰北斋,《飞越边境的吊桥》(1830),版画,258毫米×380毫米。图源曼恩收藏,伊利诺伊州海兰帕克

的杂合使连贯的行动变得困难。莎士比亚《哈姆雷特》中这句隐喻性台词,将哈姆雷特的延宕归因于分裂:"像我这样的人,在这天地之间爬来爬去,有何意义?"(朱生豪译)哲学生哈姆雷特的纵向扩展隐喻,可能比尼采的水平扩展更令人安心。哈姆雷特虽然头在云端,至少双脚扎在地面,甚至像蠕虫一样爬行,生活在本体论的分裂与关联之间。人类中间性的另一个代表是皮科·德拉·米兰多拉,1486年他撰写的《论人的尊严》开头部分,将人类描述为半兽半天使的生物,上帝赋予其自由决定自身性质的责任,这个混合物种既能成为最好,也能成为最坏,必须自己做出选择。皮科熟悉多种经文,相信上帝的偏爱没有天生或固定的标准,

而只是单纯的倾向，两头的极端分别是兽性和天使，智人也在桥上，可根据情况前后移动。但尼采之桥没有皮科之桥那么稳，逻辑链也没那么清晰。

尼采保留了传统二元中的一极（动物），但以更为开放的东西来替代另一极（人类追求）。"超人"一词为"人类"添加前缀，但作用更像后缀（"人类"+X）。绳桥远端依然被迷雾遮蔽，前路不明，却成了猜测之后的"剩余价值"，这价值不仅超越了个体已经实现的一切，而且始终与人类自身有关。尼采不愿谈论比意志或权力驱动更根本的人类本质，因此几乎不可能清楚地了解这类低品质"超人"。正如彼得·斯洛特戴克所说，"超越之物无法系于相反的一极……本就用于测试微薄基础上保持平衡的能力"[23]。

尼采的绳桥没有出现半人、半动物、半超人的形象，而是将人性描绘成连接器，连接着确定与模糊，连接着生命与假设。查拉图斯特拉在提到人类是桥之前，一直强烈反对人性是复合体的观点。他谴责到，即使他那个时代"最智慧者"也只具有"二元性和杂交性"。身体和灵魂的分裂是查拉图斯特拉努力消除的关键谬误，因此谴责了人类分裂症之后，他以命令的口吻道："忠实于大地，不要相信向你们阔谈超世希望之人！"（《查拉图斯特拉如是说·序言》，第三节）地球属于绳索一端的"动物"，具有复杂的物质与生物学身体，人性悬于自然、继承的物质和理想，及其超越的目的地之间。后柏拉图时期，绳索的连接成了一种策略，试图重新统一那些不恰当地分成两极之物。

卡夫卡以超现实文学来解释这种状况：如果人是一座桥，那么悬空感觉如何？谁会从人桥上经过？这位幽默大师讲了一个小故事：

> 我冷得僵硬，成了一座桥，横跨在深渊之上，脚趾在一边，手指抠住另一边，紧紧地卡在逐渐崩塌的泥土中。外衣的下摆在身旁飘动，下方远远奔流着冰冷的鳟溪。没有游客会迷失在这不可通行的高处，任何地图上都找不到这座桥，我躺平等待；只能等待。一旦跨越，只要不塌，便不能停止为桥。
>
> 躺着等待了很长时间，焦虑的人桥终于有幸迎来第一位过客——尽管这并不令人愉快！过桥的人来到这里，手杖尖尖刺进桥茂密的头发，他——
>
> 双脚跳到我的身体中间，我疼得浑身发抖，不知道发生了什么。是谁？一个孩子？梦中美人？一个路人？自杀者？引诱者？或是毁灭者？我转过身去看他。一座桥要转身！我还没有完全转过来就开始倒塌，我倒下了，瞬间被尖锐的岩石撕裂穿透，它们曾一直平静地从湍急的水中仰视着我。[24]

这个寓言将尼采的文本焦点从高桥上通行，转为人桥承受的拉伸，提出了"谁在过桥"的问题，却没有给出答案。按定义来说，桥是超凡之人，此外再无更多说明。卡夫卡还做了点其他的事情，强调了对被踩踏者的暴力，进一步发展了尼采《查拉图斯特拉如是说》中桥上和桥下的内涵：

> 我爱那些只有从桥下走才知道如何生活的人，他们从桥上而过。
> 我爱那珍惜德性之人，因为德性是堕落之愿与渴望之箭……
> 我爱那为未来辩护并救赎过去之人，因为他想毁于当下之人……
> 我爱那人，即便受伤时灵魂也深邃，足以毁灭于一个小小的体验，因此他很高兴从桥上走过。
>
> （《查拉图斯特拉如是说·序言》，第四节；要点补充）

卡夫卡的寓言详细阐述了查拉图斯特拉过桥之说的第一步：通过毁灭来自我塑造。只要一开始就遵循自我超越的精神，自然会有这样的结果。事实上，查拉图斯特拉的序言强调，有的人"生而为桥，人生不是目的"，他们注定要为人类牺牲。先知警告说，过桥会造成无数牺牲（包括眼前之人——行走在紧绷的绳上，在查拉图斯特拉说出寓言后就坠落而死）。自我超越与被超越很难区分，是同一座桥的不同方面。

卡夫卡的悲喜剧人桥愉快地成为中转之地，却不知该支持什么超人，不知其固定结构的本体坐标，不知自我超越的终点目标，他只是一个为超越服务的构造，没有根基，悬在半空。这个寓言回到了尼采文本中唯一确定的事实，那就是当下不安定与出发点的状态：我们的物质与继承构成，通过文化想象，编织成绳。过桥的全部条件包括：(a)地球生命是第一个桥墩的基础——包括身体、动物或我们拥有的生命；(b)绳索的人类状况——历史赋予；(c)过桥的不稳定平衡；以及(d)需要跨越的深渊。最后一个元素在德语中称为Abgrund，是整个方程式中最重要的因素。有了深渊，桥就最有可能具有了合适的基础；深渊就是现实，是桥梁跨越的所在，是悬空设计的理由。

从哲学的角度来看，"深渊"一词表明，人类的行为缺乏坚实的理论支持。我们找不到必要和充分的理由，来说明信念和道德为何被塑造成现在的样子；政治与实际权力并非（必然地）来自知识；就连哲学也缺乏文化基础力量。尼采写道："每一种哲学都［仅仅］是一种前景哲学……每一种根据/地面①之后，每一次试图强化'根据'之后，总能找到'一个不可测的深渊'。"[25]

这使所有伦理道德陷入了困境。继承尼采学说的第一代学者罗伯特·穆齐尔非常聪明，以近乎卡夫卡式的方式阐述了这个隐喻的逻辑："传给我们的道德规范，传递于晃动的高绳，悬在深渊之上，仅仅告诉我们：尽量站直！此外再无建议。"[26]你倘若在空中行走，感受到智力的眩晕、时空的不安，这是"一种危险的回顾，危险的战栗"，有可能导致道德的停滞，时间和空间之中没有坚实的立足点。

从空中视角看来，现在的行动完全"不合时宜"——尼采反

---

① 英语和德语中的一词多义，"地面"和"根据"是同一个单词，这里取了双重意义，故用斜杠表示。

复用这个词来描述自己的生平和思想（比如《不合时宜的思想》收集了尼采1873—1876年的文章）。对于像哲学家尼采这样的"桥人"，总是"一只脚在生活之外"，属于"后天之后"，"他从旁观和远观中获益……回望过去来叙述未来"。自童年起，他"一直在路上，在异国他乡"。中年的思考也是"站着、搜索和等待"。这位看到了新未来的先知是一个"流浪者……一直在路上，没有目标"。他饱受位置焦虑①困扰，不断与威尼斯桥上经历的唯心主义恐惧②做斗争。27

所有这些都来自深渊和不确定的桥上之旅，为了克服这种焦虑——更重要的是用好这种焦虑——任何哲学家都不能被桥的目标或去向吓倒，必须将过渡转化为最终形态，找到自己的平衡。用斯蒂文·康纳的话来说，他必须学会"占据而非仅仅穿越空间，要将细如尘埃的钢丝之行变得厚重，成为栖息的居所"28。尼采没有提到具体怎样做，想必走钢丝的人需要支好一根长长的横杆，左右摇摆抵消绳索晃动，操纵横杆靠的是意志与自我管理。这里有两部文本值得一提，讨论了钢丝行走的传统主题以及其存在主义

---

① 位置焦虑（whereabouts-anxiety）是一种心理状态，指的是对自身位置或方位的不确定感，可能导致感到迷失、混乱、不安或恐惧。这种焦虑可能源于对新环境或不熟悉地方的不适应，或者可能是由于某些心理障碍或认知问题引起的。位置焦虑还可能与分离焦虑、社交焦虑、恐慌症等其他心理问题有关。

② 唯心主义恐惧是一种恐惧心理，源于一种认为自己的思维、感受和经验是整个世界的唯一现实，而其他人和事物只是自己心灵中的表象或幻觉的观点。这种恐惧可能源于对孤独、误解或失去现实感的担忧，可能导致人们过度关注自己的内心世界，忽视与外部世界的联系和互动。

伦理挑战，斯蒂文·康纳将其与尼采的作品相提并论。第一个文本是布拉瓦茨基夫人的《揭开伊西斯的面纱》(1877)。她认为19世纪下半叶，社会保持平衡地站在"一条看不见的紧绷之绳上，从可见的宇宙延伸至不可见……不知不可见的固定在信仰一端的部分是否会突然断掉，卷入最终的毁灭"。第二个文本则是佚名作者的《玫瑰十字会的秘密教义》(1918)，讨论的是平衡欲望和意志，认为需要"一对一穿透对立面——以法则平衡法则——大师能穿过细弱的钢丝，将欲望世界与意志世界分开"[29]。尼采的文本中重新阐释了这些术语：欲望是超人的世界，这个世界是出发时渴求的目标，而意志则关注于脚步与平衡杆。欲望和意志、绳和杆结合在一起，形成一个伟大的十字架，保护人们免于跌落。

  为了平衡，自我超越悬在空中，必须依靠意志，向前、向后、向左、向右调整，查拉图斯特拉走过"一座大桥"后才理解了这一点。一个驼背指责他道，跨越未来意味着对现在和过去的不宽容——好似不能容忍地球目前的状态。查拉图斯特拉是一位超越的先知，似乎只有不同彼岸的欲望与要求能驱使他的"渴望之箭"，他与驼背几乎毫无共同之处，否则就会被挫折和对生活的怨恨消耗殆尽。查拉图斯特拉为何过桥？难道仅仅是因为不能忍受/站稳在[①]那个时代的大地？自我超越之说当真建立在否定之上？查拉图斯特拉必须承认，事实基本如此，但这也意味着，如果他的桥只是为了将他带往另一个地方，他将始终无法栖息于永远短暂的现在。

[①] 这里原文 stand 同时具有"忍受"与"站立"的双重意义。

因此,查拉图斯特拉必须立足于无定位、不合时宜、失去方向的现在,才能发现目的。他明白要做到这一点,必须带着憎恶的过去向前,带回渴望的未来,融入永远踏足桥上的现在。将未来合法化,并赎回过去的损失,必须将过去与未来聚集在一起,融入无法避免、不断进行的现在。因此,桥上生活可以容纳双向意志,只有这样才能将天赋的命运("大地"和"动物"也是其中的一部分)当作定数,欣然接受;反之,耽于为我们的局限而忧郁愤怒,只会导向更加暴力的未来。

舞动的彩虹轮

许多事物之间原本相互分隔、敌对而不连续,然而意志以复杂的方式激活了事物之间的关联。不是自我主张("我愿如此"),这是自我超越的手段,是在远处以道德激情将超越视角引入现在的手段。通过认可过去和现在所做的一切,通过个体选择过程(个体认为是个体选择),过去和未来变得无所不在。如此一来,查拉图斯特拉最初所说的桥便有了新的解释,这座桥将意志从未实现的欲望陷阱中解放出来,从强制"超越"、否认与报复无法改变的事物中解放出来,"在我看来,(不再复仇)就是通向最高希望的桥,是漫长暴风雨后的彩虹"(《查拉图斯特拉如是说·毒蛛》),意志的解放将桥化作了彩虹。

风暴平息之后,彩虹从大地升上天空,又落回地面,表现为地面的超越,表现为一道不间断的弧线。意志前后移动,每座桥都成了圆，圆成了轮，锁定于自转的现在。尼采将彩虹桥与圆相连，与孩子的纯真、歌唱以及自我放纵的舞蹈相连，孩子是"一个新起点，一种游戏，一圈自转的车轮，一个最早的动作，一个神圣的肯定"(《查拉图斯特拉如是说·三种变形》)；孩子般的舞蹈在无目的的形成中，创造了有目的的行动；在无意义的进展中，创造了艺术的动作。桥、圆、彩虹、孩子和舞者形成了一系列思绪，赞颂着此时此地的融合。

"没有目标，除非圆之喜悦本身就是一个目标；没有意志……除了圆对自身的好意"[30]，即使如此，一个人依然存在，将"必需"而多样的灵魂，与世界戏剧性地交织在一起——

> 这灵魂以纯粹的喜悦，沉入偶然；这已存在的灵魂，投入形成；这灵魂曾已获得，但想要渴望与意志；这灵魂逃离自身，在最宽的圆中赶上自身……其中万物皆有顺流逆流、潮涨潮落。
> (《查拉图斯特拉如是说·旧榜与新榜》，第19节)

只有通过这种方式，"不合时宜"的哲学家和生活艺术家才能重新思考其不幸，在人生之绳上保持平衡。热爱命运①的一生，将命运看成定数，将实际视为可能。[31]

---

① 原文为拉丁短语 *Amor fati*，意指"热爱命运"或"接受命运的爱"。这个短语用来描述一种态度，即人们看到生活中发生的一切，包括痛苦和损失，都认为是命运的安排，从而接受并热爱这种命运。这种观念强调积极面对生活中的种种挑战，以一种平和、坦然的心态去应对。

这时，我们才能理解蒙克画中桥上孤独的沉思者和里亚托桥上歌手的隐含意义——出众、出乎自我、出入周围的环境，看似疏离的"我"被释放出来，也许能完整地体验时空。此"我"的隐藏体验如今变成了本质体验，借用莫里斯·梅洛-庞蒂的话说，"不需任何东西支撑……不是那种以此为基础的本质"[32]。这是自我关系中的存在，以悲喜与周围的事物发生多重联系。阿尔贝托·乔治·卡萨尼写到，这里不存在"固定的桥……每一个事物都是桥，通往每一个其他、每一点、每一条线，通向其他形式、其他图像……桥突然中断，就成了不断形成的瞬时之桥"[33]。

桥上的自我，可以回答前面提到的未来社会问题。尼采说，早期历史有集体之说：

> 兄弟们，我们这里可没有这种说法；只有国家……国家终止之处，才开始有并非多余之人：那里才开始有必需者之歌，那独一无二、无可替代的曲调。国家终止之处，——看哪，兄弟们！难道没看见通往超凡之人的彩虹和桥吗？
>
> （《查拉图斯特拉如是说·新偶像》）

在尼采的影响下，卡恰里等人提出了一个问题：人们能否以不丰盈的自我构成的无国家关系为基础，建立起新型社群。罗伯托·埃斯波西托对此表示质疑，除非一个社会能够欣赏"纯粹的关系"，例如"大树连接大地和天空、大桥连接两岸、门槛连接内外"之类的关系，否则无法建成松散的新社群。他指出，"纯粹的关系"可以进一步设想为"距离内外的统一；距离使人结合，分离使人接近"[34]。新社会的问题在于，自我超越精神能否帮助独立多重的自我建立深刻的根本联系。"单一"的自我能否找到一个结合点来融入不同的社会性，尤其是"国家"及其身份政治所培育的社会性，"在那里，每一个人，无论好人坏人，都失去了自我；在那里，所有人的慢性自杀竟被称为——生活？"(《查拉图斯特拉如是说·新偶像》)

第八章

海桥与自我

我的关系越多,我的身份越稀有独特。

——阿敏·马卢夫,《以身份之名》

沿海纽带

狭长的亚得里亚海,是百万年前地震撕裂意大利与巴尔干半岛形成的海湾。作为地中海的海盆之一,亚得里亚海宽度较窄(120千米~150千米),便于渡船,西岸由意大利管理,东岸则有五个国家,分别是斯洛文尼亚、克罗地亚、波黑、黑山和阿尔巴尼亚,当代政治划分远比历史上简单得多。过去,海湾经历了无数统一与分裂,周边的文化和政治环境极其复杂。

亚得里亚海海域人货往来频繁,人们一直希望这里有一座真正的大桥。21世纪初,乔治·德·罗马尼斯建筑团队曾计划建造大桥,但需数百万欧元投资及多国批文。修建海上的公路,主要不是政治需要,而是经济原因。计划中的亚得里亚海大桥从克罗地亚通往意大利,属于泛欧运输线路东西向的第五道走廊,横跨欧洲大部分地区，1994年欧洲曾计划延伸这条走廊，将葡萄牙首都里斯本与乌克兰首都基辅连接起来。亚得里亚海大桥设有大型浮动海上服务站，可以同时停靠两百艘船只，能够满足欧洲经济体日益增长的大规模运输需求。

巨型海桥将从根本上改变意大利与地中海的地缘关系，使一个被海洋紧紧包围的国家成为面向宽广海域的国际码头。受自然力的作用，意大利从北到南的码头纵横排布，看起来像个十字架。一百年前，政治家萨尔瓦托雷·巴利扎伊激励意大利人要做地中海的政治霸主，他把意大利半岛看成一座"投掷桥"（ponte lanciato）：一座从欧洲到非洲海岸及其他南方领土的桥。[1]这里的lanciato是个动词，原意是投掷发射炮弹，巴利扎伊的说法暗示这个刚统一的国家拥有像长矛一样的空中打击力量（在1895—1896年第一次意大利—埃塞俄比亚战争中，意大利饱受长矛之击，1935—1939年第二次意埃战争依旧如此，意大利一直在为战争失败的灾难辩解）。20世纪初，意大利成了欧洲进攻非洲和中东地区的前线。

第三个千禧年极大削弱了欧洲的未来主义与帝国主义，意大利不再是前线，而更像桥头堡，是每年成千上万外来移民的登陆点。德·罗马尼斯2008年制订大桥计划之时，欧盟尚未真正感受到移民问题的压力，那时他认为大桥将成为东西方的连接点，离心倾向会从地理上扩展意大利半岛，补充南向引力，亚得里亚海大桥将使意大利在欧洲来往中享有特权，成为"通往东方的新门户"[2]。

多年以来，海岸国家力促文化交流，这位工程师的美好愿景只是许多交流项目之一，而早期亚得里亚海周边的交流远比建桥之想更加多样易变。19—20世纪，民族主义和分裂主义运动将巴尔干地区变成了分裂和冲突的隐喻，只有亚得里亚海以"桥文化"跨越了民族和宗教边界。[3]海湾北端的威尼斯共和国有着悠久的航海和贸易历史，另一端刚刚崛起的奥斯曼帝国则是多民族多宗教国家，其"统一的基础在于多样性"[4]。奥斯曼帝国国内的武装冲突与叛乱不断，但与巴尔干半岛其他民族的交往一直稳定而持久。奥斯曼土耳其人是一个被同化的民族，这个民族形成于与斯拉夫人、意大利人、犹太人、阿拉伯人、东正教和天主教基督徒的长期接触，其宗教、语言、技术和音乐都来自他们占领的土地与海洋，根据自己的需要调整和接纳了当地的信仰习俗，同时传播着自己的文化。无论是和平时期还是战争时期，奥斯曼人从未坚持对巴尔干地区行使完全主权。他们与威尼斯人、塞尔维亚人、波斯尼亚人、阿尔巴尼亚人、保加利亚人和奥地利人管理的王国、公国和附庸国，如黑山、拉古萨共和国（杜布罗夫尼克）、科托尔和费尔维德克（上匈牙利）等国家，在权力动态平衡中共存。[5]奥斯曼人将罗马人视为榜样，占领亚得里亚海东岸时像罗马人一样乐于接受当地的多样性，并允许保留其文化特征。

巴尔干半岛南部民族众多，有一个地区名叫"马其顿"，在意大利语和法语中的意思是"切得很碎的水果沙拉"。至少从公元前700年的古希腊科林斯人开始，亚得里亚海两岸的人们就开始了互惠的宗教和商业交流。多个世纪以来，谷物、盐、糖、葡萄酒、木材、油、织品、铁器、技术、神话和文化习俗在亚得里亚海地区流通，可能比地中海盆地中除爱琴海以外的任何地方都更加活跃。[6]普雷德拉格·马特维耶维奇出生于距离亚得里亚海岸70千米的莫斯塔尔地区。他写到，自中世纪开始，亚得里亚海沿岸的中间地带构成了——

> 拉丁文化和拜占庭文化的交汇处、基督教内部重大分裂之地、神圣罗马帝国和奥斯曼帝国的分界线，以及基督教和伊斯兰教的战场，亚得里亚海湾地区与地中海文化共生，成为东方/西方、北方/南方、陆地/海洋、巴尔干/欧洲等对立势力的"第三方"，不像其他地区那样土生土长。[7]

亚得里亚海上，船头指向海外，指向不曾造访的海岸，停靠船只的贸易城镇推动着桥文化。拉古萨和的里雅斯特被指定为自由港，海关规则非常优惠。除此之外，还有意大利半岛西部的阿马尔菲、热那亚、利沃诺和比萨，以及地中海南部和东部的几个港口，都发挥了类似的作用。19世纪下半叶，"僵化的民族国家排他主义"兴起，"汇聚的地中海"化作许多"世界性大都市，包括伊斯坦布尔、士麦那、贝鲁特、亚历山大、阿尔及尔、的里雅斯特和马赛等"[8]。1600—1900年，土耳其古城士麦那大力支持自主贸易，吸引了无数英国人、荷兰人、法国人、意大利人、希腊人、亚美尼亚人和犹太商人，整个欧洲都无法与之相比。[9]事实证明，桥式人物对贸易交流至关重要，许多学者、旅行者、外交官、宗教使者、艺术家和作为文化中介的译者，都成了复杂经济网络的重要环节。埃德加·莫林是一位博学的哲学家，他祖父的故事就很有代表性。他的祖父"是出生于莱贡的塞法尔犹太人，在萨洛尼卡定居，会说意大利语、法语、土耳其语、希腊语，并在法国和比利时的领事馆工作"[10]。

桥梁城市使交流更加灵活，削弱了海陆所有权要求。正是主权要求，将19世纪意大利的民族主义转变为自由主义和法西斯主义，激发了帝国主义野心。贝尼托·墨索里尼上台之前，卡西奥的《亚得里亚海》（1915）和西拉尼的《我们的海》（1918）中，把亚得里亚海乃至整个地中海称为"我们的海"，将周边水域纳入意大利的国家特权，这是古老的罗马帝国思想。20世纪20年代，墨索里尼上台后，意大利吞并了亚得里亚海东部狭长的海岸地带，直到达尔马提亚。帝国主义促生意大利化政策，强迫当地居民使用意大利语，禁止其他语言教育，强迫斯拉夫居民改成意大利名字，导致沿海地区约十万人外逃。[11]

博塞蒂称之为"种族灭绝"，这种政策必然遭到反噬，意大利人也成了受害者，许多居住在亚得里亚海东岸的意大利人二十年后逃离家园，只因第二次世界大战后这些海岸被赠予南斯拉夫。[12]"我们的海"是一种顽固不化的、站不住脚的观念，本质上不承认亚得里亚海是混合的、多文化的居民区，而将其当作帝国主权的天然权利。[13]然而，无论如何援引本土、种族、地理文化先例，都不能抹杀其多元性。法西斯头子加利佐·齐亚诺将1939年意大利对阿尔巴尼亚的入侵说成"阿尔巴尼亚和意大利之间二十二个世纪以来关系的必然结果",暗示阿尔巴尼亚人和意大利人的前基督教争端从此得以解决。就在齐亚诺说出这番话的现场,法国哲学家西蒙娜·薇依不失时机地提醒听众,公元前170—前169年,罗马帝国民兵反击当地居民对其政治主权的不敬,掠夺沿海七十个城镇,将十五万阿尔巴尼亚人卖为奴隶。[14]

失望之桥

1939年,也就是齐亚诺发表声明那一年,欧金尼奥·蒙塔莱在一首诗中谈到了地中海地区个人和国家的主权困境。诗歌《朵拉·玛古丝》中隐藏着许多历史信息,诗歌开头如下:

> 远去公海的木码头在哪里?
> 在意大利的科西尼港。
> 少见的人,几乎静止不动,
> 撒网或起网。挥一挥手,
> 指向看不见的对岸,
> 那是你真正的祖国。[15]

这首诗歌隐晦而含蓄地描绘了一个想象中的女人,站在亚得里亚海此岸,思念彼岸的故乡。科西尼港的木码头上,她面向着海那边的故乡,那是真实却看不见的祖国。1904年至1915年,詹姆斯·乔伊斯曾居住在的里雅斯特,距离海岸以北不到322千米。

图8-1 马修·霍瑟，布莱顿废弃的西码头（2017）。
艺术家提供

在他看来，码头只是一座失望之桥[16]，从陆上突起，却无法到达彼岸。（图8-1）社会学家佛朗哥·卡萨诺写到，每一个码头"诱惑着人们航行、离开、追逐地平线上的乌托邦，却永远抓不住"[17]。蒙塔莱的诗歌中，码头与朵拉的挥手都无法连上望眼欲穿的对岸，失望之桥化作高塔，便是顶天立地的雅各布之梯①。[18]蒙塔莱以"远去"公海的码头（mette sul mare alto）唤起了桥、甲板或者船的印象，因为这三者在意大利语中是同一个单词ponte。

---

① "Jacob's Ladder"（雅各布之梯）是一个英语短语，源于《圣经》故事，描述了雅各布在梦中看到一个梯子，天使在梯子上攀爬。这个故事象征着上帝与人类之间的联系和沟通，梯子代表了人们通过信仰和努力攀登到更高境界的过程。

257　　　　　　　　　　　　　　　　　　　　　第八章　海桥与自我

诗歌背景是科西尼港，在意大利北部城市拉文纳外围。朵拉挥手的方向是东边的伊斯特拉半岛，木码头有船开往那里。伊斯特拉半岛现在属于斯洛文尼亚和克罗地亚，但在1918—1926年，蒙塔莱写下这首诗第一部分时，伊斯特里亚半岛还属于意大利，1918年之前则是奥匈帝国的财产。伊斯特里亚半岛正北方就是朵拉"真正的祖国"卡林西亚（Carinthia）。这首诗的第二部分写的就是卡林西亚，全诗出版时（1939），朵拉已经回家了：

> 如今在你们自己的卡林西亚，
> 盛开的桃金娘与池塘，
> 弯腰看着
> 害羞低语的鲤鱼……

（第29—32行）

如今的卡林西亚可不像科西尼港那么有名，是一片横跨奥地利、意大利和斯洛文尼亚三国交界的延伸150千米的土地，政治上分成了三块，那里就是蒙塔莱斯虚构的朵拉·玛古丝隔水相望的家国，简直是一种讽刺。1926年至1939年，卡林西亚民族混杂，政治身份充满争议。第一次世界大战后，一部分土地并入意大利（西南部的卡纳莱山谷），另一部分并入由塞尔维亚人、克罗地亚人和斯洛文尼亚人构成的新王国，其余一小部分并入了奥地利。

蒙塔莱的诗歌中，作为家园的"卡林西亚"并不是一个真正的国家——至少不是一个当地居民保有政治主权的国家。第一次世界大战之后，亚得里亚海东北部大部分地区都面临着同样的问题。1919年，伊斯特拉东部，意大利英雄诗人加布里埃尔·邓南遮带领意大利军团，占领了阜姆（里耶卡）[①]，当时的美国总统伍德罗·威尔逊与三国协约[②]，准备将该地区的统治权移交给塞尔维亚人、克罗地亚人和斯洛文尼亚人的王国。一年后，意大利将一群支持诗人邓南遮的激进分子赶出了有争议的沿海地区，允许其独立，并正式与新王国达成协议，承认"永远尊重……阜姆国完全自由独立"，一直持续了四年。1924年，墨索里尼说服南斯拉夫人宣布阜姆独立无效，将其并入意大利，控制了亚得里亚海的东北部海岸，直到30年代。

卡林西亚的争夺不像阜姆地区那么激烈。南斯拉夫并不满足于1919年《圣日耳曼条约》分配的领土，继续占领了分配给奥地利的地区。三国协约进行干预，将有争议的地区划分为斯洛文尼亚人管理的A区和奥地利人管理的B区。会议决定由斯洛文尼亚A区举行公民投票，决定从属于哪一国。令人惊讶的是，大多数人

[①] 阜姆（意大利语Fiume）和里耶卡（克罗地亚语Rijeka）都是指同一个城市，这个城市位于克罗地亚和意大利的边境，亚得里亚海沿岸。意大利统治时期被称为Fiume，而在克罗地亚独立后，名称更改为Rijeka。这个城市是克罗地亚的主要港口之一，也是克罗地亚第五大城市。

[②] 三国协约（Triple Entente）是指第一次世界大战期间，英国、法国和俄罗斯三个国家组成的军事同盟。这个同盟旨在对抗德国、奥匈帝国和意大利组成的三国同盟（Central Powers）。在战争期间，三国协约的成员国之间保持着紧密的军事合作，对抗共同的敌人。然而，在战争结束后，随着各国利益和目标的变化，三国协约逐渐瓦解。

第八章　海桥与自我

赞成并入奥地利,因此A区和B区都归属于奥地利。一个月后,在同一部确立阜姆主权的《拉帕洛条约》中,南斯拉夫王国同意了与意大利的新边界,并将占地面积约172平方英里的卡林西亚割让给其西部邻国,无数历史事实都隐藏在被蒙塔莱称为祖国的卡林西亚之中。

政治动荡加剧了卡林西亚问题。1939年,蒙塔莱写下诗歌的第二部分,不到一年之后,希特勒将奥地利(和卡林西亚一起)并入了德意志第三帝国。《朵拉·玛古丝》这首诗的结尾,纳粹统治正威胁着这位从拉文纳海岸回到卡林西亚的老妇人,从名字可以推断出她是个犹太人:

> 拉文纳多么遥远,残酷的
> 信仰提炼出毒药,究竟
> 想要怎样?声音、
> 传说、命运都不能放弃……
> 可惜晚了,终归晚了。

(第57—61行)

诗中残酷的信仰(fede feroce)表明,像玛古丝这样的犹太人,在卡林西亚无法生存。

从始至终,蒙塔莱诗歌中指向的家园之桥,精神内涵一直在变化。身在意大利时,朵拉可以将卡林西亚想象成比拉文纳更有归属感的地方(拉文纳是拜占庭帝国的前首都,1926年叶芝的诗歌《驶向拜占庭》写的就是这里，充满了历史沧桑感）。然而真正回到家园后，朵拉却悲惨地困在其中。诗歌后半段讲的是1939年，新意象包括一面发黑的镜子和一条生怕上钩的鲤鱼，笼罩在"错误"与"流浪"（可能是流浪的犹太人）的阴影中，映衬着卡林西亚看起来很美的田园风光（第29—45行），这些意象明确地表达了生命的压抑。卡林西亚和之前的拉文纳一样，已在概念和政治上成为过去，如黄昏时分破旧口琴奏响的悠扬和弦（第51—53行）——朵拉的时间不多了。这首诗总结到，历史具有破坏力，什么都难以保留，只能留下生命的痕迹——"声音、传说和命运"（第60行），正如诗中的期待，期待人们反思历史中记录的隐含意义。

科西尼还有另一段充满讽刺意味的历史。按照意大利的标准，科西尼港口的建筑比较新（20世纪60年代，这里曾有许多欧洲大型工业精炼厂），港口提供每周两次的轮渡服务，通往克罗地亚一个叫作罗维诺（Rovino）的小镇。[19]轮渡连接着分裂的亚得里亚海岸，或许能为蒙塔莱诗中的流亡之苦带来些许慰藉。2013年，克罗地亚加入欧盟后，意大利度假者涌向了伊斯特拉半岛罗维诺的海滩，可惜罗维诺的历史绝不会令意大利人舒心。小镇罗维诺之前叫作罗维尼奥（Rovigno），伊斯特拉方言中称为鲁维涅奥（Ruveigno），克罗地亚语中叫罗维尼（Rovinj）。几个世纪以来，小镇居民主要是意大利人。第二次世界大战期间，德国军队入侵罗维尼奥海岸线，战争结束时落入南斯拉夫的铁托手中。此时，伊斯特拉和阜姆刚从意大利易手到南斯拉夫共和国，居住在亚得里亚海沿岸的15万～35万意大利人疏散回意大利，回到另一个更古老的祖国：海那边的国家。[20]

科西尼是轮渡前往罗维诺的起点，无意中揭开了意大利的历史创伤（不仅是卡林西亚大区历史）。如今的游客码头——就像朵拉挥手的码头——通往伊斯特拉半岛小镇的"命运"与"传奇"。蒙塔莱的时代，那里无论是政治还是人口状况都很符合意大利的情况。（需要指出，当时移民是双向的；第二次世界大战后意大利人离开此地，类似于早前法西斯统治时期斯拉夫人小规模离开意大利。）1911年，哈布斯堡帝国最后一次人口报告显示，罗维诺97.8%的人讲意大利语。一个世纪后，情况发生了逆转，大约76%的城镇居民自认为是克罗地亚人。[21]如今，轮船把度假的意大利人送往不再属于自己国家的海岸。小镇罗维诺作为科西尼港码头的新目的地，破坏了蒙塔莱诗歌始终围绕的主题——一个关于"真正的祖国"的神话。第二次世界大战让来自亚得里亚海两岸的流亡者，凝视着大海对面看不见的父国（*patria*）①。

蒙塔莱的诗歌串联了几道被毁之桥。巴尔干半岛上，一个民族总是认为自己比另一个民族更优越。朵拉的故事在诗歌创作前后从未停止生长，这首诗以一位犹太女性作为政治流亡者的象征，

---

① *patria* 是拉丁语词汇，意为"祖国"或"家园"。在古代罗马帝国时期，*patria* 通常指代罗马公民的出生地或祖居地，同时也可以表示对祖国的忠诚、尊重和热爱。原文为英文 fatherland，这里翻译成父国，意思是父亲的土地，与 motherland（母亲的土地）相比，fatherland 更强调祖国的象征性，即祖国是一个家庭中的父亲形象，代表着力量、保护和指导。

代表了所有身份与地缘政治分隔的人。历史变迁始终围绕着的一道伤痕就是"真正的祖国"（*la patria vera*），多么缥缈空洞的符号，在诗歌中恰当地描绘为码头所指的看不见的远方，那个名叫卡林西亚的地方——其实只是全球范围内无数有争议的、多民族的跨国区域之一，不同的群体都声称那是他们的故乡，然而像朵拉这样的女性、这样的边缘群体，却不在其中。

从码头到海洋

码头是水上之路的起点。意大利语中，码头和桥来自同一个词根pons，似乎提醒我们桥并非固定的结构；大海（pontos）才是一成不变的存在。[22]对于希腊人和腓尼基人来说，地中海只是一条通道，超越了河湾、峡谷和海湾，延伸到爱琴海、爱奥尼亚海和阿尔伯兰海等可通航的海盆，成了不同海岸之间的中转通道。赞美大海者说，地中海现象给沿岸居民强烈的"命运与宿命感，多么壮丽的景象：看着海平面，思绪越过了地平线"[23]。这种观看方式已嵌入地中海（Mediterranean）的词汇构成，这个英文单词可以拆分成Medi和terranean两部分，分别是中间与陆地的意思，合起来就是陆地中央的空间，实际上地中海位于三个大陆之间。海边看到的地平线，是水天之间的分界线，被几块陆地破开，这些邻近而独立的土地上，传统与风气各不相同。学者们认为，这样的地理基础使地中海居民具有了共同的情感与思想理解、多元性与改变性。[24]土地无比坚硬、令人疲惫，更兼有无法逾越的山脉；相形之下,土地间的流水吸引了新颖各异的桥式行为。

古希腊悲剧大师索福克勒斯的悲剧《安提戈涅》中有一段著名的"人颂",赞美这个学会了耕地、捕鸟和建造房屋的物种。赞美之前,诗行将人类生活与动态的桥上之海对立起来:

很多东西都很奇怪,但是
没有什么比人更奇怪。
冬天的南风中,
他从漂着泡沫的水上起航,
穿越群山
与愤怒的海浪之隙。[25]

人类这个最奇怪的物种,最奇怪之处是即使心怀畏惧,依然愿意踏上海上的旅程。海上风险很高,出海的动机显得不太自然,最难的是穿越水系元素的奇异边界,使之可以航行,可以熟悉操纵,从而与大陆地相连。索福克勒斯之后两千年,政治理论家们思考新欧盟的约束性原则时,地中海的其他含义也进入了人们的视野。威尼斯市长、哲学家马西莫·卡恰里提议将欧洲诸国以群岛的方式连接,将海洋作为独立自治国家之间的通道。[26]威尼斯水手是世界公认最好的水手,比大多数人更懂得如何在欧洲、非洲和亚洲之间航行。1993年成立欧盟,这是一个由当代独立民族国家组成的群岛,需要更加复杂的通道来连接,再加上欧洲大陆边界复杂,"堡垒欧洲"①隐喻着内外冲突不断,地中海又是一整片缺乏弹性的海洋,削弱了哲人的群岛之说,使开辟交流通道显得尤为艰难。[27]地中海沿岸的众多国家中,有些既无威尼斯人高超的航海水平,又无盟国欢迎登陆,他们该怎么办呢?还有许多非欧洲移民,欧盟成立之前就在海上冒险,如今该何去何从?

伊斯特拉人和达尔马提亚人离开南斯拉夫半个世纪之后,数以万计的阿尔巴尼亚人越过亚得里亚海来到意大利海岸。还有许多撒哈拉沙漠以南的非洲人、叙利亚人、利比亚人、罗马尼亚人、伊拉克人和突尼斯人也随之而来。意大利的兰佩杜萨岛以及希腊的某些岛屿成了临时的、不稳定的、过渡的码头,向他们招手。欧洲大陆移民奔向海市蜃楼,而非现实世界,他们前行的方向受到了一系列复杂的经济、技术和文化引导。由于没有政治条约建立并保障的制度之桥,唯一可行的便只有越境者以小船密道拼凑起来的"桥",人们登陆之后才发现这条通道既不完整,也不安全。[28]他们来到异乡,成为双语双文化主体,投身于世间无数人口稠密的大都市。他们形成的混合的、阈限的生活环境最终会使他们的所来之地成为过去。

---

① 堡垒欧洲(Fortress Europe)这个概念主要是指欧洲大陆在历史上曾有许多国家争夺权力和领土,导致了一系列战争和冲突。同时,欧洲也以其城堡和要塞闻名,这些要塞在历史上起到了保护国家和领地的作用,这个词主要用于形容欧洲历史上的政治动荡和军事防御特点。在当地,堡垒欧洲通常用于形容欧盟的移民政策和边界控制,暗示欧洲国家在应对移民危机时采取了一种防御性的姿态,通过加强边境管控和设立移民壁垒来保护欧洲大陆免受外部影响。

迁徙与流亡

过去三十年的移民体验研究中，文化之桥是终极问题。20世纪60年代，土耳其与德国达成劳动力移民协议，但许多土耳其人来到德国后产生了自我怀疑，其中的文化冲突尤为突出。第一代和第二代移民将生活转化为叙事，就成了文化之桥。对于长期生活在大洲分界线上的土耳其人来说，桥的形象非常典型、独具魅力。几个世纪以来，安纳托利亚人（土耳其人的别称）自认跨越亚欧、脚踏东西。埃米内·塞维吉·奥兹达玛的《金角湾之桥》（1998）等作品，以尊重而坚定的笔触描写了土耳其移民的离境文化，也难怪他们很难同化融入入境国的文化。这部自传体著作中多次出现桥的形象，可见桥在土耳其文化中扎根至深，书中第一代土耳其裔德国人以桥自喻，认为他的位置处于自己不完全归属的两地之间。世界各地散居与回归的移民常常成为居间之桥，移民们成了漂在同一片海上的文化孤岛，以临时或长久的海上航道为桥[29]，文化差异不欢迎一成不变的标准化人际关系。

这样的生活充满了空隙，需要另一个桥式过程来填补，那就是写作，通过写作将生存之桥化作语言之桥。双文化体验特别需要包含并跨越两种不同生活领域的词汇，以便单语和多文化读者理解。移民作家的双语体验，翻译成文学表达之后，就有可能转化为多语或跨语言体验。[30]

土耳其裔德语作家对于桥的解读非常自由，但某些研究第二代和第三代作家的理论批评家认为，跨文化之桥是一个过于狭窄的概念框架，无法阐明跨国主体的复杂性，移民本来就充满了自我怀疑，而桥的隐喻进一步限制了他们扩大空间。[31]日籍德语跨文化作家多和田叶子惊叹道：

> 架桥之说令我惊恐。我站在海岸边，海岸突然变成一只手，拿着短棒敲打对岸，它就这样被迫变成了一道纽带，令我想起连字符：德国—法国。第一世界和第二世界不可能被魔法棒一点，就变成第三世界。[32]

无论是移民还是非移民，无论是多元文化还是表面上单一的文化，人类的自我理解中总有两个以上的因素在起作用，即使把跨国主体称为"混合体"，也会让人觉得理解文化发展的方式过于二元。然而，桥的隐喻并不意味着将两种预制物质（通过多和田叶子的魔杖变成第三种物质）焊在一起，也不是与空隙、相遇和接触的对抗。因此，桥的隐喻常用于讨论身份表达，多和田叶子使用了"门槛"与"过渡空间"等词汇，此外还有古斯塔沃·佩雷斯·菲尔马特的"连字符身份"、阿扎德·塞伊汗的无融合对话、霍米·巴巴和爱德华·苏贾的第三空间等。[33]这些术语描述的状况与过程包含着文化空间的动态过渡或转换，而文化空间正是来自桥的主动创造（2007年，多和田叶子将有关桥梁恐惧的文章翻译成英文发表，同年还出版了小说集《面对桥梁》英文版）。桥并非中立地连接着所谓的自主空间、文化或有关移民体验的话语地带，而是促进互动的媒介，将不同现象引向第三个半非场所①。海德格尔写到，桥的运作空间汇聚于"穿越的通道"（passage that crosses）[34]，由近及远，同出同入。霍米·巴巴关于文化边界的论述更适用于桥（他没有明确区分二者），他认为这是"事物开始出现"的地方。[35]桥通彼岸，打开了那边的领域以便于理解。

大多数移民的生活并不是两种文化基础的融合，而是对其中一种更加敏感，重新塑造了二者。一个人面临的文化过渡特别困难时，这个过程会变得漫长而抽象。用萨勒曼·拉什迪的话来说，知识分子移民之后，经历过最深层的挣扎，更有可能产生伟大的人物——

> 他们扎根于思想而非空间，扎根于记忆而非物质；他们不得不将自己定义为"他者"——因为别人就是如此定义他们；他们最深层的自我中发生了奇怪的融合，前所未有地融合了他们的过去和他们对自己的解读。移民们怀疑现实：经历过多种生存方式之后，知识分子理解了这一切的虚幻性。要看清事物，你必须跨越边界。[36]

这就是菲尔马特所谓"连字符上的生活"，站得远看得清不仅意味着在自己居住的空间发现异国氛围，而且还能在自己体内感

---

① 半非场所（semi-non-place）描述了一种既不完全属于现实世界，也不完全属于虚拟世界的空间。这种空间通常具有模糊、不确定和短暂的特征，介于现实与虚拟之间，难以精确定义。半非场所可以包括多种形式，如虚拟现实、增强现实、混沌空间等。

知到异国元素。

自传——对生活的自我书写——跨越的桥比连接领土的桥更重要。许多人生活的土地一再易主，他们轻易失去了民族身份。普雷德拉格·马特维耶维奇的自传《奇妙世界》描述了这位来自前南斯拉夫、前社会主义国家的塞尔维亚足球运动员脚下走过的无数文化变迁。罗萨纳·罗桑达应邀作序，书中的一切，她感同身受——

> 我是地中海和亚得里亚海岸边的人，但这是一个国家吗？这是一种颜色，是岩石和海洋之间的通道；瞬间变成了地理学。也许我唯一的渴望，就是渴望再也看不到它。[37]

罗桑达所说的渴望，是一种明显的缺失感，使人们迫切地想要表达自己，追求绝对的理解——政治洗牌与重新开局进一步激发了渴望，同时阻碍着表达与理解。她太希望地中海和亚得里亚海"瞬间变成地理学"，她拥护过渡，不再在意渴望的虚幻对象，即祖国与民族。罗桑达思考着马特维耶维奇所说的文化与民族之外的归属感，认为如果归属感的确存在，也必须把主权领土的概念抛之脑后。她坚定地表示："我要歌颂无国籍状态（即没有国家的状态）……伊萨卡岛国王尤利西斯[①]回到伊萨卡后又一次离开，从此杳无音讯，无法居住在过去的同一座岛屿、同一片天空和同

[①] 尤利西斯（Ulysses）就是荷马史诗中奥德修斯（Odyssey）的拉丁名称。

一片海洋,这一点令我很深受震动。"[38]有时,归属感摇摆不定,开始流动,国土与桥的角色便互换了;桥成为更重要的居所,这是移民作家在双语与文化协商中获得的第二天性。这里说的移民作家主要包括格雷戈尔·冯·雷佐里、乔治·普雷斯布格尔、卡尔米内·基埃利诺、多和田叶子等。

罗桑达的无国籍使我们回到了被桥横跨的水域。地中海历史小说家阿敏·马卢夫将半自传小说的背景设为后国家身份认同的关键:

> 我的身份由多种归属构成,这正是我的特殊之处……对我来说,大海是一条通道;对其他人来说,大海是一个障碍、一道边界,但对我来说不是……这种态度早已沉淀于塑造我的文化中,可以从我祖先的旅行说起。三四千年前,他们登上船,扬帆出海去探索海的世界,对他们来说大海是巨大的财富。后来,战争迫使我离开,我怀着与祖先同样的心情登上了船。对我来说,大海永远不是障碍。在这一点上,我是深刻的地中海人,甚至是腓尼基人。对我来说,大海是一条宽敞的通道,连接着世界上所有的国家。[39]

马卢夫强调,地中海周围的人相互塑造,冲突时也不例外:"当今世界分裂成不同的文化与整体,调解着人们的归属感。"伊斯梅尔·卡达莱的祖国阿尔巴尼亚,深陷亚得里亚海海域的民族和种族纷争,卡达莱为此深感不安。他相信,如果"这片海与欧洲真正融合,许多问题将迎刃而解"[40]。

脑桥与胼胝体[①]

其他运行系统类似于移民路径、船只与海洋的关系。在人类认知领域，神经细胞通过突触传递电信号或化学信号——突触是神经元的连接点，也是信号交流之处。19世纪神经生理学家查尔斯·谢林顿选择了"突触"这个词（来自希腊语 synaptein，原意是扣紧、连接、绑定在一起），强调独立元素之间的结合。电子神经递质通过突触间隙或突触裂隙与受体连接。突触两侧神经元同时活动时，这种连接会显著增强。就像文化交流一样，神经通路两侧的活动越活跃，注册保留的信息就越多。科学家将突触间的双向电子神经通信与不分隔突触的神经元之间的单向耦合区分开来。这种单向连接被称为"突触传递"（来自"触摸"的概念），也被称为"单行""主从"或"单向"同步，有点类似于文化交流中的主从关系。[41]

突触神经传递是一回事，脑桥是另一回事。脑桥使局部冲动、信号和原生愿望在大脑上下部之间传输。脑桥位于延髓椭圆形结构上方，是睡梦大量发生之处。梦境活动意味着经验感知与想象力之间的关联。脑桥后方是中脑导水管（一个以水道命名的器官），因此脑桥还调节着身体的睡眠和觉醒周期、呼吸、平衡、听

[①] 脑桥与胼胝体是脑中的两个结构。脑桥是脑干中的一部分，位于脑的中央，连接了大脑和脊髓，主要负责传递神经信号，控制睡眠、觉醒、体温调节、食欲和消化等生理功能。胼胝体是大脑的两个半球之间的纤维束，负责连接大脑的左右两个半球。通过它，大脑的左右半球可以相互传递信息，实现协调运动、语言、视觉和认知等功能。

觉和味觉。

大脑的更高处，有一束厚厚的神经纤维同样发挥着桥式连接功能，一般称为"胼胝体"，连接着大脑的左右半球。右侧大脑半球主要负责管理空间和非语言任务，左侧擅长说话和写作。左侧大脑半球主要负责逻辑分析，右侧则是综合、想象力与直觉。大脑左半球通过重要的交叉逻辑，控制着身体的右侧，而大脑右半球则控制着身体左侧。大脑两个半球之间通过胼胝体的神经纤维连接，而不像神经元那样被隔开，从而可以共享信息并相互影响。

有效的思维活动依赖于神经纤维束的持续沟通，每一根纤维都将大脑一侧的点与对侧另一个点连接起来。胼胝体将大脑分开又连接，将感觉、认知和运动信息从"起点"（即首先记录的地方）传输到不同的区域；然后，数据输入另一个信息系统，由另一种语言或代码进行处理。如果神经纤维像桥一样不断地传输，大脑只能发出混乱、不完整的指令，就连系鞋带或眼睛识别物体这样的简单任务，也会变得困难无比。

研究表明，女性的胼胝体比男性更厚，神经活动程度更高，支持长期以来关于认知二形性（双脑结构）和性别差异的观点。[42] 男性大脑活动比女性更加分隔化或单侧化。女性的大脑脑桥更厚，双侧双腔：更倾向于将现象视为整体，而非孤立的部分，在解决问题时也能平衡更多不同类型的数据。相关研究仍在迅速推进，无论生理差异最终对不同性别产生了什么影响，两性的胼胝体都能协调大脑活动交互，形成一个人的连贯行为。可以说，看似自动、反射或孤立的身体行为，实际上经历了复杂的协调，有赖于大脑之桥上无形的往来。

胼胝体在人类认知表现中的作用可能与性别行为有关，也可能无关；可能对人群的政治态度产生影响，也可能没有影响，因为政治态度涉及身份同情与分歧对话，还有与其不相容的权威统治。这些差异区分出特殊主义者与多元主义者——或者说"追求文化纯洁的国家"与"追求多元文化的国家"[43]。两院制政治就反映了这种思维方式，要求整合两方的片面观点来做出决策。这一制度规定任何立法机构都应当建立两个独立组织（例如美国的参议院和众议院），充分协调二者可以最高效地完成最复杂的工作，因此两院都需要获得多数共识才能立法。

自我与反自我

威廉·巴特勒·叶芝也曾端坐在议会①，赞同两院共识的制度。他将这种相互交织的关系称为自我和反自我，认为人类是二者渐行渐远的产物。"我"（思想家格奥尔格·格罗德克称之为"它"）横跨的空间超过了它相信或运行的空间。[44]它反思内在的不良倾向（例如攻击性、胆怯或懒惰），追求着天生不具有的性格特质（例如利他主义、勇气等），结果导致心理冲突。不同的倾向、愿望、理想和需求相互竞争，争夺主导地位，没有执行官管控分歧。叶芝曾经仔细阅读过尼采的这段话："我与多元存在（本能、思想等）

---

① 1922年，叶芝进入爱尔兰参议院。

无关；自我是个人类型的复合力量。"⁴⁵

叶芝对自我实现的日常过程不感兴趣，而更在意伦理和想象力的创造空间，二者的进展都取决于一个人能否积极看待潜在可能——一方面承认个人和历史的局限性，另一方面受到情感、智性和生存项目①的推动。潜力空间之内，叶芝找到了以自我为对手的紧张感，将其称为"戴蒙/守护神"（daimon）②。这个词汇源于希腊语 *daiomai*，原意是"分开或割裂"，心理学认为日常的"我"与内在或超越它的反自我迥然不同。早期哲学家经常用"精神"（*pneuma*）或"灵魂"（*nous*）来描述这种力量，认为它能够以神秘的心理意志作用于人类动物。赫拉克利特将灵魂视为人类心灵与宇宙逻各斯秩序之间的中介。苏格拉底经常听到戴蒙在他理性的心中发出神性的正义之声，似乎期待理性与神性和谐统一。通过对话，苏格拉底心灵最深处的"我"成了汉娜·阿伦特所谓永恒的思想"二合一"，不再是单纯的意见表达，或误称其为"空谈"（pontification）。这种对话或互动不仅是思考与智力反思的源泉，也是其力求完善的目标。"思考在无尽的过程中实现了苏格拉底式的二合一"，来应对"地球法则的无限多样性"。⁴⁶这个空间也是伦理与无言激情之所在，其他希腊守护神经常进入这个空间，

---

① 生存项目是指那些与我们的存在、个体成长和自我实现相关的项目或任务，包括探索价值观、寻找生活目标、实现潜能、处理人际关系等。
② "戴蒙"这个词汇源自古希腊语，意为"神灵、守护神或指导者"。在古希腊神话和哲学中，daimon 是指引导个体走向正确道路的内在力量，通常与个体的命运、性格和行为相关。在现代心理学和哲学领域，daimon 可以被视为一种内在的驱动力或指引，帮助人们了解自己的潜能、价值观和目标，进而追求更充实和有意义的生活。

其中之一是爱神厄洛斯，作为神性与人性的主要中介，像桥一样连接起人类欲望（我"想要"或"缺乏"的东西）与欲望满足之间无法逾越的天堑，但永远无法真正弥合二者。[47]

对于叶芝来说，"人的灵魂"寻求的是自我整合，这种整合决定了成熟的个性化，或者自称为"我"的权利。他在《在月亮友善的寂静中》中写道："在一幅画的帮助下／我呼唤我的对立面。"

> ……召唤一切
> 我接触最少，最少关注的事物……
> 我呼唤神秘之人，他将
> 在溪边湿沙上行走，
> 看起来最像我，完全一模一样，
> 却在所有可想象的事物中
> 最不像我，成为我的反自我，
> 站在这些人物旁边，揭示
> 我寻找的一切……[48]

戴蒙从自我深切感知其属于的世界而来，可以解释文学、音乐、哲学和艺术创作，像一个"幽灵般的自我"，将意识变成交汇与不和谐之处，试图弥合分裂的自我，一个声音低声述说着人类个体的成果未完成、不完整，推动戴蒙走向更加遥远而广泛的成就。[49]

叶芝声称，忽视不谐的人，是情感模糊、懒散无成的生物——

他们与欲望充斥的空洞形象相结合。在我看来，所有幸福的艺术都是那个空洞的形象，但当作品勾勒出创作者的贫困与恼怒时，我们称之为悲剧艺术。……

　　另一个自我，反自我或对立自我，无论怎么称呼，只降临于不再受欺骗的人，他们的激情就是现实。感伤主义者都是实用主义者，相信金钱、地位、新婚的钟声……[50]

　　他认为，与他人的争吵是修辞，"与自己的争吵是诗歌"。戴蒙的魅力在于戏剧性、创造力与强化的能力，将人们置于道德和审美自我塑造的中间地带。"戴蒙以其调解之影，一次又一次将人带回选择之地。"[51]那里是不可分割的。身在其中，如果做出的选择是悲剧性的或非常艰难，因果将紧密相连——既是注定，也是选择，这个决定一环扣一环，失去了假设的自由，改变了所有过去和未来的行为。

　　创作心态受不完整性激发，被未能掌控之物所困，艺术和社会行动领域的非凡成就往往来自束缚与冲突。"民族、文化、思想流派自有戴蒙。"[52]柏拉图也认为：他的戴蒙也是集体之物[53]，从另一片土地发出召唤，就像多拉·玛古丝无法到达的祖国。

桥的另一端

　　政治边界空间中，戴蒙刺激着瞬息万变的邻国关系，上一刻愉悦互信，下一刻严阵以待。然而，卡恰里指出，就连敌意也是

"一致的冲突……共同的折磨"[54]。交界地区的民众无法忽略不同国家民族之间的差异；却只能任其悬而未决，保持着微妙的平衡，意大利边境城市的里雅斯特就是如此。这个城市既是"东方之桥"，又被称为"亚得里亚海边的柏林"[55]，国门左右逢源。这里的社会和政治不太稳定，"充斥着共存或暴力冲突、刚性或流动、纯血或混杂"[56]。

局势稳定之后，紧张气氛仍然存在，人们通过仪式来缓解紧张情绪。直至今日，每年6月的最后一个周六，在比萨市古老的阿诺河中桥上演著名的"桥戏"。双方阵营在桥上展开象征性决斗，重现了桥梁结构的矛盾性，既是充满敌意、令人生畏的探险，又能召唤整个社区的力量，抵制来自另一边的压力。中桥的意思是半程之桥或居间之桥，这个名称非常贴切，因为"中"在意大利语中一词多义，不仅可以表示双方位置的正中间，还有一个意思是"方式"，也就是"达到目的的方式"。桥本来就是一种达到目的的方式，使用者必须明确其目的地。

比萨不是唯一举行桥戏的地方，过去罗马台伯河左岸的泰斯塔乔人和右岸的特拉雅努斯人每年都有一场桥上决斗，经常伤亡惨重。威尼斯也有类似的活动，被称为"小桥斗"，分别在拳头桥、迪耶多桥以及两座战桥举行。[57]从17世纪和18世纪的绘画上可以看出，这些有组织的冲突规模不小，完全不符合"小桥斗"这个意大利词汇中词缀"小"之意。（图8-2）说到意大利城市，佛罗伦萨的守护神曾经是战神马尔斯，直到1333年马尔斯的雕像还高高地矗立在老桥入口。但丁和薄伽丘都曾哀叹战神精神分裂了

图8-2 小约瑟夫·海因茨,《威尼斯桥上的拳赛》(1673)。
图源日耳曼国家博物馆,纽伦堡,德国

意大利,导致阿诺河两岸佛罗伦萨家族之间的暴力血仇。[58]同时,这些敌对的家族还在佛罗伦萨主桥四角修建了防御塔(四塔之一的曼内利塔留存至今)。

几本文学作品表明,分歧比团结扎根更深、更加隐藏,以桥解决分歧多么困难。乌娜·特洛伊关于爱尔兰问题的小说《桥的另一端》(1960)讲述了科克郡试图通过造桥来拉拢河流沿岸两个敌对的社区,初衷虽好,可惜这座桥并没有减轻敌意,反而助长了侵略,成了人们放弃社会融合、爆发争斗之处。小说中,力主造桥的人道主义空想家使徒试图调解不同群体的信仰,失败之后极度绝望,最终炸毁了他的桥,自己也同归于尽。小说的寓意令人伤怀,社群密切接触竟加剧了敌意,强调了人与人之间的差异,其实这差异与共性相比,原本微不足道。然而,人们不愿意从外部立场重新解读自己,而这正是桥的要求——"站在自己之外",参照其他体系,采取双重视角,以对方的视角重新诠释自己的身份——可惜这一切他们无法接受。

桥是弥合,亦是分裂,匈牙利作家费伦茨·赫尔采格受此启发,写出了一部关于桥之悖论的戏剧,剧中宏伟的塞切尼链桥屹立至今。1848年,匈牙利独立的希望破灭后第二年,多瑙河上的塞切尼链桥建成通车,连接东西河岸的布达和佩斯[1]。《大桥》(1925)讲述了造桥者伊斯特凡·塞切尼伯爵的真实故事。他力促匈牙利国家统一,这座大桥便是以他的名字命名。他希望大桥能让布达佩斯变得更加包容,却受到了激进分子拉约什·科苏特的反对[2],那时的科苏特是好斗的马扎尔民族主义宣传者。最终,科苏特打败了塞切尼,而塞切尼却因对匈牙利政治深感愤慨而精神崩溃,住进了精神病院。戏剧末尾,他对造桥调和多瑙河两岸的做法深感后悔,认为自己应该对马扎尔人暴力对抗奥地利人的行为负责,于是恳求哈布斯堡帝国的副总督炸毁他的桥。副总督引

---

[1] 布达和佩斯原本是遥遥相对的两座城市,多瑙河将城市一分为二,河西称为布达,东岸称为佩斯。1873年合并成为现在的匈牙利首都布达佩斯。

[2] 拉约什·科苏特是匈牙利的一位著名政治家、律师和记者,被认为是匈牙利民族解放运动的领袖,在1848年匈牙利革命中发挥了重要作用,并在1849年成为匈牙利临时政府的首脑。

用了前文提到过的一个比喻来回答塞切尼伯爵,他讽刺地说,塞切尼链桥不仅是连接布达和佩斯的纽带,更是一座跨越冥河的桥,打开了冥界的大门。

桥拉近了距离,却令分界线更加不安;也许分隔于两端反倒更加平和,更有安全保障。特洛伊故事中的使徒,得知爱尔兰共和军成员正打算前往北爱尔兰边境袭击"一两个海关哨所"时,他以这句话作为告别之词:"站在边境上,别忘了……两边都是同样的绿色田野,很难区分南北。"[59]自然风光并无边界,边界是人为的划分;桥连接着自然分割的空间,缩短距离,强调了差异,提醒人们关注保护空间之外的世界。蒙塔莱的科西尼港指向那些看不见却具有决定意义的共存之处,诗人以一个码头的形象暗示远方,船只受到个人和自动化设备操纵,从这里开始远航。不同于港口,桥是固定的通道,允许双向通行。随着跨国移民日益增加,桥也许会以某种形式永久取代船只,例如德·罗马尼斯规划中的亚得里亚海大桥。规模巨大的桥梁侵入自给自足的地方政治,比船只和码头更具有侵略性。只愿人们永远记得:桥的另一端,有些人与我们出生地不同,却与我们共享空间。他们不断来到我们的海岸边,他们的家园深处也有着深深的召唤。

第九章

断　桥

朋友即对手，分居河流两岸。

——亨利·戴维·梭罗，《我对自己说》

拆掉这座桥！

瞬息之间，桥变成墙，墙变成桥。互联网时代，我们的情感投入越来越遥远。距离近了，人却远了。2018年，雷·杰克逊导演的短篇动画电影《林克塔的桥》描写的就是桥与墙之间的轻易转换。这是一部完全由计算机生成的虚拟故事，叙事情节奇异荒诞，戏剧化地描述了桥如何导致分离，将本应连在一起的双方分开。

电影讲述了加利福尼亚州加布列莱诺族乌托-阿兹特克部落印第安人的故事。那时，欧洲人刚刚来到美洲大陆，以为加利福尼亚是一个岛。1534年，西班牙征服者登陆半岛尖端，认为这就是浪漫骑士小说作者加尔西·罗德里格斯·德·蒙塔尔沃的作品《勇敢骑士埃斯普兰迪安的奋斗》（1510）中所说的地方，故事第157章写道:"印度右侧……有一个叫加利福尼亚的岛,离人间天堂非常近。"童贞女王卡拉菲亚统治着那里,唯一的金属是金子。1768年,按照第一版《大英百科全书》的说法,遥远的"加利福尼亚"是半岛还是岛屿尚不确定。[1]

16世纪,西班牙探险家赫尔南多·科尔特斯率领西班牙军团来到美洲大陆,他们相信自己找到了人间天堂;正如故事中的加布列莱诺印第安人,相信自己在千里之外海岛上的另一个灵魂中,找到了心之所向。电影《林克塔的桥》女主角名叫林克塔,听名字就像一个神奇的人物。星辰眷顾着印第安人的情意,搭起一座跨越广袤的天桥,连接他与她的家乡。多么优雅精致的桥,像葛饰北斋想象的云中之桥(图9-1)——但更长、更纤细、更脆弱、更珠光宝气,但又足够结实,足以承受两人的重量。

起初,林克塔悄悄偷看他修桥,被发现后便每隔几个月在桥中间与他相会四五天。从此,她不再孤独,感叹爱情像一座深渊。两年后的某一天,她没有按约定现身,而是躲在树后。印第安男孩像往常一样走了过来,两年来他每周都在桥上走一遭。然而这一次,他没有看到女孩,四下寻找,什么也没有找到,心想也许是桥上太危险,女孩不愿再来。桥上的风光美丽而奇异,但桥下的深渊却令人惊心。林克塔更愿意躲在不列颠尼亚岛哈德良长城后的安全地带[1]。偶尔,她会向桥上发送信息,告诉印第安勇士,

---

[1] 不列颠尼亚是拉丁语中对英国的称呼,经常在小说戏剧中描述一个代表英国但并非英国的虚拟国家。哈德良长城是英国的历史遗迹。

图9-1 葛饰北斋,《足利市行道山的云中吊桥》(1834),版画,262毫米×385毫米。

自己没有忘记他。她常常站在山顶,好奇地看着他。绝望的印第安人没有见到林克塔的踪影,过桥踏上了回家的漫长旅程。最终,他不知道让自己痛苦的究竟是什么,是不再相会,还是放弃寻找。这座桥连接着分别,拴住了两岸,却没有拴住人心,空空荡荡、无人往来。印第安人内心有一个声音在大声呼喊:"拆掉这座桥!抹去所有痕迹!"于是他照做了,林克塔在一旁悄悄地看着他拆桥。两年后,桥断了,印第安人也死了。

心里以为看到了完整的桥,也许并不完整,正如勒内·马格里特的画作《赫拉克利特桥》[①]所示，一座没有延伸到岸的桥，就是一堵墙。约翰·列侬在与小野洋子分手时，1974年专辑取名《墙与桥》，除此之外还能是什么？

从桥到墙再回转

"拆掉这座桥！"这句话借用了罗纳德·里根1987年访问柏林时的著名指令："戈尔巴乔夫先生，拆掉这堵墙！"两年后，柏林人无法再忍受分裂，推倒了墙。有人呼吁用一座桥来取代它，2002年这个愿望实现了。柏林的施普雷河上，就在原柏林墙入河之处，一座桥从水中升起，在分割的空间中创建了一条通道。

约翰·列侬与佛罗伦萨维奇奥桥颇有渊源。他不到四岁时，德军在第二次世界大战中节节败退，1944年8月从佛罗伦萨撤退，破坏了阿诺河上所有的桥，只留下了建于14世纪景色如画的维奇奥桥。佛罗伦萨维奇奥桥是1345年意大利画家塔代奥·加迪设计建造。最初德国人打算把桥炸毁，令其幸免于难的是阿道夫·希特勒的一丝柔情。1938年，希特勒访问意大利，对这座廊桥及桥

[①] 该画作首次展出于1936年，是马格里特早期的代表作之一。画中描绘了一座石桥，桥上的石头被描绘得非常细致，与水面的倒影形成鲜明的对比。画作名称取自古希腊哲学家赫拉克利特，他主张"万物皆流"，强调事物不断变化、转化的观念。赫拉克利特桥的特别之处在于其视觉悖论。尽管画中的石桥看起来是完整的，但仔细观察会发现，桥的左端与右端并没有相连，石头在空中悬浮。这种视觉效果挑战了观众的视觉认知，让人们对现实产生了怀疑。马格里特通过赫拉克利特桥展现了他对现实世界的批判性思考，以及对事物表象与真实本质之间关系的探索。

每一座桥都连接着另一个世界

上俯瞰的城市景观印象深刻，据说为了提升佛罗伦萨在这个政客心里的形象，贝尼托·墨索里尼于桥中拱门上挖了三个大窗户。[2]（图9-2）无论这个故事是真是假，1944年之前希特勒似乎确实对维奇奥桥有一份特殊的感情，这份感情在德军匆忙拆桥抵挡盟军时发挥了重要作用。

希特勒执政时期，德国驻意大利的领事格哈德·沃尔夫特别热爱文艺复兴建筑，被称为"拯救佛罗伦萨的人"。他曾恳求希特勒放过佛罗伦萨的一座桥——不是大家熟知的维奇奥桥，而是巴尔托洛梅奥·阿曼纳提的代表作圣三一桥（1569）。沃尔夫大谈这

图9-2 佛罗伦萨维奇奥桥（1345），顶部是有三个窗户的瓦萨里走廊。
图源西尔科/维基共享

座桥的艺术文化价值,却被置若罔闻。希特勒同意破一次例,但对这位下属的艺术历史观点毫无兴趣,维奇奥桥才是"元首的最爱",于是决定保留维奇奥桥。[3]

希特勒最爱的桥留下来了,但德国军队造成的破坏比炸毁还要严重。为了在不炸桥的同时阻断追兵,他们拆除了阿诺河对岸与桥相连的所有道路,夷平了数十座中世纪建筑。战后,佛罗伦萨其他桥都能原石重建,只有维奇奥桥结构复杂,无法复原。另一个历史讽刺在于,希特勒感情用事留下了维奇奥桥,却为敌人秘密进城提供了通道,那就是维奇奥桥上的瓦萨里走廊。希特勒访问意大利时,曾透过一侧的一扇或三扇窗户向外眺望。走廊在维奇奥桥二楼,从阿诺河对岸的皮蒂宫一直延伸到市中心的乌菲齐博物馆。1946年,罗伯托·罗西里尼的战争电影《帕伊桑》重现了其他桥梁炸沉后,盟军通过维奇奥桥渗透进城市的过程,可见保留维奇奥桥是个双重错误。

德军炸毁了许多桥,不独独佛罗伦萨的。20世纪40年代,纳粹被赶走时拼命炸桥,以示惩罚的决心。甚至到战争的最后几天,即1945年3月29日,他们还炸毁了海德堡一座荷尔德林深爱的桥。纳粹的这些做法不一定出自军事目的,大多数纯粹是对当地抵抗力量的报复,防止其结盟。

第二次世界大战的敌意导致了1961年柏林墙的建立,作为一道坚固的障碍,造成了不同国家分管同一座城市的历史。东德领导人瓦尔特·乌布利希修筑柏林墙,把柏林人彼此隔开,并非为了阻止西德人进入东部,而是为了强迫自己的公民留下。乌布利希担心，如果没有墙，他的政权完整性无法得到保障。东西德之间只留了一座小桥用来交换间谍，那就是格利尼克桥，也叫"间谍桥"，2015年斯皮尔伯格同名电影《间谍桥》讲述了发生在这里的故事。

德国战时炸桥，十六年后修起柏林墙，都是同一场政治大戏中的一幕幕表演，而第三幕——将墙变成桥——则标志着灾难的解决。1989年两德开放边境、重新统一之时，德国在城市河流上修建了救赎冷战铁幕的建筑群，那就是两座政府大楼，与推倒的柏林墙在同一条轴线上，和旁边的历史建筑迥然不同。其中一座楼以德国帝国议会最后一任民选主席保罗·洛贝命名，另一座以同一时期魏玛共和国女权主义议员玛丽-伊丽莎白·吕德斯的名字命名，与洛贝一样，她也曾被希特勒政府关进监狱。两座大楼通过横跨施普雷河的人行桥连接在一起，楼顶雕塑的双翼伸向水面，如跨越之姿。（图9-3）桥上玻璃框架的大厅和电梯，透明的楼梯井和施普雷河畔的玻璃立面，彰显公开透明之态，表达了责任与合作的主题，被称为"施普雷河一跃"。大桥通过200米人行道连接着联邦政府建筑群，有九百多间议会办公室，一座大桥恰当地驳斥了之前两个德国政权的排外毁桥之举。不过讽刺的是，这座取代柏林墙的联邦政府人行桥，只有经过授权的人才能穿行。

下面可能是这部戏剧的第三幕，也是目前的最后一幕，那就是2002年发行的欧元纸币，七种面额的纸币上印着想象中的桥梁形象。至于第四幕，可能要十五年后才能书写。如今欧洲内外，各国都在设置边境障碍，包括带刺的铁丝网和海上拦截，只为阻

图9-3 天桥和柏林联邦政府所在的玛丽·伊丽莎白·吕德斯宅邸。
图源乔·钱伯斯/ Shutterstock.com

止贫困与战火中的难民涌入欧盟经济相对稳定的国家。意大利学者多纳泰拉·迪·切萨雷写道:"柏林墙倒塌之后,新千年开启了一个新的墙的时代。"[4]目前,第四幕正在展开,剧情过于动荡,暂时难以预测。

宏大的造桥之举

并非只有德国人从炸桥转向造桥,造桥也绝非悔过自新。大大小小的战争中,美军在许多城市有计划地发动了桥式行动。这部政治戏剧的前三幕分别是——从切断联系开始,然后建立高墙划分城市,最后搭起合作之桥——这构成了1944年到20世纪末的国际叙事。全球化时代,各大洲兴起制度灵活的新联盟,伦理转型受到拥护,渐成普遍之势。冷战结束后,世界越来越注重联系。无形的跨国资本支持通信技术,所谓"自由市场企业"成了傲慢的管理者,柏林建桥的态势成了一道密码,产生了更加广泛深远的影响。有些国家建起了新围墙,同时以原始、倒退且往往相当有限的手段来抵制造桥的趋势。[5]目前很难说我们是否进入了一个新的筑墙时代;与此同时,曾经在地缘政治上似乎无法融合的土地和岛屿,如今似乎紧密地结合在一起,其建筑标志就是巨型大桥。相比之下,论规模和对当地的重要性,"施普雷河一跃"只是沉重而复杂链条中的一小节。

　　大桥充分发挥着行星之间纽带的精神,成为各国竞争经济影响力的工具,彰显着一个国家对于全球一体化的贡献,大桥的壮观常常使人们忘了其基本功能。从桥身架构上看,世界上最高的桥,高度超过300米(图9-4),桥面长度为2千米,按照现在标准来说相对较短,现在很多大桥的桥面长度都超过了100千米。世界上最长的五座桥——全都在中国大陆或中国台湾——均用于高速铁路或公路运输。胶州湾大桥依靠五千座混凝土桥墩支撑(图9-5),仅比路面长度164千米的丹昆特大桥短六分之一。中国不仅有着世界上最长的桥,还有离地面最高的五座桥,其中四渡河大桥离地500米高。(图9-6)世界上最长的完全悬空、多跨度斜拉桥在希腊横跨科林斯海湾。(图9-7)19世纪希腊炸开了科林斯海湾尽头的地峡,轮船再也不必绕行伯罗奔尼撒半岛。海湾口的新

图9-4 法国米洛高架桥(2004)。
图源Pxhere.com

图9-5 中国胶州湾大桥(2011)。
图源伯恩德·格罗斯博士/维基共享资源

图9-6 中国四渡河大桥（2009），世界海拔第二。
图源埃里克·萨科夫斯基/维基共享资源

图9-7 希腊里奥-安提里奥大桥（2004）。
图源欧西比乌斯/维基共享资源

桥也有类似的作用，汽车免于绕行，几分钟内就能到达佩特雷[①]郊区的渡口，然后人们登船去其他地方。最典型、最具有标志性和象征意义的大桥是单跨悬索桥，桥面仅靠固定在两端的悬索支撑。1981年以来，美国已建成十二座跨度超过金门大桥的悬索桥，六座更长的悬索桥正在建设中。

大桥的建设富有成果，伟大的桥梁对于进步自尊的政府以及有道德良知的公民，都充满了强烈的吸引力。国家与人民竞相超越，争相打破技术纪录；各大经济体与公司集团以大胆的设计建造赢得了利润与敬意，打造着城市和文化品牌。[6]欧洲最长的公路和铁路桥，通过水下隧道将乘客从丹麦送往瑞典，飞跃厄勒海峡大桥，抵达圣地亚哥·卡拉特拉瓦设计的旋转大楼。（图9-8）过去二十年所造的桥，比之前五千年间造的都要复杂得多，准确尺寸只能从高空测量。

两个世纪以前，大桥也许会被视为傲慢的反自然纪念碑。布鲁克林大桥提前展示了大桥的规模多么宏大，科学、资本和工程结盟可以产生多大的力量。金门大桥的精美设计提高了大桥的技术标准。然而，美国历史学家凯文·斯塔尔虽然对大桥赞不绝口，但言语之间也流露出一丝隐忧。[7]大桥坐落于易受地震影响的岩石带上，这样的结构能承受自然和时间的侵蚀吗？大桥对当地的自然和社会环境会造成什么影响？金门大桥不论寿命多长，相对于

---

① 佩特雷是希腊的一个城市，位于伯罗奔尼撒半岛的西北部，有着悠久的历史，是古希腊文明的发源地之一。

图9-8 以厄勒海峡大桥（2000）为背景的圣地亚哥·卡拉特拉瓦旋转大楼，位于瑞典马尔默。

高达数百万年的地质衡量标准，只是纳米级的一瞬。再如中国的港珠澳大桥（2018），造价两百亿美元，每隔六年就要花费一百亿美元来维护，而设计使用年限仅为一百二十年。还有热那亚的莫兰迪大桥（1967），通车五十一年后倒塌。正如卡夫卡所写，"一旦跨越，只要不塌，便不能停止为桥"[8]。

曾几何时，桥梁的设计是为了满足有限的需求和目标。人们把树干横在小溪上，越过溪流到远处寻找食物；朝圣者造桥跨越障碍，向往圣地。即使最简陋的吊桥，也曾让最初的使用者心惊胆战，也许和如今几千米长的悬索桥一样令人生畏。我们之前所有的文化中，人类对自然秩序的巨大改变往往意味着对神圣自然的不敬，预示着厄运即将降临人间。安妮塔·塞皮利书中记录了许多造桥渎神的故事，自然一定会报复傲慢的人类。

河流的怨恨

古代文献中有许多故事，讲述了河与桥的对抗。维吉尔的《埃涅阿斯纪》第八卷中，火神为特洛伊英雄埃涅阿斯锻造了一口巨大的盾牌，上面雕刻的花纹令人眼花缭乱。盾牌上最后一幅图是世界上最伟大的河流：首先是埃及尼罗河，"巨人般的身躯在哀鸣"，为岸边无数"被征服的民族"哀鸣（《埃涅阿斯纪》8：711，722）；尼罗河之后是——

> 幼发拉底河，水波尤为低调；
> 最遥远的人类，摩尔人；
> 分叉的莱茵河；不驯的达哈人；
> 还有怨恨桥梁的阿拉斯河。

（《埃涅阿斯纪》8：726—728）

最后一行关于阿拉斯河的说法，暗指亚历山大大帝试图在亚美尼亚大河上造桥的典故。征服之举令河流愤怒，大浪将桥面与桥墩砸得粉碎。几个世纪后，维吉尔同时代的奥古斯都皇帝，在亚历山大大帝失败的地方建起了一座大桥，令阿拉斯河怒嚎至今。

至少自希罗多德时代开始，造桥就是冒犯之举，希罗多德在书中讲述了波斯皇帝薛西斯造桥的故事。薛西斯入侵希腊大陆时，军队需要渡过希腊和小亚细亚之间的水域，最狭窄处的赫勒斯滂海峡[①]（也叫达达尼尔海峡），宽度仅为1.2千米。薛西斯有了一个绝妙的主意，他让人用亚麻和纸莎草拧成的粗绳拴紧海峡两岸形成桥，足以支撑成千上万的步兵从桥上通过。然而，他的计划并没有征得赫勒斯滂海峡的同意，大海卷起巨浪，粉碎了支撑的木桩。愤怒的薛西斯砍掉了设计师们的脑袋，并命令手下鞭笞大海三百次，又将镣铐扔进狭窄的海峡，镇压其反抗，还用热烙铁打上烙印。希罗多德评论到，鞭笞和镣铐比杀死设计师更野蛮，这表明人类的领袖没有意识到：大自然的力量与神性超过了任何一位凡人的国王，比统领两百万大军的国王更加强大。历史学家认为，故事表明以武力控制、改变与征服地球的人多么狂妄自大。

然而，坚定的薛西斯不会被吓倒，他另建了一座桥，一座以船搭成的浮桥，两端锚定在岸上，船与岸边平行，一艘艘并排停

---

① 赫勒斯滂海峡和达达尼尔海峡实际上是同一地点的不同名称。这两个名字指的都是位于土耳其境内的博斯普鲁斯海峡的狭窄部分，该海峡分隔了欧洲（西部）和亚洲（东部）。前者名字（Hellespont）来自古希腊语，意为"宽广的海峡"，而后者名字（Dardanelles）则来源于古土耳其语，意为"铁之门"。

第九章 断 桥

泊,填满了海峡的跨度,他的父亲大流士曾在博斯普鲁斯海峡北部造过类似的桥。多年以后,美国阿肯色州的达达尼尔(同名巧合)也造了一座同样的浮桥,足以令我们遐想薛西斯浮桥的样子。这座约800米长的桥曾被誉为"世界上最长的浮桥",但实际上比薛西斯的浮桥短得多。(图9-9)这座桥隶属于达达尼尔铁路公司,可惜火车仍然无法穿越阿肯色河,也许是害怕薛西斯的故事重演。

薛西斯的部队跨过了浮桥,跨过了亚欧之间的分界线,但被希腊人打得几乎全军覆没。剧作家埃斯库罗斯在《波斯人》这部

图9-9 阿肯色州达达尼尔浮桥(1900—1918)。
图源美国国家档案与记录管理局,NARA-516537

戏剧中，以一个奇妙隐喻预言了薛西斯的惨败。薛西斯远征之前，母亲阿托莎梦见两个姐妹在争吵，一个装扮成波斯人，另一个装扮成希腊人。皇帝令她们共拉一辆战车，亚洲姐姐服从统治，欧洲妹妹却反叛地推翻了战车，将暴君摔倒在地。整部戏中，反复出现的"套上马具"（有强制捆绑之意）一词，表达了埃斯库罗斯对强制性统一政策的轻蔑，明面上指责异族波斯人的威胁，暗指希腊独裁。希腊历史记载中，波斯帝国其他"套上马具"之举也都以政治失败告终，同样失败的还有大流士在多瑙河上造的桥，以及亚历山大之前最杰出的波斯人——居鲁士大帝在阿拉斯河上造的第一座桥。[9]历史总是不断重演，薛西斯渡过达达尼尔海峡二十五个世纪后，这个土耳其海峡正要建起地球上最大的悬索桥，计划中的恰纳卡莱海峡大桥由九个国家资助，将巩固国际电子公路网，连接东色雷斯的O-3高速公路和安纳托利亚的O-5高速公路。

另一个效仿薛西斯轻率造桥的是罗马皇帝卡利古拉。他让军队征收拿波里附近所有商船，排列成约3.2千米长的浮桥，横跨拜伊亚湾，只为享受在水面上骑马驰骋的乐趣。第一天，他骑着马穿过浮桥，围观者无不赞叹。第二天表演升级，他驾驶双马战车从普特奥利回到拜伊亚。仅仅表演而已吗？不，历史学家苏埃托尼乌斯说，卡利古拉这样做，是想让敌人心生恐惧，并挑衅诋毁皇位的占卜者。卡利古拉的皇位继承自养祖父提贝里乌斯，提贝里乌斯临死前问占卜者，卡利古拉能否成功取代他登上皇位，占卜者嘲笑道："卡利古拉成为皇帝的可能性，就像他骑马穿越拜伊亚湾一样微小。"[10]于是，卡利古拉用技术挫败了"常识"，证明了占卜者的错误。

另一位罗马皇帝却为浮桥付出了惨重代价，那就是马克森提乌斯。他在米尔维安桥战役中败给君士坦丁，不仅失去了统治地位，还使整个罗马帝国从此不得不改信基督教。这场战争成了神学政治中最具决定性的历史事件之一——君士坦丁按照上帝的旨意打败了异教徒马克森提乌斯。直至今日，马克森提乌斯败于台伯河畔的故事依然令军事战略家们困惑不已。

公元312年，罗马将军君士坦丁带领着精兵攻打首都罗马。战前一夜，他在台伯河对岸扎营，看到天空中出现了基督教十字架幻象，还读到了一句话："在此标志之下，你将获得胜利。"第二天早晨，君士坦丁循着神的旨意，沿弗拉米尼奥路来到罗马北部入口米尔维安桥。为了阻止篡位者进攻，马克森提乌斯皇帝阻断了桥梁，却在上游造了一座浮桥，不知是为了自己军队通行，还是作为折叠的陷阱来对付君士坦丁的军队。马克森提乌斯的军队比君士坦丁多了六万多士兵，两军在台伯河远端的桥前相遇，马克森提乌斯被击退到河边，再也无法重振军威，大部队淹死在河岸不远处，皇帝等人被迫逃到两座桥上，淹死在河里。[11]（图9-10）如果马克森提乌斯没有胡乱干预两座桥，可能很容易守住罗马，然而他切断了桥梁，也切断了罗马异教徒们的支援。一座桥的失败，成就了另一座桥，马克森提乌斯的故事成了历史上最有名的桥式事件之一。

图9-10 皮特·拉斯特曼,《君士坦丁与马克森提乌斯之战》(1613),油画,161.5厘米×170厘米。
图源昆斯多尔艺术学院,德国不来梅

撒旦联盟

传说中造桥将导致灾难,这种说法从亚美尼亚、希腊和罗马逐渐传入英国文学。约翰·弥尔顿认为,桥是魔鬼的作品,令上帝的创造(人类)分散而多样。《失乐园》第二卷中,撒旦与其他反叛的天使被逐出天堂,在地狱的大火湖中醒来。他们挣脱锁链,凭着高超的技术天赋,建了一个名为"万魔殿"的议事厅。会议决定腐蚀上帝分给新世界"地球"的新生物"人类"。撒旦亲自出发前往亚当、夏娃所在之地,经历艰苦漫长的旅途,穿越混沌的荒野,一路都是漆黑的夜晚,没有方向可言,撒旦像一个邪恶的普罗米修斯,以无与伦比的本领,艰难开辟出一条道路。

撒旦的孩子"罪恶"和"死亡"沿着这条道路穿过混沌,追随他的踪迹,他们——

> 在他身后铺开一道宽阔而坎坷的路,
> 越过黑暗的深渊,沸腾的海湾,
> 温顺地承受着一座神奇的长桥,
> 从地狱一直延伸到这个脆弱世界,
> 最近的轨道;扭曲的灵魂,
> 通过这座桥,轻易地来往,
> 诱惑或惩罚凡人……
>
> (《失乐园》2:1026—1032)

撒旦与人类的关联,为所有恶魔奠定了一座坚固的桥(图9-11),恶魔们通过这座桥"轻易地来往",诱惑和惩罚凡人[①]。

弥尔顿在史诗第十卷中再次谴责了地狱之桥,纯粹简单的道

[①] "来往"一词的英文intercourse的另一个意思是"交配"。这句话之后原本有注解:早在桑多尔·费伦齐将桥梁与阴茎联系之前,《失乐园》已刻意出现了类似的性暗示。

图9-11 约翰·马丁,《跨越混沌之桥》(1826)。

路反倒成了麻烦,诗人将"罪恶"和"死亡"比喻为极地暴风雪,呼啸着想要打通横亘欧亚"想象之路"上的冰山(《失乐园》10:291)。想象之路是从第一大陆(欧洲)到第二大陆(亚洲)的东北通道,可以替代西北通道从英帝国直达华夏(中国),攫取丰富的财富,不料实际上来到了美洲,克莱恩的《桥》便将美洲视为财富的源泉。当年,海员们忍受着无尽的痛苦,在加拿大的汪洋中寻找通往东方的道路。弥尔顿的读者应该记忆犹新,1611年亨利·哈德森和船员们丧生于寻找西北通道的冒险途中,仅有八人幸存。①

根据弥尔顿的构想，从地狱到地球的通道，就像从欧洲到中国的冰山通道一样，打破了人类与神性之间的原始联系。《失乐园》中，地球像一个吊坠，通过一道金链悬于天堂之下，撒旦及其孩子们却创造了另一条通道，将地球与地狱相连，以邪恶的精神污秽上帝之造物的高贵追求："一座桥/以惊人的长度与墙相连/如今这个不可动摇的无防［无助］世界"（10：301—303）。第二次描述撒旦之桥时，弥尔顿再次使用了easie（古英语词汇，意思是"容易"）这个词，将撒旦之桥描述为"一条大道/平滑、容易、无障碍地通往地狱"，从此地球永远地改变了（10：304—305）。为了强调撒旦之桥的丑恶，弥尔顿重提薛西斯之过：

所以，如果伟大可以与卑微相比，
薛西斯给自由希腊套上枷锁，
米尔顿宫高耸入云，
从苏萨到海边，大桥跨越赫勒斯滂，
将欧洲与亚洲连接在一起，

---

① 亨利·哈德森是英国航海家和探险家，曾四次前往北美洲进行探险。1611年，亨利·哈德森带领他的船员们进行了一次西北航道的探索，想要寻找一条通往亚洲的新航线，以便于欧洲国家绕过传统的地中海和东方贸易线路。然而，他在加拿大北部的詹姆斯湾遭遇了极端恶劣的天气和冰山阻碍，船只沉没，亨利·哈德森和其他许多船员在这次事故中丧生，仅有八名船员在恶劣的环境中幸存下来。尽管如此，亨利·哈德森的探险精神和他对西北航道的探寻对后世产生了深远的影响。

承受波涛愤怒的鞭笞。

(《失乐园》10：306—311)

这段文字抨击波斯统治者对欧洲的威胁，指责罗马教皇以"罪恶"与"死亡"——

作为布道的艺术，
罪恶深渊之上的岩石山脊，
沿着撒旦的轨迹……

(《失乐园》10：312—315)

"布道"(*pontifical*)一词来自梵蒂冈教皇称谓的拉丁文，弥尔顿在诗中运用这个词，将撒旦之桥与天主教入侵新教之路相联系。在他看来，天主教自封为"普遍"统一的信仰，实际上是英格兰的敌人，只配与罪人结盟，缺乏信仰、毫无作为。弥尔顿对桥的抨击，类似于岛屿对大陆的嫉恨，忽略了岛屿（比如英格兰）本身也是殖民力量。动词"布道"(pontificate)是一个贬义词，本意是以傲慢权威的姿态宣扬教义，这个词语在英国诸岛广泛使用，而在欧洲国家却比较少见，这绝非偶然。

生命的浪费：五部战争片

"如果伟大可以与卑微相比"，《失乐园》中的撒旦之桥恰好印证了赛尔乔·莱昂内的电影《黄金三镖客》(1967)中的场景。美国内战期间,南北军队陈兵大桥两端,挖掘战壕,冲锋陷阵,每天打斗两场,伤亡惨重,战况却毫无进展。两个枪手布兰迪和图科来到战场,面对规模宏大却毫无意义的伤亡,感到无比震惊:绝望的队长喝得酩酊大醉,命令联邦军队的年轻人不顾一切往桥上冲,冲锋一次次被击退。布兰迪惊呼:"这么糟蹋人命!""糟蹋"意味着死亡,意味着剥夺人生价值,一场大规模的夺桥之战仅仅只是服务于遥远而抽象的国家利益。布兰迪和图科的心灵饱受震撼,凭着个人的判断力、技能和智慧展开双人行动,炸毁大桥,完成了唯一的政治目标,解除了战争双方的枷锁,迎来了垂死的队长的一抹微笑。第二天早晨,太阳升起在空旷的河边:部队已经撤离,抛弃了死去的士兵。图科望着满地无人收敛的尸骨,讽刺地说:"这些白痴换个地方去打架了!"

战争把桥变成了地狱。《现代启示录》(1979)中的维拉德就像现代版《黑暗的心》中的马洛,参加了越南战争中的一场桥战,却不知指挥官是谁。"你知道谁在这里指挥吗?"他问一个普通士兵。士兵浑身污迹斑斑、伤痕累累,在爆炸和烟雾可怕的血色背景下,显得异常高大。他眼睛通红,凸出得仿佛要跳出眼眶,他认真地思考了好一会儿,回答道:"是的!"他只说了两个字,但我们都理解他的意思。弗朗西斯·福特·科波拉电影中的这一幕受到了赛尔乔·莱昂内的启发,莱昂内在《黄金三镖客》中已有意表现越南战争。

莱昂内作品横跨内战与越战——甚至包括第一次世界大战,

鉴于他作品中的战壕风格——标志着第二次世界大战轴心国成员国桥梁电影的到来。他的标志性风格包括渲染心理紧张的表情和手势，极近距离拍摄，悬疑无动作[①]，空旷全景中的死寂等。这张风格手法很有可能曾受导演伯恩哈德·维基某部作品的影响，当时维基在罗马导演圈非常有名。莱昂内早年在米开朗基罗·安东尼奥尼的电影《夜》（1961）第一幕中饰演托马索，一个喜欢阅读阿多诺哲学的病人，在病床上奄奄一息。《夜》上映两年前，奥地利导演维基拍摄了一部以桥梁历史为背景的电影，取名为《桥》（1959）。电影的主人公是战争最后几天刚当上兵的德国少年，为了阻止盟军进入自己村庄而保卫一座无用之桥，少年们几乎全部殒命，唯一的幸存者是格雷戈尔·多夫迈斯特，电影就是根据他的同名半自传小说（1958）改编，多夫迈斯特在小说中抒发了幸存于灾难的罪恶感。

电影和小说中回顾桥的创伤，是为了追怀过去的痛苦。维基在电影中以艺术之桥代替战争之桥，为幸存者酝酿出社会与道德的连贯性。这部作品是一系列桥梁电影之一，是对电影《最后的桥》中人类创伤的反思。《最后的桥》（1954）由赫尔穆特·考特纳执导，维基曾在拍摄《桥》之前五年出演过这部影片。《最后的桥》本身就是一次回顾，回顾了这位德国导演第二次世界大战时拍摄的电影《在桥下》（1946）。在这部早期的电影中，柏林施普

---

① 悬疑无动作（suspenseful inaction）是一种电影技巧，用于创造紧张的氛围，通过让角色在一段时间内保持静止或无所作为，让观众感到紧张和不安，通常在悬疑或惊悚片中使用。

雷河上的两名船夫救下一位正要跳桥自杀的女子，并与她成了朋友。八年后，考特纳直面战争，将《最后的桥》的场景设置在波黑，那里是铁托的游击队与德意法西斯做斗争的地方。正如莱昂《黄金三镖客》中的桥段参考了维基《桥》的风格，维基的电影是由他参演的考特纳第二部桥梁电影发展而来，这三位导演都希望通过电影作品来追忆悲剧，尤其当他们的祖国是导致悲剧的一方。1954年，在《最后的桥》中担任主角的女演员玛丽亚·谢尔，还参演过另一部关于桥的电影，算是前轴心国拍摄的第四部桥梁电影，与莱昂和科波拉的作品方向基本一致，那就是1957年卢基诺·维斯康蒂执导的《白夜》，后文将进一步讨论。维斯康蒂的电影与《最后的桥》一样，也在电影最后一幕（桥上的一幕）讲述了一个失败的爱情故事。这两部电影中，谢尔扮演的女主角爱上了其他男人，逃避着婚姻的承诺，拉开了二人之间的距离。

四部电影中，考特纳《最后的桥》最鲜明地表达了以桥为墙之意。电影开场是波黑莫斯塔尔市的标志性古桥——莫斯塔尔古桥，画外音说当地人称它为"土耳其桥"，是五个世纪前奥斯曼帝国所造，"许多外国侵略者都曾从这座桥上跨过内雷特瓦河"。桥成了侵略与征服的手段，电影第二场进一步打破幻想，泯灭了桥的一切其他意义。剧中德国护士海尔加（玛丽亚·谢尔扮演）刚刚与一位将军坠入了爱河，相约于桥上。上桥不久就遇上法西斯军队追击一名游击队员来到桥中央。走投无路之际，游击队员跳下桥，却在空中被射杀。海尔加目睹这一切，心灵饱受创伤，再也无心约会，死亡与逆境扼杀了结合之愿。

第二场戏出人意料，是在第一场戏的基础上精心策划而成。海尔加满怀忧虑地告诉心爱的将军马丁，无法与他度过一个美好的夜晚，因为将军第二天就要上前线，二人注定分别。他们亲密地交谈时，摄影机不断推进，穿过二人之间，聚焦于背景中的桥，桥成了分别的象征。（图9-12）这是第一场戏到第二场戏的过渡，桥的背景强化了割裂效果。海尔加反思自己对于爱的恐惧，迈开坚定的脚步，与马丁一起过桥。两场戏之间的过渡在视觉上非常突兀。第一场戏结束时出现了莫斯塔尔古桥的画面，持续一两秒钟后转换为这座桥从另一侧拍摄的镜头（图9-13），标志着道德和心理上的反转，这时大桥右边的高塔转到了左边。几分钟后镜头再次转换，解释反转的缘由是海尔加和马丁一起过桥。（图9-14）然而，游击队员被击中时，她又改变了决定。整部电影，尤其是这个片段一直在强调，过桥的代价是生命。

后面的故事进一步强调了这种观点。德国纳粹军队乘着炮艇

图9-12 《最后的桥》剧照（1954），赫尔穆特·考特纳导演。

图9-13 《最后的桥》剧照（1954），赫尔穆特·考特纳导演。

图9-14 《最后的桥》剧照（1954），赫尔穆特·考特纳导演。

在河上破浪而行，顺流而下炸毁了内雷特瓦河上的每一座桥。一个士兵说着炸桥的事，来到了一座破旧的木板桥，游击队员们正抬着受伤的同伴经过，于是这座桥马上变成了战场，打破了桥作为连接的象征。最终，我们来到电影标题中暗示的最后一座桥，一座无法通行互动的桥，被称为"最后的桥"，画面中的护士海尔加成为最终的和解姿态，可惜战争本身并不尊重和解。

最后一座桥分隔着德国纳粹军队与反法西斯游击队。海尔加从德国纳粹这一方出发，打算将医疗用品运送给桥对岸的另一方。她的未婚夫马丁是德国军人，她向爱人承诺运完这一趟就立即回来，马丁非常理解。海尔加走到桥中央时，河对岸传来枪声，她困在桥上想找掩护，还受了伤。敌人停止射击，海尔加慢慢站起来，慢慢地走到游击队一侧，放下物资后走回桥上，想要走回德国纳粹这一边。然而，在双方军队的沉默中，受伤的海尔加最终

每一座桥都连接着另一个世界

倒在了桥上，随后枪战在她身边爆发，没有朋友或爱人来救她。

《最后的桥》中，桥不再承载桥的希望与承诺，不再保障可靠的通行。这部电影从开始到结束，桥始终意味着瓦解、分裂、误解和死亡。护士海尔加作为治愈者与伤痕的修复者，既是双方的桥，又是牺牲品。她关照敌对双方的共同人性，也受到过同等的珍视，但她无法被分享。在敌对双方看来：与其有桥，不如无桥。

大事之桥

联盟本身无所谓价值，评估价值要看结盟的成果。桥之连接不断追问：连接是为了什么，怎样评价连接的效果。对于这个问题，连接欧亚的土耳其提供了一个简单的范例。

1973年，汽运和轮渡早已无法满足伊斯坦布尔的运输需求，于是土耳其建成了第一座横跨欧亚的悬索桥。然而，大桥的建成进一步推高了运输需求，从此穿过博斯普鲁斯海峡的人流量比以前增加了十倍，土耳其打算再建一座大桥。十五年后，也就是1988年，第二座大桥建成并投入使用。大桥启用五年后，大桥脚下的卡吉坦和尤姆拉尼亚地区人口翻了一番还多。[12]2007年，当地人口再次翻倍，这还不包括老房子拆迁、城市衰败以及生活条件受限对人口增长的影响。大桥建成后，伊斯坦布尔发展为世界上第五大城市，人口达到一千五百万。为了应对人流，土耳其认为有必要建设第三座博斯普鲁斯大桥，并于2016年建成了亚武兹苏丹塞利姆大桥。2031年，也就是大桥开通后的第十五年，预计车流量将增长三倍，目前尚无建设辅道缓解交通拥堵的计划。糟糕的是，这座大桥正好位于伊斯坦布尔水资源和生命系统的核心区域，威胁着城市中的生物可持续性。

除了大桥之外，还有1.22亿乘客通过13千米的铁路线，从海底隧道穿越亚欧海峡。土耳其执政党正义与发展党还计划修建运河连接黑海与马尔马拉海，沟通两个水系的桥梁水道。目的何在？为了方便油轮每日往返于博斯普鲁斯海峡，土耳其就能大收过路费。博斯普鲁斯海峡上第三座大桥的所在地，正是当年大流士搭设浮桥之处；如今的运河挖掘计划，与当年薛西斯一世的阿索斯半岛水道计划一脉相承。希罗多德指出，波斯皇帝想要开辟"一条足够宽敞，可容两艘战船并行的水道"；他认为："薛西斯下令挖掘运河，只是为了炫耀文治武功，在历史上留下一笔。"[13] 1453年，奥斯曼人占领君士坦丁堡，仿佛为了证明自己配得上这座城市的辉煌，苏丹巴耶济德二世邀请米开朗基罗和达·芬奇设计了横跨金角湾的大桥。后来，达·芬奇在笔记中留下了大桥的设计稿，米开朗基罗则做了一个模型。建筑历史学家古尔鲁·内吉普奥卢曾以讽刺的口吻评价苏丹激进的造桥计划："巴耶济德二世邀请两位文艺复兴先锋艺术家参与设计，体现了全球视野，表明他愿意仰仗国际力量。"[14]

宏伟的计划与大桥之下，潜藏着不言自明的地缘政治意图：将各个省份置于中央政府的控制之下，纳入国家经济体系，强化终端控制，使地方社群的经济生产与传统文化不再自给自足。大基建不是为了促进多样性，而是为了征服。这桥不是桥，而是终端接触与单向传输。

联合还意味着排外。以色列占领约旦河西岸后，建立高架桥将以色列定居点连接起来，高高地绕过了巴勒斯坦城镇和难民营。面对这样的政治空间，以色列建筑师埃亚勒·魏茨曼写道："独立的安全走廊、基础设施、桥梁和地下通道编织成埃舍尔领域①，令人困惑，充满了不可能，但能使现实领域的空间成倍增长。"[15]以色列高架桥还有700千米曲折的隔离墙和围栏（西岸隔离墙）②，辅以防止车辆出入的沟渠和广阔的无人区，将以色列定居点与巴勒斯坦隔离开来，一方面将孤立破碎的社区连接在一起，另一方面却创造出更多的孤立与破碎。2020年1月28日，唐纳德·特朗普与本雅明·内塔尼亚胡提出了两国分立的和平计划，时任美国发言人向英国广播公司记者保证，以色列定居点周围的"零碎"地区完全可以拼凑出一个巴勒斯坦国。"西岸的零散地区可以通过隧道和桥梁轻松整合。"[16]

---

① 荷兰艺术家M.C.埃舍尔以错觉和幻觉画作而闻名，作品中常有看似不可能的楼梯、走廊和空间。埃舍尔领域描述了城市规划、建筑设计或地理环境中复杂、多层次或看似不合理的空间组织。

② 西岸隔离墙（the West Bank Barrier）是以色列在约旦河西岸建立的隔离设施，旨在分隔以色列和巴勒斯坦领土，保障以色列的国家安全。该隔离墙主要由混凝土墙、铁丝网和监控系统组成，全长约700千米，分为两部分：一部分沿着1967年六日战争前的巴以边界，另一部分深入巴勒斯坦领土，以包含一些以色列定居点。西岸隔离墙的建设始于2002年，分阶段进行。根据以色列政府的说法，隔离墙是为了防止巴勒斯坦武装分子渗透到以色列境内进行恐怖袭击。然而，隔离墙影响了巴勒斯坦人民的生活，包括分割村庄、农田和家庭，导致交通不便，限制了巴勒斯坦人的行动自由等。因此，西岸隔离墙也成为以色列和巴勒斯坦之间争议的焦点。

高速公路、桥梁和隧道是对景观的技术性重置——类似于美国国会选举中操纵选区——是包容与排斥的辩证法，是对内对外的潜在压迫。大脑过度连接会加剧抑郁，通道太多太复杂则难以导航。[17]许多游客都去过威尼斯、阿姆斯特丹和圣彼得堡等桥水相接的城市，他们知道在水道深巷里按照路标腾挪转折有多困难，正如网页导航往往不如人意。一位精神整体主义者①写道："布鲁克林大桥、曼哈顿大桥、乔治·华盛顿大桥和韦拉扎诺大桥将所有纽约人连接在一起，与外部世界相连。"[18]曼哈顿人总是将外地人称为"桥隧人"（bridge and tunnel people）。如今，世界上桥隧人的数量每年以数百万计增长，许多人没有明确的居所，成了"外来居民"。[19]虚拟空间中，人们每日数百次出入于互联网和社交媒体，代理服务器与网络系统不断访问、跟踪、锁定与干涉其数据，他们却对此一无所知。

随着网络的飞速扩散，网内遏制比排斥于网外更令人忧心，皮拉内西《想象的监狱》系列版画的构图基础，就是对这种现象的反乌托邦式阐释。（图9-15和图9-16）过度连接可能会带来不良的后果，小则抑郁，大则偏执，脑子里充满了阴谋论，仿佛世上的一切都源于过度理性的关系。[20]另一些人则表现出相反的效果，造成自我疏离，甚至边缘性精神障碍，精神分析家威尔弗雷德·比昂如是描绘其症状：患者迫使自己对"一切具有连接功能

---

① 精神整体主义者（spiritual holist）指的是关注整体精神健康和福祉的人，他们认为身体、心灵和精神是密不可分的，关注个人与自然、社会和宇宙的联系，强调在生活中寻求平衡、和谐和自我发展。

图9-15 乔瓦尼·巴蒂斯塔·皮拉内西,《吊桥》(1745),铜版画,白纸蚀刻,55.7厘米×41.3厘米。

的事物"进行破坏性攻击。[21]在哲学领域,海德格尔对"一般符号学"表示担忧,这种学说认为,X不能简单地称其为本身,而只能出现在A与B,或者Y与Z的函数之中。[22]

豪尔赫·路易斯·博尔赫斯和伊塔洛·卡尔维诺等奇幻文学爱好者,一直热衷于迷宫式的复杂关系,认为这类小说阐明了无尽的"世间一切事件、人物与物体之间的关联网络"[23]。卡尔维诺在

图9-16 乔瓦尼·巴蒂斯塔·皮拉内西,《烟火》(1745),白纸蚀刻,54.2厘米×40厘米。

《看不见的城市》(1972)中出色地实践了这一原则,这本书仿佛是一系列想象中的城市建筑素描,关联与内涵无法定义或去符号化。法国象征主义诗人阿蒂尔·兰波也曾在一首散文诗中,将伦敦万物与音乐之间的关联——他称之为桥——化作伦理哲学的抽象线条:

桥

水晶般灰色的天空,奇异的桥梁设计,笔直的,拱形的,双桥斜交叉的,于运河的光圈中无处不在。每一座桥都那么修长,那么轻盈,使河岸与苍穹显得如此低沉,如此渺小。有些桥上堆积着老房子,还有些残留着船桅、信号灯与破败的护栏。小调的和弦交织着流淌,琴弦从河岸升起。岸边隐约可见穿着红马甲的演奏者,或许还有其他的服饰与乐器,传来的乐声不知是流行的曲调,是贵族的音乐会,还是赞美诗的余韵?灰蓝色的水面,辽阔得如同海湾。突然一道白光自高空落下,抹杀了这一出喜剧。[24]

兰波的诗歌,如皮拉内西的监狱一样拥挤,桥梁以绘画、音乐与戏剧姿态锚定于沉重的岸边,令其显得低沉渺小,而桥的身姿高高升起。突然,一道闪电自天而降,抹去了这超然空灵的互动"喜剧"。

传统的市民社会由情感和物质联系构成,而隧道、高架桥和大桥却以更加具体的方式——字面上是"抽象"——将主体从环境中抽离,进入也许永无休止的悬浮之中。多少新的工程壮举,竟来自旧帝国的侵略—回避之本意,大桥延伸入新的领域,只为附加于什么之上。到底附加于什么?答案也许是一道通往未来的桥。

·致　谢·

首先，我想感谢亲爱的罗马朋友凯利·津科夫斯基，为本书提供了如此丰富的桥梁资料。这本书的另一位功臣是阿尔贝托·乔治·卡萨尼，他在《桥的形象：符号与建筑》(Bologna: Edizioni Pendragon, 2014)中提及许多类似的问题。当时，我们的写作几乎同步进行，他慷慨地与我分享了他的发现，后来还发表重要文章阐述他的观点。感谢吉尔吉奥·比拉坎尼牵线搭桥，感谢我们共同的朋友亚历山德罗·达尔·拉戈在我们研究洛杉矶瓦茨塔时居中协调。

这本书中的几个想法在以下两篇文章中已有雏形：一篇是《建筑词汇》(*The Architectural Word*)，收录于埃马努埃莱·塞韦里诺和温琴佐·维蒂耶洛编辑的文集《不安的思考：向马西莫·卡恰里致敬》(*Inquieto Pensare: Scritti in onore di Massimo Cacciari*, 2015, 271-282)；另一篇是《伊斯特拉半岛的意大利和祖国：诗歌的启示》(*Istrian Italy and the Homeland The Lessons of Poetry*)，发表于《意大利论坛》(*Forum Italicum*)第47卷，第2期(2013)，第324—335页。

此外还有许多关于桥梁的优秀研究值得参考，包括：弗兰克·布朗温和沃尔特·肖·斯帕罗的《桥梁之书》（*A Book of Bridges*, London: John Lane, 1915）；威尔伯·J. 华生和萨拉·露丝·华生的《历史与传说中的桥梁》（*Bridges in History and Legend*, Cleveland: J. H. Jansen, 1937）；F. W. 罗宾斯的《桥的故事》（*The Story of the Bridge*, Birmingham: Cornish Brothers, 1947）；以及约瑟夫·吉斯的《桥梁与人类》（*Bridges and Men*, New York: Grosset & Dunlap, 1963）。

本书中部分图片的复制得到了大学帮助，特此表示感谢，感谢加利福尼亚大学洛杉矶分校（UCLA）人文学院的院长大卫·沙伯格，欧洲语言和跨文化研究系的主席多米尼克·托马斯。感谢本书中照片作者、版权持有者，以及复制设施的提供者的慷慨支持，特别是萨拉·巴尔蒙德，诺尔·恰帕，伊丽莎白·科尔尼，保罗·德勒·莫纳凯，汤姆·希尔，马修·霍瑟，阿兰·扬松和亚历山德罗·兰泽塔。

最后，我想感谢 UCLA 积极、充满活力、充满求知欲的同学们，包括研究生和本科生，以及斯坦福大学的同学们。尽管我们没有一起具体研究桥梁，但许多课程讨论都涉及这一主题。今后，面对我们继承的文化联系，同学们将决定如何去芜存菁、决定还需要建立哪些新的联系。他们的决定至关重要，需要更多的人文研究支持，以便为决策提供依据——他们是通向未来的桥梁。

·注　释·

前　言

1. 安德里奇（Andrić），《德里纳河大桥》（*Bridge over the Drina*），第208—209页。
2. 罗斯金（Ruskin），"哥特式的本质"（*The Nature of Gothic*），出自《威尼斯之石》（*The Stones of Venice*），第2章，第174页。
3. 此处以及下文段落中的引文来自西梅尔（Simmel）的《桥与门》（*Bridge and Door*），第67—68页。尽管本文的翻译会与里特（Ritter）在《建筑反思》（*Rethinking Architecture*）中的翻译版本（以及迈克尔·卡恩〔Michael Kaern〕的翻译版本和《国际建筑》〔*Lotus International*〕上未署名的文章的翻译）略有不同，但我将继续使用里特翻译版本中的页码。卡恩和《国际建筑》的译本也会列入我的参考书目中。
4. 卡萨尼（Cassani），《桥的形象》（*Figure del ponte*）。
5. 丹尼尔·C. 斯特拉克（Daniel C. Strack）对这座桥梁的近二十个隐含意义进行了评论，毫无疑问，人们还能找到其他含义。详见他的《桥梁项目》（*The Bridge Project*）。斯特拉克还在他的网站上发布了几项关于桥梁的启发性研究，网址：https://www.dcstrack.com/。
6. 海德格尔（Heidegger），《筑·居·思》（*Building Dwelling Thinking*）；戈登（Gordon），《桥》（*Bridges*），第6—7页。
7. 引自齐格蒙特·鲍曼（Bauman），《流动的现代性》（*Liquid Modernity*），保罗·瓦莱里（Paul Valéry）翻译，第1页。
8. 梭罗（Thoreau），《我对自己说》（*I to Myself*），第174页（1853年1月16日的日记）。
9. 尼采（Nietzsche），《快乐的科学》（*Gay Science*），第90页；第一部分第16章，《渡桥》（*Over the Footbridge*）。
10. 卢卡奇（Lukács），《论精神的贫困》（*On Poverty of Spirit*），第44页，译本略有修订。本文另一翻译本也收录在卢卡奇的《灵魂与形态》（*Soul & Form*）中，第201—214页。

第一章 神之造桥

1 赫恩（Hearn），《银河的浪漫》（*Romance of the Milky Way*），第40页。
2 赫恩，《银河的浪漫》，第5—6页。
3 赫恩，《银河的浪漫》，第48—49页。
4 斯蒂德吕松（Sturluson），《埃达》（*Edda*），第15页。
5 林登（Lindow），《北欧神话》（*Norse Mythology*），第81页；西梅克（Simek），《北欧神话词典》（*Dictionary of Northern Mythology*），第36页。更多关于彩虹的民间文化信仰可见萨维-洛佩斯（Savi-Lopez）的《海洋传奇》（*Leggende del mare*），第127—128页。
6 详情可见帕默尔（Palmer）的《赫尔墨斯的极限》（*The Liminality of Hermes*），以及卡拉韦塔（Carravetta）的《难以捉摸的赫尔墨斯》（*The Elusive Hermes*）。
7 斯普劳尔（Sproul），《文化之间的桥梁》（*A Bridge Between Cultures*），第240页。
8 《自然桥梁》（*Natural Bridges*），美国国家公园管理局（U. S. National Park Service）。
9 卢卡特（Luckert），《纳瓦霍山》（*Navajo Mountain*），第60—72页、第134页。
10 贝克威思（Beckwith），《夏威夷神话》（*Hawaiian Mythology*），第38页、第528页。
11 布朗（Brown），《小翅膀》（*Little Wing*），第160页。
12 卢卡特，《纳瓦霍山》，第108页。
13 布哈里（Al-Bukhâri），《布哈里圣训实录》（*Sahîh Al-Bukhâri*），第97部分，第7439章，第324页。
14 帕奇（Patch），《另一个世界》（*Other World*）；丁泽尔巴赫（Dinzelbacher），《中世纪的彼岸之桥》（*Die Jenseitsbrücke im Mittelalter*）。
15 巴利亚尼（Bagliani），《隐喻与建筑之间的桥梁》（*Il ponte fra simbolismo e rappresentazione*），第48页。
16 范·海珀伦（Van Haeperen），《教皇学院》（*Le collège pontifical*）；塞金（Seguin），《关于罗马教皇起源的评论》（*Remarques sur les origines des pontifices romains*）。
17 关于教皇称号的基督教化，详见帕斯卡尔（Pascal），《基督教在中世纪的应用》（*Mediaeval Uses of Christianity*），第193—197页。384—604年，三位教皇（西里库斯〔Siricius〕、利奥〔Leo〕和格列高利〔Gregory〕）曾被授予大主教称号，但直到15世纪，这个称号才成为罗马教会领袖的标准荣誉称号。关于格拉蒂安拒绝穿教皇袍和佐西穆斯的证词，见奈特（Knight），《桥梁》（*Bridges*）。
18 他是公元前89年的最高祭司昆图斯·斯加沃拉（Quintus Scaevola）。尽管他的观点特立独行，但历史学家们考虑到桥梁在神圣水域和伊特鲁里亚多水域的重要作用，认为这正是学院成立的根本原因。语言学专家瓦罗（Varro）本人不同意教皇加沃拉的观点，如今大多数学者都认为这一精神称谓的来源是 pons 而不是 posse。除此之外，还有一个替代 pontifes 的词源是意大利语 pompe，意为"五"。1931年，意大利语言学家弗朗西斯科·里贝佐（Francesco Ribezzo）首次提出这一论点，指出了该学院的另一种可能的起源：在瓦罗和斯凯沃拉之前的几个世纪，即萨宾王统治时期，甚至可能是第一任教皇努马·庞皮利乌斯统治时期，由五个人组成的委员会在罗马举行神圣仪式。卡瓦纳（Kavanagh）在"重新审视宗座、造桥和里贝佐"一文中系统地重新提出了这一观点。关于"造桥者"与桥梁建造之间联系的其他研究，详见克里弗（Crifò）的《关于教皇》（*A proposito di pontifices*）；尚波（Champeux）的《罗马的桥梁、通道和宗教》（*Ponts, passage, religion à Rome*）；以及哈勒特（Hallett），"'渡过难关'：标题造桥者的含义"（*'Over Troubled Waters': The Meaning of the Title Pontifex*）。

19 霍兰（Holland），《雅努斯与桥》（*Janus and the Bridge*），第69页。

20 库马拉斯瓦米（Coomaraswamy），《危险的福利之桥》（*Perilous Bridge of Welfare*），第196页；本维尼斯特（Benveniste），《普通语言学问题》（*Problèmes de linguistique générale*），第297—298页。范·海珀伦的《教皇学院》一书中提到的六位学者（包括赫尔比希〔Herbig〕、拉特〔Latte〕、菲吉耶〔Fugier〕和迪梅齐〔Dumézil〕）一致认为，pánthāh 是 pontifex 最古老的功能来源。

21 范·海珀伦，《教皇学院》，第40页。

22 卜尼法斯八世（Boniface VIII），《一圣教谕》（*Unam Sanctam*）。

23 但丁·阿利吉耶里（Dante Alighieri），《神曲：地狱篇》（*Divine Comedy: Inferno*），第18曲，第25—33行。此后所有引用《地狱篇》的内容均指该译本，并在括号中注明第几曲和行号。

24 弗罗辛厄姆（Frothingham），《罗马城市》（*Roman Cities*）；弗雷泽（Frazer），《原始宗教中的死亡恐惧》（*Fear of the Dead*），第1章，第181—182页，第2章，第46—50页；库蒙特（Cumont），《罗马异教中的来世生活》（*After Life in Roman Paganism*）。

25 艾略特（Eliot），《荒原》（*The Waste Land*），"死者的葬礼"（"The Burial of the Dead"），第60—63行。

26 多雷（Doré），《中国民间信仰研究》（*Researches into Chinese Superstitions*），第7章，第301—302页。

27 埃利斯（Ellis），《第二十一诗章：有争议的喜剧》（*Canto XXI: Controversial Comedy*），第292页；朱塞佩·巴利维（Giuseppe Baglivi）和加勒特·麦卡琴（Garrett McCutchan），《但丁，基督和倒塌的桥梁》（*Dante, Christ, and the Fallen Bridges*）；查尔斯·S. 辛格尔顿（Charles S. Singleton），《回顾中的景观》（*The Vistas in Retrospect*）。

28 锡耶纳的圣加大利纳（St. Catherine of Siena），《自由裁量权专著》（*A Treatise of Discretion*），第21—22页。

29 威廉·布莱克（Blake），《耶路撒冷：巨人阿尔比恩的析出》（*Jerusalem: The Emanation of the Giant Albion*），第232页，图版77。

30 罗（Roe），《布莱克的插画》（*Blake's Illustrations*），第100页。

31 参见《德·桑蒂斯，布莱克和但丁》（*De Santis, Blake and Dante*）。

32 兰彻斯特（Lanchester），《花朵闪烁》（*Flashes of Flora*）。

33 汉娜·阿伦特（Hannah Arendt），《不再》（*No Longer*），第122页。

34 汉娜·阿伦特，《不再》，第124—125页。在第一句引文中，阿伦特引用了布洛赫的话语。

35 布洛赫（Broch），《维吉尔之死》（*Death of Virgil*），第388页。相同的重要片段出现在第321页、第373—378页和第384页。

第二章 桥上人生

1 纳蒂尔博夫（Natirbov），《克里斯蒂娜·韦斯顿〈世界是一座桥〉》（*The World Is A Bridge*, by Christine Weston），第364页。

2 汉娜·阿伦特，《精神生活·思维》（*Life of the Mind*），第1章，第200页。关于耶稣在伊斯兰教中的地位，见《穆斯林的耶稣》（*The Muslim Jesus*），哈立迪（Khalidi）编。

3 怀尔德（Wilder），《与桑顿·怀尔德对话》（*Conversations with Thornton Wilder*），第88页。

4 怀尔德，《圣路易斯雷大桥》（*The Bridge of San Luis Rey*），第97页。后续引用自这部小说的内容将括号内标注。

5 拉金（Larkin），《生命之桥》（*Bridge for the Living*），第203—204页。

6 马卡什（Makaš），《代表竞争身份》（*Representing Competing Identities*），第203页。

7 塔西佗（Tacitus），《编年史》（*Annals*），第13页，第47页。

8 霍夫费尔（Höfferer），《文学之旅：罗马》（*A Literary Journey to Rome*），第16—17页。

9 该翻译版本是根据理查德·威尔伯（Richard Wilbur）所改编，载于《新诗集与精选》（*New and Collected Poems*，纽约，哈考特·布拉斯和乔瓦诺维奇出版公司，1988年版），第28页。

10 卓别林在1971年重新编辑《孩子》时删掉了在桥上自杀的场景，这可能是因为电影引发了现实生活中有人模仿这一行为，从而从同一座桥上跳下。关于电影中桥梁的诸多作用，请参阅纳弗斯（Nafus）的《赛璐珞联系：电影中的桥梁》（*Celluloid Connections: The Bridge in Cinema*），也可参阅杜普蕾（Dupré）的《桥梁》（*Bridges*），第93页。

11 请参阅尼科莱蒂（Nicoletti）的《向下的社会流动》（*Downward Mobility*）。

12 里佐（Rizzo），《威尼斯的桥梁》（*Ponti di Venezia*），第284—286页；史密斯（Smith），《乳房文化百科全书》（*Cultural Encyclopedia of the Breast*）。

13 贾达夫（Jadhav），《在爸爸桥下》（*Under Dadar Bridge*），第11章，第147页。

14 尤维纳利斯（Juvenal），《讽刺诗14》（*Satires 14*），第134行：有人会否认其中一座桥（*inuitatus ad haec aliquis de ponte negaret*）。

15 奥丁（Oudin），《法国奇闻逸事，作为词典的补充》（*Curiositéz françoises, pour supplément aux dictionnaires*），第438页；詹姆斯－劳尔（James-Raoul），《成语中的桥》（*Le pont dans les locutions*），第304页。

16 阿纳托尔·法朗士（Anatole France），《红百合花》（*Red Lily*），第7章。

17 罗特（Roth），《圣饮者传说》（*The Legend of the Holy Drinker*），第43页。后续引用的此版本内容的页码将在括号内标注。

18 祖拉夫斯基（Zurawsky），用户评论，来自涅槃乐队的专辑《无所谓》。

19 德利（Delli），《罗马的桥梁》（*Ponti di Roma*），第66页。关于各个时代人们居住的桥梁的丰富资料来源是《居住的桥梁》（*Ponti abitati*），这是期刊《综述》（*Rassegna*）的一期特刊，由德蒂埃（Dethier）和伊顿（Eaton）编辑。其他有价值的研究包括《生活之桥》，由穆雷（Murray）和史蒂文斯（Stevens）编辑，以及由比奥（Biau）编辑的《桥梁与城市》（*The Bridge and the City*）。

20 阿尔伯蒂（Alberti），《论建筑艺术》（*On the Art of Building*），第262页。

21 安德里奇，《德里纳河大桥》，第14页和第15页。

22 迪·谢纳（Di Siena），《台伯河上的两座人行桥》（*Due ponti pedonali sul Tevere*），第44—72页。

23 丹尼尔·比奥，《桥梁与城市》，第41—42页。也可参阅凯尔（Keil），《人行天桥》（*Pedestrian Bridges*）。

24 这些及其他现代主义项目，都在德蒂埃和伊顿所编辑的《居住的桥梁》的一书第54—55页、第82—88页中有所概述。

25 毕晓普（Bishop），《桥梁》（*Bridge*），第203页。过去二十年中，《跨越世界的桥梁》（*Bridges Spanning the World*）和《桥梁》这两本优秀的参考书都记录了巧妙且壮观的桥梁建筑。

26 巴尔蒙德（Balmond），《跨界》（*Crossover*），第244页。巴尔蒙德在其中写道："我对当地的传说一无所知，这是市长在奠基仪式上告诉我的。"

第三章 音乐之桥

1 这三个引用都来自南希的《倾听》(*Listening*),第6页和第14页。对声音现象进行研究的类似观点还包括鲍曼(Bowman),《音乐哲学观点》(*Philosophical Perspectives on Music*)以及克利夫顿(Clifton)的《所听即音乐》(*Music as Heard*)。

2 伯罗斯(Burrows),《声音、语言和音乐》(*Sound, Speech and Music*),第91页;西蒙娜·薇依,《人类的特质》(*Human Personality*),第71页。

3 这两个引用来自伯罗斯的《声音、语言和音乐》,第21页,以及南希的《倾听》,第8页。

4 汉娜·阿伦特,《精神生活·思维》,第1章,第47页。

5 克利夫顿,《所听即音乐》,第290页。

6 南希,《倾听》,第52—53页。

7 伯罗斯,《声音、语言和音乐》,第38页。

8 贾科莫·莱奥帕尔迪(Giacomo Leopardi),《童年回忆录》(*Ricordi d'infanzia*),第1102页。关于这段中声音的其他功能,请参阅丹蒂诺(D'Intino)的《衰落与回归》(*La caduta e il ritorno*),第39—40页。关于莱奥帕尔迪诗歌中的声音美学,请参阅布罗斯(Brose)的《莱奥帕尔迪与声音的力量》(*Leopardi and the Power of Sound*)。

9 贾科莫·莱奥帕尔迪,《杂记》(*Zibaldone*),第57页。

10 贾科莫·莱奥帕尔迪,《童年回忆录》,第1101页。

11 贾科莫·莱奥帕尔迪,《无限》(*L'infinito*),第106—107页,翻译略有修改。

12 哈里森(Harrison),《离屏空间》(*Offscreen Space*);佩雷茨(Peretz),《离屏》(*The Off-Screen*)。

13 荷尔德林(Hölderlin),见《精选诗歌》(*Selected Poems*),第20—21页,《海德堡》(*Heidelberg*),第5—8行。

14 埃米尔·施塔格尔(Emil Staiger)和威廉·施奈德(Wilhelm Schneider)阐述了这两个层面,西茨(Sitz)在《荷尔德林的〈海德堡颂〉》(*Hölderlin's "Ode to Heidelberg"*)一文中都讨论过,第156页。

15 翁加雷蒂(Ungaretti),《怀旧》(*Nostalgia*),收录于《一个人的生活》(*Vita d'un uomo*),第54页。托尼·克莱因(Tony Kline)的翻译版本可见:https://www.poetsofmodernity.xyz/POMBR/Italian/Five ItalianPoets.php#anchor_Toc326225696。

16 加缪(Camus),《堕落》(*The Fall*),第6章。

17 克莱恩,《致布鲁克林大桥》(*To Brooklyn Bridge*),见《桥》(*The Bridge*),第3—4页,第17—20行。当没有诗和行号标识时,引用本作品将在本版本中注明页数。

18 丰塔纳(Fontana),《布鲁克林大桥振荡的钢格》(*Oscillating Steel Grids along the*

每一座桥都连接着另一个世界

Brooklyn Bridge》，1983年出版。"声音雕塑"（sound sculpture）的46分钟现场片段可见：http://resoundings.org/Pages/Oscillating.html。

19 丰塔纳，《环境》（Environment），25年后，在金门大桥75周年纪念之际，丰塔纳发表了后续作品《金门大桥的声音雕塑》（Acoustical Visions of the Golden Gate Bridge，2012）。

20 丰塔纳，《环境》。

21 丰塔纳，《科隆》（Cologne）。

22 凯奇（Cage），《音乐的未来：信仰》（Future of Music: Credo），第25页。

23 丰塔纳，《科隆》。

24 罗斯（Rose），《项目大纲》（Project Outline）。

25 塞雷斯（Serres），《天使与桥梁艺术》（Angels and L'Art des ponts）。

26 约翰·凯奇，引自里维尔（Revill）的《咆哮的沉默》（Roaring Silence），第52页。

27 甘巴库尔塔（Gambacurta），《自鸣乐器》（Autophones）。

28 甘巴库尔塔，《自鸣乐器》。

29 叔本华（Schopenhauer），《作为意志和表象的世界》（World as Will），第2卷，第13章。

30 阿金（Akin），《穿越大桥》（Crossing the Bridge），第3集，第7分35秒至第8分10秒。

31 兰德尔（Randel），《新哈佛音乐字典》（New Harvard Dictionary of Music），第113—114页。

32 戈尔森（Golson），《花花公子与约翰·列侬和小野洋子的采访》（Playboy Interviews with John Lennon & Yoko Ono），第183页。列侬唯一提到合唱的歌曲《买不到我的爱》（Can't Buy Me Love）也在第183页。

33 阿尔伯蒂，《论建筑艺术》，第107、262页。

34 这些引用来自罗伯特·约翰逊（Robert Johnson）的《气垫车之歌》（Terraplane Blues，1936）；朱尔斯·比哈里（Jules Bihari）和B. B. 金（B. B. King）的《这是我的错》（It's My Own Fault，1961）；普雷斯顿·福斯特（Preston Foster）的《我的魔力在发挥作用》（Got My Mojo Workin，1956）；马迪·沃特斯（Muddy Waters）的《吹吧，风》（Blow Wind Blow，1953）；特蕾西·查普曼（Tracy Chapman）的《给我一个理由》（Give Me One Reason，1989）。关于蓝调音乐的表演情境，会在接下来的内容中进一步讨论，请参见费里斯（Ferris）的《三角洲蓝调》（Blues from the Delta），第101—103页，凯尔的《城市蓝调》（Urban Blues），第6章和第7章。

35 麦克拉蕊（McClary），《思考蓝调》（Thinking Blues），收录于《传统智慧》（Conventional Wisdom），第32—62页。关于女性蓝调音乐的性感和自我肯定风格，可参见杰克逊（Jackson）的《心情好的坏女人》（A Bad Woman Feeling Good）；戴维斯（Davis）的《蓝调传承与黑人女权主义》（Blues Legacies and Black Feminism）；以及卡

比（Carby）的《有时候就是这样》(*It Jus Be's Dat Way Sometime*)。

36 巴雷塔（Barretta），《南方蓝调复兴的表现》(*Southern Expressions of the Blues Revival*)。

37 施瓦茨（Schwartz），《英国如何接受蓝调音乐》(*How Britain Got the Blues*)。其他关于美国到英国跨界研究的优秀批评性著作包括米尔沃德（Milward）的《十字路口》(*Crossroads*)；阿德尔特（Adelt）的《蓝调音乐》(*Blues Music*)；凯利特（Kellett）的《父亲与儿子》(*Fathers and Sons*)；麦克斯特拉维奇（McStravick）和鲁斯（Roos）的《蓝调-摇滚爆炸》(*Blues-Rock Explosion*)；以及贝恩（Bane）的《白人男孩唱蓝调》(*White Boy Singin' the Blues*)。

38 阿尔文·李（Alvin Lee），引自雅德利（Yardley）的《阿尔文·李》。

39 埃里克·克莱普顿（Eric Clapton），引自阿德尔特的《蓝调音乐》，第61页。

40 引自道尔（Doyle）的《承诺》(*Commitments*)，第9页。

41 引自丹尼·柯万（Danny Kirwan），引自塞姆林斯（Celmins）的《一次罕见的相遇》(*A Rare Encounter*)。

第四章　桥上的兄弟与敌人

1 格莱戈尔（Grégoire），《历史研究》(*Recherches historiques*)，第62页。

2 保卢斯（Paulus），《特赦》(*Indulgences*)，第86页。

3 乔治·拉辛格（Georg Ratzinger），引自保卢斯《特赦》，第77—78页。

4 布鲁吉埃-鲁尔（Bruguier-Roure），《桥梁建造者》(*Les constructeurs de ponts*)，第232页。

5 布罗德曼（Brodman），《慈善和宗教》(*Charity and Religion*)，第123页。

6 保卢斯，《特赦》，第79页。关于1196—1208年之间的秩序的描述来自博耶尔（Boyer）《造桥兄弟会》(*Bridgebuilding Brotherhoods*)，第640页。

7 这三个引用均来自J. 贝克尔（J. Becker）《中世纪桥梁建筑的宗教意义》(*Die religiöse Bedeutung des Brückenbaues im Mittelalte*)，收录于新版《法兰克福历史档案》(*Archive für Frankfurter Geschichte*)，4: 10（法兰克福，1869）, 引自保卢斯《特赦》，第68页。

8 一些早期的收容所记录来自贝莱格里尼（Pellegrini），《帕尔玛的收容所》(*Gli xenodochi di Parma*)。

9 卡达莱（Kadare），《三孔桥》(*Three-Arched Bridge*)，第29—30页。

10 卡达莱，《三孔桥》，第5—26页。

11 西格勒（Sigler），《跨越民间传说的桥梁》(*Crossing Folkloric Bridges*)。关于与魔鬼的契约传说，请参见加兰蒂（Galanti），《传说》(*La leggenda*)，以及科基亚拉（Cocchiara），《意大利民间传说中的魔鬼》(*Il diavolo nella tradizione popolare*

italiana)。

12　埃利亚德（Eliade），《大师马诺勒》（*Master Manole*），第184页。另参阅平扎（Pinza），《保存头颅》（*Conservazione delle teste umane*），以及塞奈恩（Sainéan），《建筑仪式》（*Les Rites de la construction*）。

13　古尔德（Gould），《寓言》（*Allegory*），第211页。

14　安德里奇，《德里纳河大桥》，第16页。

15　这首民谣中妻子筑桥的情节，请参见曼德尔（Mandel），《阿尔塔桥上的牺牲》（*Sacrifice at the Bridge of Arta*）中的试探性女权主义解读。有关牺牲女性做桥基的更全面分析，请参见肖特（Schott）《性别暴力的牺牲》（*Sexual Violence Sacrifice*）。巴尔干地区从12世纪以来关于妻子和桥的民谣的演变和变异，可以参考维拉尔巴（Villalba）《不和谐的拱门》（*Arches of Discord*）、列奥蒂斯（Leontis）《古典与巴尔干之间的桥梁》（*Bridge Between the Classical and the Balkan*）、杜内斯（Dunes）《封住的妻子》（*Walled-up Wife*）、科基亚拉《乌尔迦尼亚之地》（*Il Paese di Cuccagna*）、瓦吉亚斯（Vargyas）《〈封住的妻子〉的起源》（*Origin of the "Walled-Up Wife"*）等。另请参阅斯坦内斯科（Stanesco）《从剑桥到末日的桥梁》（*Du pont de l'épée au pont eschatologique*）。

16　关于卡达莱的这个问题，可以参考克劳德·托马塞（Claude Thomasset），《中世纪桥梁的建设》（*La Construction du pont medieval*）、卡萨尼的《摧毁桥梁？》（*Distruggere i ponti?*）。

17　参见卡达莱《三孔桥》，第110、145、170页。后文引用的这部小说的内容的页码将在括号中注明。

18　参见雷诺兹（Reynolds）《桥向无方》（*Bridge to Nowhere*）。凯泽莱（Kezele）拍摄了一部富有同情心的虚构电影，名为《美丽国度》（*My Beautiful Country*），该片涉及这一边境冲突；比阿利斯（Bialis）和伊勒（Ealer）拍摄了一部翔实的纪录片《桥边风景》（*View from the Bridge*）。

19　加罗德（Garrod），亚伍德（Yarwood）《重建莫斯塔尔》（*Rebuilding Mostar*）的前言，第ix页。

20　亚伍德，《重建莫斯塔尔》，第4页。

21　赫奇斯（Hedges），《战争是一种力量》（*War Is a Force*），第73页。另见帕希奇（Pašić）的《老桥》（*The Old Bridge*），以及彼得·毕晓普的《桥梁》，第157—161页。

22　安德里奇，《德里纳河大桥》，第25页。后文引用的这部小说的内容的页码将在括号中注明。

23　康普罗内（Comprone），《异同、暴力与历史》（*Alterity, Violence, and History*）。

24 安德里奇,《德里纳河大桥》,第208—209页。
25 安德里奇,《德里纳河大桥》,第210—211页。米卢蒂诺维奇(Milutinović)关于实质性和功能结构联系的引语来自《安德里奇的救赎策略》(Andrić's Strategy of Redemption)。
26 康普罗内,《异同、暴力与历史》,第265页。
27 赫奇斯,《战争是一种力量》,第64页。关于波斯尼亚人民对安德里奇作品的反对,可参考拉基奇(Rakić)的《证据就在布丁中》(The Proof Is in the Pudding)。
28 赫奇斯,《战争是一种力量》,第112页。

第五章 文辞之桥

1 罗特,《阿维尼翁》(Avignon),摘自《白色城市》(The White Cities),第100—101页。
2 第二条及之后三个引文来自弗里德里希·尼采的《康复者》(The Convalescent),§2,《查拉图斯特如是说》(Thus Spoke Zarathustra),在《尼采文选》(The Portable Nietzsche)中;《查拉图斯特拉如是说》的其他引文将在正文中用括号引用方式标明。为了满足国际读者的需要,尼采作品的引文(如有可能)将参照章节和段落(§),而不是页码。除非另有说明,所有《查拉图斯特拉如是说》的引文使用《尼采文选》中的考夫曼(Kaufmann)翻译版本。
3 实际上,斯洛特戴克(Sloterdijk)在《你必须改变你的生活》(You Must Change your Life)第9页提到了这一点。海德格尔的格言出自他的《关于人道主义的信函》(Letter on Humanism),第217页。
4 弗里德里希·尼采,《论真理与谎言》(On Truth and Lie),第46—47页。
5 弗里德里希·尼采,《只是傻瓜!只是诗人!》(Nur Narr! Nur Dichter!),收录于《狄俄尼索斯酒歌》(Dionysos-Dithyramben),在线版本可参考"尼采频道"(Nietzsche Channel),链接:http://www.thenietzschechannel.com/works-pub/dd/dd-dual.htm。关于这首诗作的变体,请参考"尼采文献:数字批判版(eKGWB)",链接:http://www.nietzschesource.org/#eKGWB。
6 尼采,《人性的,太人性的》,第1卷,§189。
7 尼采,《尼采遗稿选》(Nachgelassene Fragmente,或名为《尼采遗诗选》〔Posthumous Fragments〕),eKGWB/NF-1884, 28[20],在线版本可参考"尼采文献"(Nietzsche Source),链接:http://www.nietzschesource.org/#eKGWB/NF-1884,28 [20]。
8 保罗·瓦莱里,《诗歌与抽象思维》(Poésie et pensée abstraite),1939年在牛津大学的演讲,收录于《作品I》,第1317—1318页。英文翻译收录于瓦莱里的《诗歌艺术》(Art

of Poetry），第55—56页。
9 伊塔洛·卡尔维诺（Italo Calvino），《六堂演讲》(*Six Memos*)，第77页。
10 伽达默尔（Gadamer），《真理与方法》(*Truth and Method*)，第469页。
11 保罗·利科（Ricoeur），《隐喻与解释学的主要问题》(*Metaphor and the Main Problem of Hermeneutics*)。
12 词典网：Dictionary.com。
13 乔治·拉科夫（Lakoff）和马克·约翰逊（Johnson），《我们生活的隐喻》(*Metaphors We Live By*)，第28—31页。
14 科维泽什（Kövecses），《隐喻的起源》(*Where Metaphors Come From*)，第ix—x页。
15 伽达默尔，《真理与方法》，第406页。
16 伽达默尔，《真理与方法》，第431页。
17 德里达（Derrida），《海德格尔》(*Heidegger*)，第190页。
18 伽达默尔，《真理与方法》，第429页。
19 费诺罗莎（Fenollosa），《论汉字的写作特性》(*An Essay on the Chinese Written Character*)，第377页。
20 塞缪尔·约翰逊（Samuel Johnson）在理查兹（Richards）的《修辞学哲学》(*Philosophy of Rhetoric*)中引用，第93页。后续引文引自理查兹的著作，页码以括号方式标注。
21 布勒东（Breton），《沟通容器》(*Communicating Vessels*)，第109页。
22 洛奇（Lodge），《现代写作模式》(*Modes of Modern Writing*)，第109页。
23 保罗·利科，《聆听耶稣的比喻》(*Listening to the Parables of Jesus*)，第239页。
24 斯洛特戴克，《改变你的生活》，第205页。
25 布伯（Buber），《道的教诲》)(*Teaching of the Tao*)，第35页。
26 保罗·利科，《比喻》，第242页。
27 保罗·利科，《比喻》，第242页。
28 保罗·利科，《比喻》，第244页。
29 毕加索（Picasso），引自吉洛（Gilot）和莱克（Lake）的《与毕加索的生活》(*Life with Picasso*)，第51页。富兰克林·R.罗杰斯（Rogers）在《绘画与诗歌》(*Painting and Poetry*)一书中第125—127页对该观点进行了有启发性的讨论。
30 史蒂文斯，《思维终点的棕榈树》(*The Palm at the End of the Mind*)，第240页。
31 帕克（Parker），《隐喻的动机》(*The Motive for Metaphor*)，第87页。
32 艾米莉·狄金森，《诗集》(*Poems*)，第70页。诗歌721，第1—3行。
33 豪（Howe），《我的艾米莉·狄金森》(*My Emily Dickinson*)，第97页。

34 尼采,《超越善恶》(Beyond Good and Evil),§126。

35 门加尔多(Mengaldo),《保留与揭露的策略》(Strategie di reticenza e demistificazione),第37页。

36 尼采,出自尼采1885年5月20日写给伊丽莎白·尼采的信件,详见网址:http://www.nietzschesource.org/#eKGWB/BVN-1885,601a。

37 《一个好欧洲人的思考和破折号》(Gedanken und Gedankenstriche eines guten Europäers);《问题和破折号》(Fragen und Gedankenstriche);《弗里德里希·尼采的初步思考和破折号》(Vorläufige Gedanken und Gedankenstriche von Friedrich Nietzsche);《一位心理学家的破折号》(Gedankenstriche eines Psychologen);尼采,《尼采遗稿选》,NF-1885,1[232];NF-1885,2[43];NF-1885,35[8];NF-1885,36[55],详见网址:http://www.nietzschesource.org/#eKGWB/NF-1885,1[1]和 http://www.nietzschesource.org/#eKGWB/NF-1885,35。

38 理查兹,《修辞学哲学》,第131页。

39 所有这些引语都来自克莱恩的《桥》,第21—23行。当引语未通过诗歌和行号进行标识时,本版本中其他来自《桥梁》的引语将以页码为参考。

40 克莱恩,《总体目标和理论》(General Aims and Theories),第163页。

41 参见贝克特(Beckett),《克莱恩〈桥〉中隐喻的逻辑与非逻辑》(The (Il)logic of Metaphor in Crane's The Bridge)。

42 克莱恩,引自《桥》,第9行;给奥托·康恩(Otto Kahn)的信。

43 哈默(Hammer),《哈特·克莱恩在〈桥〉中的观点》。在对克莱恩诗作的接受中,对"融合"(fusion)和"混乱"(con-fusion)这两个术语的运用可以追溯到它的最早读者,塔特(Tate)将混乱解释为"时代内在相互纷乱的阶段"。参见塔特的论文《关于"感觉的强度"》(On the "Intensity of Sensation"),第103页。

第六章 桥如绞架

1 参见戴维斯(Davies)的《死亡与皇帝》(Death and the Emperor),第10—11页、第82—83页、第159—163页。

2 多诺弗里奥(D'Onofrio),《吉安·洛伦佐·贝尼尼》(Gian Lorenzo Bernini),第80页;威尔(Weil),《历史与装饰》(History and Decoration),第89—103页。

3 德利,《罗马的桥梁》,第79页。在伦敦桥上也经常散落着四肢残骸,这个地方在歌曲《伦敦桥倒塌了》中被认为是儿童基础祭祀的地点。爱丽丝·戈姆(Alice Gomme)的《传统游戏》(Traditional Games)第347页写道:"囚犯的首级在执行后一直被放在桥上,

4 这个最美的人名叫贝亚特里切·琴奇（Beatrice Cenci），法尔科尼（Falconi）在《罗马的幽灵》（I fantasmi di Roma），第54—63页讲述了他的悲剧故事。

5 多诺弗里奥，《台伯河旁》（Il Tevere），第232页。

6 伯勒斯（Burroughs），《天使下方》（Below the Angel），第97页。

7 薄伽丘（Boccacio）的《鹅桥》（Ponte dell'Oca）中运用了这一主题，讲述了一个妻子被打的悲惨故事，桥的名字令人将她和一只鹅联想在一起，在意大利语中指代呆瓜。参见薄伽丘《十日谈》9：9。关于在桥上打驴的说法，请参见詹姆斯-劳尔，《成语中的桥》，第300页。

8 德利，《罗马的桥梁》，第82页。

9 利特尔（Little），《生活与来世》（Life and Afterlife），第31—32页。

10 加代尔（Gardet），《伊斯兰》（Islam），第87页。

11 哈利卡尔那索斯的狄奥尼西奥斯（Dionysius of Halicarnassus），《罗马古代史》（Roman Antiquities），1.38。

12 弗雷泽的引语出自他的《第五卷注释》（Commentary on Book V）第82页。哈利卡尔那索斯的狄奥尼西奥斯在《罗马古代史》中讨论了稻草人仪式的礼仪。普鲁塔克（Plutarch）对于5月中的 depontani（转译为清明时节人离开某地的意思）和婚姻的观点被塞皮利（Seppilli）在《水的神圣性和桥梁亵渎》（Sacralità dell'acqua e sacrilegio dei ponti）一书第67页引用。关于"将老人扔下桥"（sexagenarios de ponte）这一短语的含义自从公元2世纪的塞克斯图斯·庞培·费斯图斯（Sextus Pompeius Festus）开始就存在争议（奈特，《桥梁》，第849页；弗雷泽的《注释》，第74—110页；克洛茨〔Klotz〕，《六十岁的人》〔Sexagenarii〕）。关于稻草人仪式的净化目的，请参阅齐奥尔科夫斯基（Ziólkowski）的《城市的净化仪式》（Ritual Cleaning-Up of the City）一文；华莱士-哈德里尔（Wallace-Hadrill）的《罗马的文化革命》（Rome's Cultural Revolution），第260—264页；以及曼西尼（Mancini）的《敬畏和迷信》（Pietas e superstitio）。考虑到拉丁语表达 de ponte dejici（把某人推到桥下）用来指代失去选举权的公民，也许 depontani 并不是指那些被从桥上推下去致死的人，而只是那些——也许是老年人——被拒之桥外，无法前往罗马的投票站的人。关于这一点，请参阅詹姆斯-劳尔的《成语中的桥》，第317页。

13 阿马代（Amadei），《罗马的桥梁》（I ponti di Roma），第9页。

14 塞皮利在《水的神圣性和桥梁亵渎》第73页，提到了西塞罗的逸事。该著作的第74—78页，塞皮利还讨论了不同文化中对长者进行杀戮仪式的情况。

15 德利，《罗马的桥梁》，第102—103页。

16 参见塞尔斯（Sells），《桥梁的背叛》(*The Bridge Betrayed*)，第165页。

17 比尔斯（Bierce），《鹰溪桥事件》(*An Occurrence at Owl Creek Bridge*)，第9页。后续页码将在括号中标示。

18 斯特拉克，《当生命之路穿过时间之河》(*When the Path of Life Crosses the River of Time*)，第6页。

19 比德曼（Biedermann），《象征主义辞典》(*Dictionary of Symbolism*)，第249—250页。

20 科诺基-布尔涅，《维吉尔桥》(*Le pont de Virgile*)，第50页。关于桥梁作为仪式过程的象征性请参阅库马拉斯瓦米，《危险的福利之桥》；舍瓦利耶和格尔布兰特（Chevalier and Gheerbrandt），《桥梁》(*Ponts*)，第47—49页；博耶尔，《中世纪法国桥梁》(*Medieval French Bridges*)；以及帕斯特雷，《在桥上战斗》(*Se battre sur le pont*)。

21 可参考费伦齐（Ferenczi）的两部作品：《桥梁的象征意义》(*Symbolism of the Bridge*)和《桥梁象征与唐璜传说》(*Bridge Symbolism and the Don Juan Legend*)。还可以参考戈登，《桥》，第69—84页，在其中她写到，为了让桥茎"作为一座桥梁发挥作用，我建议一个人必须已经感受到并意识到自己本质上的分离带来的焦虑和沮丧，感受和经历'将一个人划分和切割'的事物"（第71页）。还可以参考罗海姆（Róheim），《灵性、魔术与神圣之王》(*Magic, and the Divine King*)，第44—57页。

22 彼得·斯洛特戴克，《球体》(*Spheres*)。第1卷：《泡沫，微球理论》(*Bubbles, Microspherology*)，第295、320页。

23 冯·贝特（Von Beit），《童话的象征学》(*Symbolik des Märchens*)。赖姆博尔德（Reimbold）在《桥作为象征》(*Die Brücke als Symbol*)中区分了荣格派和弗洛伊德派对桥梁的处理方法。

24 弗朗茨·卡夫卡，《审判》，第16页。

25 弗朗茨·卡夫卡，《审判》，第283页。

26 弗朗茨·卡夫卡，《审判》，第285页。

27 参见弗朗茨·卡夫卡，《桥》(*The Bridge*)，第411页。

28 贺拉斯（Horace），《讽刺诗》(*Satires*) 2, 3，第32—41行。

29 尤维纳利斯，《讽刺诗》，6，第28—32行。

30 歌德（Goethe），《意大利游记》(*Italienische Reise*)，1786年10月27日晚。

31 莱维特（Leavitt），《弗洛伦萨：一个微妙的案例》(*Florence: A Delicate Case*)。

32 马盖里尼（Magherini），《圣德菲综合症》(*La sindrome di Stendhal*)。

33 库克（Cook），《反对说"自杀是解决暂时问题的永久解决方案"》(*The Case against Saying "Suicide Is a Permanent Solution to a Temporary Problem"*)。

34 这些估计数据来自保罗·格罗莫斯亚克（Paul Gromosiak），引自赫德森（Hudson），

《自杀季节》(Suicide Season)。

35 关于不同自杀方式的频率,请参见网址:http://webappa.cdc.gov/cgi-bin/broker.exe 和 http://www.suicide.org/suicide-statistics.html。关于前往马林县结束生命的人,请参见网址:http://www.miller-mccune.com/culture-society/golden-gate-bridge-suicides-then-and-now-25290/。

36 斯蒂尔(Steel),《采访,第一部分》(Interview, Part I)。

37 泰鲁,《致编者信》(Letter to the Editor)。

38 凯尼格(Koenig),《受到自杀青睐》(Favored by Suicides)。

39 佩特(Pater),《文艺复兴后记》("Conclusion" to The Renaissance),第114页。

40 贾科莫·莱奥帕尔迪,《物理学家和形而上学家的对话》(Dialogue of a Physicist and a Metaphysician),第87页。

41 老普林尼,《博物志》(Naturalis Historia),第4章,第89页。

42 贾科莫·莱奥帕尔迪,《克里斯托弗·哥伦布和佩德罗·古铁雷斯的对话》(Dialogue of Christopher Columbus and Pedro Gutierrez),第161页。

43 塞皮利,《水的神圣性和桥梁亵渎》,第130—219页。

44 塞皮利,《水的神圣性和桥梁亵渎》,第171—174页。

45 关于金门大桥的这一主题维度,请参见卡萨尼,《桥的形象》,第148页。

46 比利(Beaulieu),《希腊想象中的大海》(The Sea in the Greek Imagination),第10页。

47 萨格,《哈特·克莱恩〈桥〉》(Hart Crane's "The Bridge"),第25—26页。

48 梅(May),《心理学与人类困境》(Psychology and the Human Dilemma),第103页。

49 托马斯·胡德(Thomas Hood),《叹息桥》(The Bridge of Sighs)。

第七章 尼采之桥

1 尼采,"查拉图斯特拉之序言",出自《查拉图斯特拉如是说》,§4,载于《尼采选读》。在本章中,尼采作品的大部分引文也将以章节和段落(§)而不是页码作为参考。

2 斯坦利·阿佩尔鲍姆(Stanley Appelbaum)将尼采著作《查拉图斯特拉如是说(选集)》(Thus Spoke Zarathustra (Selections))中 Übermensch 一词翻译为"超人"非常恰当。在下文中,我经常用它来代替考夫曼译本中使用的 overman 一词。

3 尼采,《早期笔记文集》(Writings from the Early Notebooks),第184页。原文见尼采的《文集》,第2章,第141页。

4 该观点是布登西格的文章《作为空形式的建筑》(Architecture as Empty Form)的核心内容。他的文章所在的整本论文集都是关于尼采与建筑的:科斯特卡(Kostka)和沃尔法特(Wohlfarth),《尼采与"我们思想的结构"》(Nietzsche and "An Architecture of

Our Minds"）。

5 尼采，《人性的，太人性的》，第1卷，§145。

6 尼采，《快乐的科学》，§280。

7 尼采，《回顾》(*Rückblick*)，见《尼采文集》，第3章，第747页。

8 尼采，《书简》(*Sämtliche Briefe*)，第8章，第285页。

9 尼采，《我为何如此聪明》(*Why I Am So Clever*)，§7，《瞧这个人》(*Ecce Homo*)；译文略有修改。

10 这首诗的背景解读可参考格伦德莱纳（Grundlehner）的《弗里德里希·尼采的诗》(*Poetry of Friedrich Nietzsche*)；霍林拉克（Hollinrake）的《对尼采的〈贡多拉〉的注释》(*A Note on Nietzsche's* Gondellied)；以及洛塞尔（Lösel）的《尼采的〈威尼斯〉：解读》(*Nietzsche's "Venice": An Interpretation*)。歌德和卢梭曾被威尼斯的贡多拉用6/8拍中速演奏的同样小调所打动。在歌德看来，这些"难以形容的平实"包括"由两个贡多拉人演奏的独特的对唱，经常……相距甚远"（由霍林拉克转述，第141页）。在1870年一篇关于贝多芬的文章中，理查德·瓦格纳（Richard Wagner）也重点谈到了威尼斯的巴卡洛尔舞曲，以及与贡多拉人的歌声相互呼应的"奇怪忧郁的对话"。霍林拉克总结道（第145页），尼采的诗中也出现了同样的"二重唱"。瓦格纳在威尼斯的经历是以《威尼斯：脆弱之城》(*Venice: Fragile City*, 1797—1997, 第195页)作为参考的。她探讨了威尼斯对尼采的重要性（第195—198页），卡恰里在《夏季旅行》(*Viaggio estivo*, 第127—140页)一文中对这一主题进行了哲学探讨。

11 尼采，《尼采遗稿选》，eKGWB/NF-1880, 2[29]，尼采资料可查阅网址：http://www.nietzschesource.org/#eKGWB/NF-1880,2[29]。

12 卡恰里（Cacciari），《尼采与非政治》(*Nietzsche and the Unpolitical*)，第98页。

13 海德格尔和雅斯贝尔斯（Jaspers），《海德格尔与雅斯贝尔斯通信集》(*Heidegger-Jaspers Correspondence*)，第169页。

14 尼采，《快乐的科学》，§125。

15 尼采，《贡拉多》，"为什么我是命运"，§8。

16 第一句话是斯威特曼（Sweetman）在其《1700—1920年艺术家与桥》(*The Artist and the Bridge 1700-1920*)第131页中说的。第二句出自沃林格（Worringer）的《抽象与移情》(*Abstraction and Empathy*)，第15页。

17 约瑟夫·斯特拉（Joseph Stella），引自克莱恩，《桥》，第xvii页。

18 克莱恩，《桥》，"亚特兰蒂斯"，第42行。"神圣的调解人"一语出自卡萨尼，《桥的形象》，第135页。

19 卡尔·施密特-罗特鲁夫（Karl Schmidt-Rottluff），引自塞尔兹（Selz），《德国表现主义绘画》(*German Expressionist Painting*),第95页。

20　洛伦茨(Lorenz),《桥》(*Brücke*),第8页。

21　尼采,《人性的,太人性的》,§638;穆齐尔(Musil),《走向新美学》(*Towards a New Aesthetic*),第208页。

22　阿萨德(Asad):《麦加之路》(*Road to Mecca*),第362页。阿萨德在这部作品中多次讲述了这一情节(第308、375页)以及他的《非浪漫主义的东方》(*Unromantic Orient*)第132页中又重述了几次。我感谢丹尼尔·斯坦因·科金(Daniel Stein Kokin)让我注意到阿萨德的桥梁经历。

23　斯洛特戴克,《你必须改变你的生活》,第63页。詹尼·瓦提莫(Gianni Vattimo)曾多次强调尼采抵制本质主义的"超人"概念,最近一次是在他的《基督教没有真理》(*Cristianesimo senza verità*)第203—210页中。罗伯托·埃斯波西托(Roberto Esposito)从类似的角度指出:"只有那些正视自己无法抓住真理的猜想,才有资格接近真理。"他在《卡恰里的欧洲》(*L'Europa di Cacciari*)第173页中写道:"只有正视自身无法抓住真理的猜想,才能接近真理。"

24　卡夫卡,《桥》,第411—412页。卡萨尼,《桥的形象》,以及他的《桥与天使》(*Il ponte e il suo angelo*),第213—230页。

25　尼采,《超越善恶》,§289。

26　穆齐尔,《没有素质的人II》(*The Man Without Qualities II*),第836页。

27　本段中的六处引文,从第一处到最后一处分别是尼采,《我为何如此聪明》,§3,《贡多拉》;《反基督者》(*The Anti-Christ*)前言,第114页;序言(1887年11月至1888年3月),§3,《权力意志》(*Will To Power*);《超越善恶》,§295;《来自高山》(*Aus Hohen Bergen/From High Mountains*)第2行;《查拉图斯特拉如是说》中的《阴影》(*The Shadow*)。关于这位孤独哲学家的"位置焦虑"的详细分析,见哈里森的《我被理解了吗》(*Have I Been Understood?*)。

28　斯蒂文·康纳(Steven Connor),"人是一根绳索",参见:http://stevenconnor.com/rope.html。桥梁学者兼建筑师恩佐·西维耶罗(Enzo Siviero)在出版物封底上写道:"人桥"是非场所的成为场所。莫雷斯(Morese)还介绍了西维耶罗的这本有趣的思考集《人类之桥》(*Il ponte umano*)。

29　布拉瓦茨基(Blavatsky),《揭开伊希斯的面纱》(*Isis Unveiled*),第1章,第3页;阿特金森(Atkinson),《秘密教义》(*Secret Doctrine*),第246页。

30　尼采,《权力意志》,§1067。

31　可参见尼采,《快乐的科学》,§277。

32　梅洛-庞蒂(Merleau-Ponty),《符号》(*Signs*),第21页。

33 卡萨尼,《桥的形象》,第305页。卡萨尼将尼采桥梁思维的这些含义与禅宗,以及后尼采时代维也纳文化的其他反思恰当地联系在一起,正如马西莫·卡恰里在其《射箭的艺术》(The Art of Archery)中阐述的那样。

34 埃斯波西托,《社区与虚无主义》(Community and Nihilism),第48页。

第八章 海桥与自我

1 巴利扎伊(Barlizai),《国际化生活》(Vita internazionale),第74页。

2 德·罗马尼斯(De Romanis),亚得里亚海大桥(Il ponte sull'Adriatico/The Bridge over the Adriatic),第22页。

3 图齐(Tucci)和基亚里尼(Chiarini),《亚得里亚海属于谁?》(A chi appartiene l'Adriatico?),第37页。

4 图齐和基亚里尼,《亚得里亚海属于谁?》,第41页。

5 可参见阿布拉菲亚(Abulafia)的《浩瀚大海》(The Great Sea)和博塞蒂(Bosetti)的《从的里雅斯特到杜布罗夫尼克》(De Trieste à Dubrovnik)。

6 有关这一主题的研究不胜枚举,其中最突出的有福萨罗(Fusaro)的《海伍德》(Heywood)和欧姆里(Omri)的《贸易与文化交流》(Trade and Cultural Exchange);阿布拉菲亚的《浩瀚大海》;古迪(Goody)的《欧洲的伊斯兰教》(Islam in Europe);卡班(Cabane)的《亚得里亚海史》(Histoire de l'Adriatique)。莫塔(Motta)的《土耳其人、地中海和欧洲》(I Turchi, il Mediterraneo e l'Europa);布劳德尔(Braudel)的《地中海和地中海世界》(The Mediterranean and the Mediterranean World)。

7 马特维耶维奇(Matvejević),《地中海:文化景观》(Mediterranean: A Cultural Landscape),第85—86页。

8 布龙贝热(Bromberger),《桥,墙,镜子》(Bridge, Wall, Mirror),第292页。关于这些城市,另见德里森(Driessen)的《地中海港口城市》(Mediterranean Port Cities)和哈勒(Haller)的《世界性的地中海》(The Cosmopolitan Mediterranean)。

9 曼塞尔(Mansel):《黎凡特》(Levant),第20—36页。

10 布龙贝热,《桥,墙,镜子》,第293页。参考书目为莫林(Morin)的《维达尔和他的家人》(Vidal and His Family),关于奥斯曼帝国的文化中介的译者,见刘易斯(Lewis)的从《巴别到德拉古曼》(From Babel to Dragomans),第21—29页。

11 哈梅茨(Hametz),《为意大利人命名》(Naming Italians);斯卢加(Sluga),《的里雅斯特和意大利-南斯拉夫边界问题》(Problem of Trieste and the Italo-Yugoslav Border);博塞蒂,《从的里雅斯特到杜布罗夫尼克》,第301页。

12 可参见博塞蒂,《从的里雅斯特到杜布罗夫尼克》,第298—303页。

13 关于意大利近代将"我们的海"视为研究课题的情况,见福古(Fogu),《从"我们的海"到"他们的海"》(*From* Mare Nostrum *to* Mare Aliorum);特林凯塞(Trinchese),《我们的海》(*Mare nostrum*);马拉内利(Maranelli)和萨尔韦米尼(Salvemini),《亚得里亚海问题》(*La questione dell'Adriatico*)。

14 西蒙娜·薇依,《巨兽》(*The Great Beast*),第140—141页。

15 该诗的译文是我翻译的,但蒙塔莱(Montale)的《各种场合》(*The Occasions*)第31—34页和《1920—1954年诗集》(*Collected Poems 1920–1954*)第180—183页,提供了极好的双语版本。此处之后的行号在文中以括号形式标出。

16 詹姆斯·乔伊斯,《尤利西斯》,第25—26页。

17 卡萨诺(Cassano),《南方思想》(*Southern Thought*),第11页。

18 关于塔作为连接大地与天空的原始桥梁或阶梯,参见戈登,《桥》,第7页;哈里森,《史无前例:瓦茨塔》(*Without Precedent: The Watts Towers*);卡萨尼,《桥的形象》,第122—123页。克莱恩的《桥》第2页也隐含了这种联想。

19 可参见网址:http://portocorsini.info/。

20 我在哈里森的《伊斯特拉半岛的意大利》(*Istrian Italy*)一文中更详细地叙述了伊斯特拉半岛的政治变迁。流亡者的估计人数来自博塞蒂的《从的里雅斯特到杜布罗夫尼克》第363页;卡特鲁扎(Cattaruzza),《意大利和东部边境》(*L'Italia e il confine orientale*),第311页;佩塔科(Petacco),《揭示悲剧》(*A Tragedy Revealed*),第133页;普波(Pupo),《漫长的迁徙》(*Il lungo esodo*),第13页;瓦鲁西(Valussi),《意大利东北部边境》(*Il confine nordorientale d'Italia*),第172—173页。

21 可参见网址:http://en.wikipedia.org/wiki/Rovinj。

22 本维尼斯特(Benveniste),《语言学常识》(*Linguistique générale*),第296—297页;纳吉(Nagy),《亚该亚人中的佼佼者》(*Best of the* Best of the Achaeans),第337—347页;普拉隆(Pralon),《古希腊的地中海》(*La Méditerranée des grecs anciens*),第17页。

23 马特维耶维奇,《关于海洋诗学》(*Per una talassopoetica*),第259页。

24 可参见卡萨诺(Cassano)的《地中海共和国》(*Repubbliche mediterranee*);布沙尔(Bouchard),《意大利的地中海吉奥菲洛斯鹅卵石》(*Italy's Geophilosophies of the Mediterranean*),第347—349页。霍登(Horden)和珀塞尔(Purcell)写道:"相互可见性是地中海航海概念的核心,因此也是……随视觉而来的多种交流方式的主要特征。"——霍登和珀塞尔,《腐蚀的海洋》(*Corrupting Sea*)第126页。他们在第133页继续说到海洋"不是交流的障碍,而是所有交流的媒介"。

25 索福克勒斯(Sophocles),《安提戈涅》(*Antigone*),译自海德格尔的《形而上学导论》(*An Introduction to Metaphysics*)第123页。

26　卡恰里,《群岛》(*L'arcipelago*)。

27　参见科科(Cocco),《流动领地》(*Territori liquidi*)和巴林格(Ballinger),《液体边界》(*Liquid Borderland*)。

28　达菲尔德(Duffield)的《全球内战》(*Global Civil War*)讨论了在新土地上为移民提供保障的必要性。

29　关于这两者之间的关系,见达尔·拉戈(Dal Lago)的《非个人》(*Non-Persons*)和萨亚德(Sayad)的《移民之苦》(*The Suffering of the Immigrant*)。

30　关于多语言和跨语言体验,参见邦德(Bond)邦萨韦尔(Bonsaver)和法洛帕(Faloppa)编辑的《目的地意大利》(*Destination Italy*);伯恩斯(Burns)的《移民想象》(*Migrant Imaginaries*);以及依迪兹(Yıldız),《超越母语》(*Beyond the Mother Tongue*)。

31　阿德尔森(Adelson)的《反对中间派:宣言》(*Against Between: A Manifesto*);麦高恩(McGowan)的《桥梁和桥头堡》(*Brücken und BrückenKöpfe*);乔丹(Jordan)的《不仅仅是隐喻》(*More Than a Metaphor*)。

32　多和田叶子(Yoko Tawada):《我不想架桥》(*I Did Not Want to Build Bridges*),第416页。关于作为外语作家的多和田叶子,见佩洛夫(Perloff)的《非原创天才》(*Unoriginal Genius*),第136—145页和赖特(Wright),《在"灰色地带"写作》(*Writing in the "Grey Zone"*)。

33　可参见阿德尔森的《土耳其之变》(*The Turkish Turn*),塞伊汗(Seyhan)的《境外写作》(*Writing Outside the Nation*),菲尔马特(Firmat)的《连字符上的生活》(*Life on the Hyphen*),巴巴(Bhabha)的《文化定位》(*The Location of Culture*);苏贾(Soja)的《三维空间》(*Thirdspace*)。

34　海德格尔,《筑·居·思》,第153页。

35　这句话出自海德格尔的《筑·居·思》,第154页,并被巴巴在《文化定位》第7页引用。

36　拉什迪(Rushdie),《虚构的家园》(*Imaginary Homelands*),第125页。

37　罗桑达(Rossanda),马特维耶维奇《奇妙世界》(*Mondo Ex*)序言,第6页。

38　罗桑达,马特维耶维奇《奇妙世界》序言,第7页。

39　马卢夫(Maalouf),《两岸的旅人》(*Il viaggiatore delle due rive*),第210—214页。

40　马卢夫,《两岸的旅人》,第217页。卡达莱,《从城堡眺望亚得里亚海》(*L'Adriatico visto dalla cittadella*),第161页。在其他地方,马卢夫指出,那些具有复杂的多地方身份的人"生活在某种边境地区……在建立联系、消除误解方面可以发挥特殊作用……他们的作用是充当桥梁、中间人以及不同社区和文化之间的调解人"。马卢夫,《以身份之名》(*In the Name of Identity*),第4—5页。

41 更多关于单向耦合的信息,可见网址:https://en.wikipedia.org/wiki/Ephaptic_coupling。

42 德·拉科斯特-乌坦星(De Lacoste-Utamsing)和霍洛威(Holloway),《性别二形性》(*Sexual Dimorphism*)。这项早期研究表明,男性倾向于将他们对问题的分析与他们对问题的感受分离开来(将左脑活动与右脑活动分开),而女性则将分析与情绪反应结合起来,对她们所面临的情境做出反应,在左右半球之间进行互动。随后的研究并没有一致地证实这种认知二形性的评估。一些研究发现,男性和女性的胼胝体生长速度和方式不同。因此很难得出关于性别差异的结论。另一些研究则认为,大脑的生长受环境影响,促进了有性别差异的教育,并导致两性在某些技能上有更大的发展。关于这项研究的关键问题,见韦斯特豪森(Westerhausen),克罗伊德尔(Kreuder),多斯·桑托斯·塞凯拉(Dos Santos Sequeira)等,《左右撇子和性别的影响》(*Effects of Handedness and Gender*),戈尔曼(Gorman)和纳什(Nash),《衡量性别差异》(*Sizing up the Sexes*)。一项更广泛的研究超越了胼胝体和性别,但有说服力的呼吁需要加强心理认知关系,并在人类文化中融入更多右脑活动,麦吉尔克里斯特(McGilchrist),《大师和他的使者》(*The Master and His Emissary*)。

43 马卡什(Makaš),"代表相互竞争的身份"210。

44 格罗代克(Groddeck),《它之书》。

45 尼采,《尼采遗稿选》,eKGWB/NF-1880, 6[70]可参考网页:http://www.nietzschesource.org/#eKGWB/NF-1880,6[70]。一项引人注目的研究表明,为了保持心理健康,需要建立大量的心理桥梁,参见戈登,《桥》。

46 汉娜·阿伦特,《精神生活·思维》,第1章,第187页。

47 柏拉图,《会饮篇》(*Symposium*),202e—203b。

48 叶芝(Yeats),《在月亮友善的寂静中》(*Per Amica Silentia Lunae*),第324页。

49 叶芝,《幻像》(*A Vision*),第193页,另可参见第214页。

50 叶芝,《在月亮友善的寂静中》,第329—331页。

51 叶芝,《在月亮友善的寂静中》,第331、361页。

52 叶芝,《幻像》,第209页。

53 柏拉图,《政治家》(*Statesman*),271d sq.和《斐多》(*Phaedo*),107e。

54 卡恰里,《扣留权》(*The Withholding Power*),第175页。

55 "亚得里亚海边的柏林"一语出自佩塔科,《揭示悲剧》,第135页。另一说法出自巴林杰,《流亡的历史》(*History in Exile*),第164页。

56 巴林杰,《流亡的历史》,第423页。

57 关于罗马的桥战,可参见德利,《罗马的桥梁》,第110页;关于威尼斯的桥战,见里佐,《威尼斯的桥梁》。

58 但丁·阿利吉耶里,《神曲·天堂篇》,第16曲,第145—147页;薄伽丘 Esp. 13.143—45; https://dante.dartmouth.edu/search_view.php?doc=137351131430&cmd=gotoresult&arg1=9。佛罗伦萨编年史作者乔瓦尼·维拉尼(Giovanni Villani, 1274—1348)也提到了马尔斯雕像,它在1333年被大洪水冲走,然而但丁的同时代人并不知道,这尊雕像最初可能代表的是一位日耳曼国王。参见保利尼文集中收录的罗伯特·达维德松(Robert Davidsohn)的《维奇奥桥》(Ponte Vecchio),第56—61页。

59 特洛伊(Troy),《桥的另一端》(Other End of the Bridge),第240页。

第九章 断　　桥

1 蒂尔(Teel),《星期日早晨》(Sunday Morning),"大英百科全书"。
2 关于意大利独裁者为讨好希特勒而改建维奇奥桥的故事在互联网上广为流传:改造发生在1939年(比事实上晚了一年)。丹尼森(Denison)和斯图尔特(Stewart)的《如何阅读桥梁》(How to Read Bridges)第121页甚至也引用了这个错误的日期。事实上,在1938年之前的几个世纪里,维奇奥桥一直有三个窗户,1860年,国王维克多·伊曼纽尔二世(Victor Emmanuel II)再次对佛罗伦萨进行国事访问时,这些窗户被缩减为一个。第二次世界大战后,这些窗户又变回了三个,很可能是在1957年或1958年,当时大桥禁止车辆通行。非常感谢佛罗伦萨历史学家马里奥·本奇文尼(Mario Bencivenni)挖掘档案,帮助我解开了这个谜团。
3 图塔耶夫(Tutaev),《拯救佛罗伦萨的人》(The Man Who Saved Florence),第206页。2016年,另一个故事浮出水面,将拯救维奇奥桥归功于一个"丑陋、跛脚但非常聪明"的佛罗伦萨当地人,他叫布尔加斯(Burgasso)。据一位名叫露西娅·巴罗奇(Lucia Barocchi)的佛罗伦萨人说,是他拆掉了桥上炸药包的引线。参见费里(Ferri)的《维奇奥桥的故事和传说》(Storie e leggende del ponte Vecchio),第61—62页。但是这个故事到目前为止还只是道听途说。
4 迪·切萨雷(Di Cesare),《外国居民》(Foreign Residents),第168页。
5 参见温迪·布朗(Wendy Brown)的研究报告《围墙国家》(Walled States),该报告发布于"第四幕"众多大事发生之前。
6 见毕晓普,《桥梁》。
7 斯塔尔(Starr),《金门》(Golden Gate)。
8 卡夫卡,《桥》,第411页。
9 希罗多德(Herodotus),《历史》(Histories)第1章,第201—214页;第4章,第83—143

页；第7章，第33—37页。

10 C. 苏维托尼乌斯·特兰基利乌斯（C. Suetonius Tranquillius），《盖乌斯·恺撒·卡利古拉》（*Caius Caesar Caligula*），出自《罗马十二帝王传》（*Lives of the Twelve Caesars*）。

11 关于这个故事的完整叙述，参见卡尔博涅罗（Carboniero）和法尔科尼的《以此举杯》（*In hoc vinces*）。

12 阿泽姆（Azem）导演，《普世大都会》（*Ecumenopolis*）。关于这些桥梁在伊斯坦布尔造成的后果，另见耶希尔特佩（Yeşiltepe）和库巴特（Kubat），《桥梁的影响》（*The Effect of Bridges*）。

13 希罗多德，《历史》，第7章，第24—25页。

14 内吉普奥卢（Necipoğlu），《锡南时代》（*Age of Sinan*），第88页。关于伊斯坦布尔运河、隧道和桥梁工程的评估概述，其中一些项目最早可追溯到贾斯提安（Justianian）(482—565)时代，见切米什·戈尔古卢（Çekmiş Görgülü）和哈吉赫哈桑奥卢（Hacıhasanoğlu），《跨越水域的乌托邦》（*Water Crossing Utopias*）。

15 魏茨曼（Weizman），《中空土地》（*Hollow Land*），第182页。另见他的《垂直性政治》（*Politics of Verticality*）、本韦尼斯蒂（Benvenisti）的《工程奇迹》（*An Engineering Wonder*）和毕晓普的《桥梁》，第173—174页。

16 弗兰克斯（Franks），《特朗普总统发布"世纪交易"》（*President Trump Releases "Deal of the Century"*）。

17 惠勒（Wheeler），《大脑过度活跃》（*Hyperactivity in Brain*）。

18 埃里克森（Erickson），《与格奥尔格·西梅尔在城里》（*On the Town with Georg Simmel*）。

19 迪·切萨雷，《外国居民》。

20 弗洛伊德（Freud），《图腾与禁忌》（*Totem and Taboo*），第123页。

21 比昂（Bion），《链接攻击》（*Attacks on Linking*），第308页。在《主人和他的使者》（*The Master and His Emissary*）第406—407页，麦吉尔克里斯特讨论了边缘型依恋功能障碍，认为这是大脑左右半球整合不足的表现。戈登的《桥》一书也对这些精神分离和整合问题进行了有益的讨论，并对比昂和温尼科特（Winnicott）的著作进行了有益的探讨。

22 海德格尔，《直觉与表达现象学》（*Phenomenology of Intuition and Expression*），第11页。

23 卡尔维诺，《六堂演讲》，第105页。

24 兰波（Rimbaud）:《灵光集》（*Illuminations*），第55页。

·参考书目·

Abulafia, David. *The Great Sea: A Human History of the Mediterranean*. Oxford: Oxford University Press, 2011.

Adelson, Leslie A. "Against Between: A Manifesto." In *Unpacking Europe: Towards a Critical Reading*, edited by Salah Hassan and Iftikhar Dadi, 244–55. Rotterdam: Nai, 2001.

———. *The Turkish Turn in Contemporary German Literature*. New York: Palgrave Macmillan, 2005.

Adelt, Ulrich. *Blues Music in the Sixties: A Story in Black and White*. Rutgers, NJ: Rutgers University Press, 2010.

Agamben, Giorgio. *The Coming Community*. Translated by Michael Hardt. Minneapolis: University of Minnesota Press, 1993.

Akin, Fatih. *Crossing the Bridge: The Sound of Istanbul*. Film. 2005.

Al-Bukhâri, Muhammad Ibn Ismaiel. *Sahih Al-Bukhâri: The Translation of the Meanings of Sahîh Al-Bukhâri*, Arabic-English. Vol. 9. Translated by Muhammad Muhsin Khan. Riyadh: Darussalam, 1997.

Alberti, Leon Battista. *On the Art of Building in Ten Books*. Translated by Joseph Rykwert, Neil Leach, and Robert Tavernor. Cambridge, MA: MIT Press, 1988.

Alighieri, Dante. *The Divine Comedy: Inferno*. Translated by Allen Mandelbaum. New York: Bantam Books, 1982.

———. *The Divine Comedy: Paradiso*. Translated by Allen Mandelbaum. New York: Bantam Books, 1986.

Amadei, Emma. *I ponti di Roma*. Rome: Fratelli Palombi, 1948.

American Heritage Dictionary of Indo-European Roots. 2nd ed. Revised and edited by Calvert Watkins. Boston: Houghton Mifflin, 2000.

Andrić, Ivo. *The Bridge on the Žepa*. Sarajevo: Oslobođenje, 1971.

———. *The Bridge over the Drina*. Translated by Lovett F. Edwards. London: Harvill Press, 2007.

Antonioni, Michelangelo. *L'avventura*. Film. 1960.

Arendt, Hannah. *The Life of the Mind*. Vol. 1: *Thinking*. Vol 2: *Willing*. New York: Harcourt Brace Jovanovich, 1978.

———. "No Longer and Not Yet." In *Reflections on Literature and Culture*. Edited and with an introduction by Susannah Young-Ah Gottlieb, 121–25. Stanford, CA: Stanford University Press, 2007.

Asad, Muhammad. *The Road to Mecca*. Louisville, KY: Fons Vitae, 1980.

———. *The Unromantic Orient*. Ann Arbor: University of Michigan Islamic Book Trust, 2004.

Ashbrook, John. "Politicization of Identity in a European Borderland: Istria, Croatia, and Authenticity, 1990–2003." Nationalities Papers. *Journal of Nationalism and Ethnicity* 39, no. 6 (2011): 871–97.

Atkinson, William Walker [Magus Incognito, pseud.]. *The Secret Doctrine of the Rosicrucians*. Chicago: Advanced Thought; London: L. N. Fowler, 1918. Online at https:// www.sacred-texts.com/sro/sdr/index.htm.

Azem, Imre, dir. *Ecumenopolis: City without Limits*. 2011; Hamburg, Germany; Filmförderung Hamburg Schleswig-Holstein/York Street Productions, 2012. DVD.

Bachmann, Ingeborg. "Die Brücken." In *Darkness Spoken: The Collected Poems*, translated by Peter Filkins, 46–47. Brookline, MA: Zephyr Press, 2006.

Bagliani, Domenico. "Il ponte fra simbolismo e rappresentazione." In *Il ponte e l'architettura*. Edited by Enzo Siviero, with Stefania Casucci and Antonella Cecchi, 35–58. Milan: CittàStudi Edizioni, 1995.

Baglivi, Giuseppe, and Garrett McCutchan. "Dante, Christ, and the Fallen Bridges." *Italica* 54, no. 2 (Summer 1977): 250–62.

Ballinger, Pamela. *History in Exile: Memory and Identity at the Borders of the Balkans*. Princeton, NJ: Princeton University Press, 2003.

———. "Liquid Borderland, Inelastic Sea? Mapping the Eastern Adriatic." In *Shatterzone of Empires: Coexistence and Violence in the German, Habsburg, Russian, and Ottoman Borderlands*, edited by Omer Bartov, 423–37. Bloomington: Indiana University Press, 2013.

Balmond, Cecil. *Crossover*. Munich: Prestel, 2013.

Bane, Michael. *White Boy Singin' the Blues*. New York: Penguin Books, 1982.

Baraka, Amiri (LeRoi Jones). *Blues People: Negro Music in White America*. New York: Perennial, 2002.

Barretta, Scott. "Southern Expressions of the Blues Revival." *The Bohemian South: Creating Countercultures, from Poe to Punk*. Edited by Shawn Chandler Bingham and Lindsey A. Freeman, 165–80. Chapel Hill: University of North Carolina Press, 2017.

Barzilai, Salvatore. *Vita internazionale*. Florence: A. Quattrini, 1911.

Bauman, Zygmunt. *Liquid Modernity*. Cambridge: Polity Press, 2012.

Beaulieu, Marie-Claire. *The Sea in the Greek Imagination*. Philadelphia: University of Pennsylvania Press, 2016.

Beckett, Angela. "The (Il)logic of Metaphor in Crane's *The Bridge*." *Textual Practice* 25, no. 1 (2011): 157–80.

Beckwith, Martha. *Hawaiian Mythology*. Honolulu: University Press of Hawaii, 1970.

Benveniste, Émile. *Problèmes de linguistique générale*. Paris: Gallimard, 1966.

Benvenisti, Meron. "An Engineering Wonder." *Ha'aretz*, June 5, 1996.

Bertolozzi, Joseph. *Bridge Music*. Delos, 2009. CD.

Bhabha, Homi K. *The Location of Culture*. London: Routledge, 2004.

Bialis, Laura, and John Ealer. *View from the Bridge: Stories from Kosovo*. Film. 2007.

Biau, Daniel. *The Bridge and the City: A Universal Love Story*. Plantation, FL: Llumina Press, 2015.

Biedermann, Hans. *Dictionary of Symbolism: Cultural Icons and the Meanings Behind Them*. Translated by James Hulbert. New York: Meridian, 1994.

Bierce, Ambrose. "An Occurrence at Owl Creek Bridge." In *Tales of Soldiers and Civilians*, edited by Donald T. Blume, 9–16. Kent, OH: Kent State University Press, 2004.

Binney, Marcus. *Bridges Spanning the World*. London: Pimpernel Press, 2017.

Bion, W. R. "Attacks on Linking." *International Journal of Psychoanalysis* 40, nos. 5–6 (1959): 308–15.

Bishop, Peter. *Bridge*. London: Reaktion Books, 2008.

Blake, William. *Blake's Dante: The Complete Illustrations to the "Divine Comedy."* Edited by Milton Klonsky. New York: Harmony Books, 1980.

———. *Jerusalem: The Emanation of the Giant Albion*. In *The Complete Poetry and Prose of William Blake*. New rev. ed. Edited by David V. Erdman, 144–258. Berkeley: University of California Press, 2008.

Blanchot, Maurice. *La Communauté inavouable*. Paris: Éditions de Minuit, 1983.

Bland, J. "About Gender: Sex Differences." Last modified August 19, 2003. http://www.gender.org.uk/about/07neur/77_diffs.htm.

Blavatsky, H. P. *Isis Unveiled: A Master-Key to the Mysteries of Ancient and Modern Science and Theology*, 2 vols. New York: J. W. Bouton, 1877.

Bloom, Harold. *Hart Crane: Comprehensive Research and Study Guide*. Philadelphia: Chelsea House, 2003.

Boccaccio, Giovanni. *Esp. litt., Inf. (Esposizioni sopra la Comedia di Dante: Inferno)*. Ac- cessible at https://dante.dartmouth.edu/search_view.php?query=&cmd=Search&commentary%5B%5D=13735&language=any&cantica=0&canto=13&line=.

Bond, Emma, Guido Bonsaver, and Federico Faloppa, eds. *Destination Italy: Representing Migration in Contemporary Media and Narrative*. Oxford: Peter Lang, 2015.

Boniface VIII. "Unam Sanctam." *Catholic Library*. 1302. http://www.newadvent.org/library/docs_boo8us.htm.

Bono, Salvatore. *Il Mediterraneo. Da Lepanto a Barcellona*. Perugia: Morlacchi, 2000.

Borges, Jorge Luis. "The Garden of Forking Paths." In *Labyrinths: Selected Stories and Other Writings*. Edited by Donald A. Yates and James E. Irby, 19–29. New York: New Directions, 1964.

Bosetti, Gilbert. *De Trieste à Dubrovnik: Une ligne de fracture de l'Europe*. Grenoble: ELLUG, Université Stendhal, 2006.

Bouchard, Norma. "Italy's Geophilosophies of the Mediterranean." *Annali d'italianistica* 29 (2011): 343–62.

Bowman, Wayne D. *Philosophical Perspectives on Music*. New York: Oxford University Press, 1998.

Boyer, Marjorie Nice. "The Bridgebuilding Brotherhoods." *Speculum* 39, no. 4 (October 1964): 635–50.

———. *Medieval French Bridges: A History*. Cambridge, MA: Mediaeval Academy of America, 1976.

Brangwyn, Frank, and Walter Shaw Sparrow. *A Book of Bridges*. London: John Lane, 1915.

Braudel, Fernand. *The Mediterranean and the Mediterranean World in the Age of Philip II*. 2 vols. Translated by Siân Reynolds. New York: Harper & Row, 1972.

Breton, André. *Communicating Vessels*. Translated by Mary Ann Caws and Geoffrey T.

Harris. Lincoln: University of Nebraska Press, 1990.

Broch, Hermann. *The Death of Virgil.* Translated by Jean Starr Untermeyer. New York: Grosset & Dunlap, 1965.

Brodman, James William. *Charity and Religion in Medieval Europe.* Washington, DC: Catholic University of America Press, 2009.

Bromell, Nick. *Tomorrow Never Knows: Rock and Psychedelics in the 1960s.* Chicago: University of Chicago Press, 2000.

Brose, Margaret. "Leopardi and the Power of Sound." *California Italian Studies* 4, no.1 (2013): 1–35.

Brown, Matthew. "Little Wing." In *Understanding Rock: Essays in Musical Analysis.* Edited by John Covach and Graeme M. Boone, 155–70. New York: Oxford University Press, 1997.

Brown, Wendy. *Walled States, Waning Sovereignty.* Brooklyn, NY: Zone Books, 2010.

Bromberger, Christian. "Bridge, Wall, Mirror; Coexistence and Confrontations in the Mediterranean World." *History and Anthropology* 18, no. 3 (2007): 291–307.

Bruguier-Roure, M. "Les constructeurs de ponts au moyen âge," *Bulletin monumental* 41 (Paris, 1875): 225–49.

Buber, Martin. "The Teaching of the Tao." In *Pointing the Way: Collected Essays.* Translated by Maurice Friedman, 31–58. Atlantic Highlands, NJ: Humanities Press International, 1990.

Buddensieg, Tilmann. "Architecture as Empty Form: Nietzsche and the Art of Building." In *Nietzsche and "An Architecture of Our Minds."* Edited by Alexandre Kostka and Irving Wohlfarth, 259–84. Los Angeles: Getty Research Institute Publications and Exhibitions Program: Issue and Debates, 1999.

Bugatti, Giovanni Battista. *Mastro Titta, il Boia di Roma: Memorie di un carnefice scritte da lui stesso.* Sassuolo, Italy: Libreria Incontri, 2010.

Burns, Jennifer. *Migrant Imaginaries: Figures in Italian Migration Literature.* Oxford: Peter Lang, 2013.

Burroughs, Charles. "Below the Angel: An Urbanistic Project in the Rome of Pope Nicholas V." *Journal of the Warburg and Courtauld Institutes* 45 (1982): 94–124.

Burrows, David. *Sound, Speech and Music.* Amherst: University of Massachusetts Press, 1990.

Cabane, Pierre. *Histoire de l'Adriatique.* Paris: Seuil, 2001.

Cacciari, Massimo. "The Art of Archery." In *Posthumous People: Vienna at the Turning Point*. Translated by Rodger Friedman, 157–69. Stanford, CA: Stanford University Press, 1996.

———. ed. *Crucialità del tempo. Saggio sulla concezione nietzschiana del tempo*. Naples: Liguori, 1980.

———. *L'arcipelago*. Milan: Adelphi, 1997.

———. *La città*. Villa Verucchio: Pazzini, 2004.

———. "Nietzsche and the Unpolitical." In *The Unpolitical: On the Radical Critique of Political Reason*. Edited by Alessandro Carrera and translated by Massimo Verdicchio, 92–103. New York: Fordham University Press, 2009.

———. "Viaggio estivo." In *Venezia Vienna. Il mito della cultura Veneziana nell'Europa asburgica*. Edited by Giandomenico Romanelli, 127–40. Milan: Electa, 1983.

———. *The Withholding Power: An Essay on Political Theology*. Translated by Edi Pucci. London: Bloomsbury Academic, 2018.

Cage, John. "The Future of Music: Credo." In *Audio Culture: Readings in Modern Music*. Edited by Christopher Cox and Daniel Warner, 25–28. New York: Continuum, 2004.

Calvino, Italo. *Six Memos for the Next Millennium*. Translated by Patrick Creagh. Cambridge, MA: Harvard University Press, 1988.

Camus, Albert. *The Fall*. Translated by Justin O'Brien. New York: Vintage, 2012.

Carboniero, Bruno, and Fabrizio Falconi. *In hoc vinces. La notte che cambiò la storia dell'Occidente*. Rome: Edizioni Mediterranee, 2011.

Carby, Hazel. "It Just Be's Dat Way Sometime: The Sexual Politics of Women's Blues." *Radical America* 20 (1987): 9–22.

Carravetta, Peter. *The Elusive Hermes: Method, Discourse, Interpreting*. Aurora, CO: Davies Group, 2012.

Cassani, Alberto Giorgio. "Distruggere i ponti? Note su due romanzi di Ismail Kadaré e Carlo Repetti." *Italianistische Zeitschrift für Kulturwissenschaft und Gegenwartsliteratur / Rivista d'italianistica e di letteratura contemporanea* 3 (2018): 26–59.

———. *Figure del ponte. Simbolo e architettura*. Bologna: Edizioni Pendragon, 2014.

———. "Il ponte e il suo angelo. Mito e simbolo di una figura archetipica." *Memoria e ricerca* 55, no. 2 (2017): 213–30.

———. "Ponti che crollano." *Gizmoweb*, July 24, 2015. https://www.academia.edu /15425037/Ponti_che_crollano_in_www.gizmoweb.org_24_luglio_2015.

Cassano, Franco. "Repubbliche mediterranee." In *Ethos repubblicano e pensiero meridiano*. Edited by Federica Frediani and Fernanda Gallo, 29–47. Reggio Emilia: Diabasis, 2011.

———. *Southern Thought and Other Essays on the Mediterranean*. Edited and translated by Norma Bouchard and Valerio Ferme. New York: Fordham University Press, 2012.

Cassio, Gellio. *Il Mare Adriatico*. Milan: Hoepli, 1915.

Cattaruzza, Marina. *L'Italia e il confine orientale*. Bologna: Il Mulino, 2007.

Cavarero, Adriana. *For More Than One Voice: Toward a Philosophy of Vocal Expression*. Stanford, CA: Stanford University Press, 2005.

Çekmiş Görgülü, Asli, and Isıl Hacıhasanoğlu. "Water Crossing Utopias of Istanbul: Past and Future." *Istanbul Technical University, Faculty of Architecture* 9, no. 2 (2012): 67–88.

Celmins, Martin. "A Rare Encounter with Danny Kirwan." *Guitar Magazine* 7, no. 9 (July 1997). http://bla.fleetwoodmac.net/index.php?page=index_v2&id=38&c=16.

Champeux, Jacqueline. "Ponts, passage, religion à Rome." In *Les Ponts au Moyen Âge*, edited by Danièle James-Raoul and Claude Thomasset, 216–76. Paris: PUPS, 2006.

Chaplin, Charlie. *The Kid*. Film. 1921.

Cheesman, Tom. *Novels of Turkish German Settlement: Cosmopolite Fictions*. Rochester, NY: Camden House. 2007.

Chevalier, Jean, and Alain Gheerbrandt. "Ponts." *Dictionnaire des symboles: mythes, rêves, coutumes, gestes, formes, figures, couleurs, nombres*, 4:47–49. Paris: Ed. Seghers and Ed. Jupiter, 1974.

Chion, Michel. *Audio-Vision: Sound on Screen*. New York: Columbia University Press, 1994.

Clayson, Adam. *Beat Merchants: The Origins, History, Impact, and Rock Legacy of the 1960's British Pop Groups*. London: Blandford, 1985.

Clifton, Thomas. *Music as Heard: A Study in Applied Phenomenology*. New Haven, CT: Yale University Press, 1983.

Cocchiara, Giuseppe. *Il diavolo nella tradizione popolare italiana*. Palermo: Palumbo, 1945.

———. *Il Paese di Cuccagna e altri studi di folklore*. Turin: Boringhieri, 1980.

Cocco, Emilio. "I territori liquidi. Forme e confini di un immaginario adriatico." In *Immaginare l'Adriatico. Contributi alla riscoperta sociale di uno spazio di frontiera*, edited by Emilio Cocco and Everardo Minardi, 11–26. Milan: Franco Angeli, 2007.

Cohen, Robin. *Global Diasporas: An Introduction*. Seattle: University of Washington Press,

1997.

Comberiati, Daniele. *Scrivere nella lingua dell'altro. La letteratura degli immigrati in Italia (1989–2007)*. Brussels: Peter Lang, 2010.

Comencini, Luigi. *Till Marriage Do Us Part* (Mio Dio, come sono caduta in basso). Film. 1974.

Comprone, Raphael. "Alterity, Violence, and History in Ivo Andrić's *Na Drini Cuprija*." *Serbian Studies: Journal for the North American Society for Serbian Studies* 20, no. 2 (2006): 259–77.

Connochie-Bourgne, Chantal. "Le pont de Virgile: une *merveille* technique." In *Les Ponts au Moyen Âge*, edited by Danièle James-Raoul and Claude Thomasset, 49–63. Paris: PUPS, 2006.

Cook, Franklin. "The Case against Saying 'Suicide Is a Permanent Solution to a Temporary Problem.'" *The Mighty*, September 19, 2016. https://themighty.com/2016/09/suicide-is-a-permanent-solution-to-a-temporary-problem/.

Coomaraswamy, Doña Luisa. "The Perilous Bridge of Welfare." *Harvard Journal of Asiatic Studies* 8, no. 2 (August 1944): 196–213.

Crane, Hart. *The Bridge: An Annotated Edition*. Edited by Lawrence Kramer. New York: Fordham University Press, 2011.

———. "General Aims and Theories." In *Complete Poems and Selected Letters*. Edited by Langdon Hammer, 160–64. New York: Literary Classics of America, 2006.

Crifò, Giuliano. "A proposito di *pontifices*." *I riti del costruire nelle acque violate. Atti del Convegno Internazionale Roma, Palazzo Massimo 12–14 giugno 2008*. Edited by Helga Di Giuseppe and Mirella Serlorenzi, 115–27. Rome: Scienza e Lettere, 2010.

Crotti, Sergio, "Il ponte tra retorica e logica." *Casabella* 469 (May 1981): 10–16.

Cumont, Franz. *After Life in Roman Paganism*. New York: Dover, 1959.

Dal Lago, Alessandro. *Non-Persons: The Exclusion of Migrants in a Global Society*. Translated by Marie Orton. Vimodrone, MI: IPOC, 2009.

Davies, Penelope J. E. *Death and the Emperor*. Cambridge: Cambridge University Press, 2000.

Davis, Angela. *Blues Legacies and Black Feminism*. New York: Vintage, 1998.

de Certeau, Michel. *The Practice of Everyday Life*. Translated by Steven Rendall. Los Angeles: University of California Press, 1984.

DeJean, Joan. *How Paris Became Paris: The Invention of the Modern City*. New York:

Bloomsbury, 2014.

de Lacoste-Utamsing, C., and R. L. Holloway. "Sexual Dimorphism in the Human *Corpus Callosum*." *Science* 216 (June 25, 1982): 1431–32.

De Montalvo, Garci Rodríguez. *The Labors of the Very Brave Knight Esplanadián*. Translated by William Thomas Little. Binghamton, NY: Center for Medieval and Early Renaissance Studies, 1992.

Denison, Edward, and Ian Stewart. *How to Read Bridges: A Crash Course Spanning the Centuries*. London: Herbert Press, 2012.

De Santis, Silvia. *Blake and Dante: A Study of William Blake's Illustrations of the "Divine Comedy" Including His Critical Notes*. Rome: Cangemi Editore International, 2018.

De Romanis, Giorgio. *Il ponte sull'Adriatico/The Bridge over the Adriatic*. Milan: Edizioni l'Archivolto, 2008.

Del Boca, Angelo. *L'Africa nella coscienza degli italiani*. Milan: Mondadori, 2002.

Delli, Sergio. *I ponti di Roma*. Rome: Newton Compton Editori, 1977.

Derrida, Jacques. *Heidegger: The Question of Being and History*. Edited by Thomas Dutoit, with Marguerite Derrida, and translated by Geoffrey Bennington. Chicago: University of Chicago Press, 2016.

Dethier, Jean, and Ruth Eaton, eds. "(Ponti abitati)," special issue of *Rassegna. Problemi di architettura dell'ambiente* 48, no. 4 (December 1991).

Di Cesare, Donatella. *Foreign Residents: A Philosophy of Migration*. Translated by David Broder. Cambridge: Polity Press, 2020.

Di Siena, Vincenzo, ed. *Due ponti pedonali sul Tevere. Concorso internazionale di progettazione*. Florence: Alinea, 2001.

Dickinson, Emily. *Poems*. Selected by Helen McNeil. New York: Barnes & Noble, 2002.

D'Intino, Franco. *La caduta e il ritorno. Cinque movimenti dell'immaginario romantico leopardiano*. Macerata: Quodlibet Studio, 2019.

Dinzelbacher, Peter. *Die Jenseitsbrücke im Mittelalter*. Vienna: Verband der wissenschaftlichen Gesellschaft Österreichs, 1973.

Dionysius of Halicarnassus. *Roman Antiquities*. http://penelope.uchicago.edu/Thayer/E/Roman/Texts/Dionysius_of_Halicarnassus/1B*.html#38.2.

D'Onofrio, Cesare. *Gian Lorenzo Bernini e gli angeli di ponte Sant'Angelo. Storia di un ponte*. Rome: Romana Società Editrice, 1981.

———. *Il Tevere*. Rome: Romana Società Editrice, 1980.

Doré, Gustave, and Blanchard Jerrold. *London: A Pilgrimage*. London: Grant, 1872.

Doré, Henri. *Researches into Chinese Superstitions*. Vol. 7. Translated by M. Kinnelly. Shanghai: T'usewei Printing Press, 1914–26.

Doyle, Roddy. *The Commitments*. New York: Vintage, 1989.

Driessen, Henk. "Mediterranean Port Cities: Cosmopolitanism Reconsidered." *History and Anthropology* 16, no.1 (March 2005): 129–41.

Duffield, Mark. "Global Civil War: The Non-Insured, International Containment and Post-Interventionary Society." *Journal of Refugee Studies* 21, no. 2 (2008): 145–65.

Dunes, Alan, ed. *The Walled-up Wife: A Casebook*. Madison: University of Wisconsin Press, 1996.

Dupré, Judith. *Bridges: A History of the World's Most Spectacular Spans*. New York: Black Dog & Leventhal, 2017.

Eliade, Mircea. "Master Manole and the Monastery of Arges." In *Zalmoxis, The Vanish- ing God*. Translated by Willard R. Trask, 164–90. Chicago: University of Chicago Press, 1986.

Eliot, T. S. *The Waste Land and Other Poems*. New York: Harcourt, Brace & World, 1962.

Ellis, Steve. "Canto XXI: Controversial Comedy." In *Lectura Dantis: Inferno*. Edited by Allen Mandelbaum, Anthony Oldcorn, and Charles Ross, 287–96. Berkeley: University of California Press, 1998.

Emerton, Ephraim. "Altopascio—A Forgotten Order." *American Historical Review* 29, no. 1 (October 1923): 1–23.

Enrico, Robert. *La Rivère de hibou* (*Occurrence at Owl Creek Bridge*). Film. 1961.

Erickson, Victoria Lee. "On the Town with Georg Simmel: A Socio-Religious Understanding of Urban Interaction." *Cross Currents* 51, no. 1 (Spring 2001). http://www.crosscurrents.org/erickson0151.htm.

Esposito, Roberto. "Community and Nihilism." In *The Italian Difference: Between Nihilism and Biopolitics*, edited by Lorenzo Chiesa and Alberto Toscano, 37–54. Melbourne: re.press, 2009.

———. "L'Europa di Cacciari." In *Inquieto pensare: Scritti in onore di Massimo Cacciari*, ed ited by Emanuele Severino and Vincenzo Vitiello, 165–74. Brescia: Morcelliana, 2015.

Evans, David. *Big Road Blues: Tradition and Creativity in Folk Blues*. Berkeley: University of California Press, 1982.

Falconi, Fabrizio. *I fantasmi di Roma*. Rome: Newton Compton, 2010.

Farooq, Umar. "Will Istanbul's Massive New Canal Be an Environmental Disaster?"

National Geographic. March 28, 2018. https://www.nationalgeographic.com/news/2018/03/istanbul-canal-project-bosporus-environmental-impacts/#close.

Fenollosa, Ernest. "An Essay on the Chinese Written Character." In *Instigations of Ezra Pound, Together with an Essay on the Chinese Written Character by Ernest Fenollosa*, 357–88. New York: Boni and Liverwright, 1920.

Ferenczi, Sándor. "Bridge Symbolism and the Don Juan Legend." In *Further Contributions to the Theory and Technique of Psychoanalysis*, 356–58. New York: Basic Books, 1952.

———. "The Symbolism of the Bridge." *International Journal of Psychoanalysis* 3 (1922): 163–68.

Ferri, Marco. *Storie e leggende del Ponte Vecchio*. Florence: Angelo Pontecorboli Editore, 2017.

Ferris, William. *Blues from the Delta*. New York: Doubleday Anchor, 1978.

Finkel, Caroline. *Osman's Dream: The Story of the Ottoman Empire, 1300–1923*. London: John Murray, 2005.

Firmat, Gustavo Perez. *Life on the Hyphen: The Cuban-American Way*. Austin: University of Texas Press, 1994.

Fleetwood Mac. *Mr. Wonderful*. Blue Horizon, 1968.

Fogu, Claudio. "From *Mare Nostrum* to *Mare Aliorum*: Mediterranean Theory and Mediterraneism in Contemporary Italian Thought." *California Italian Studies Journal* 1, no. 1 (2010): 1–23. http://escholarship.org/uc/item/7vp210p4.

Fontana, Bill. *Cologne San Francisco Sound Bridge*, 1987. http://echosounddesign.com/media/Cologne_San_Francisco_Soundbridge.mp3.

———. "The Environment as a Musical Resource," n.d. http://www.resoundings.org/Pages/musical%20resource.html.

———. *Oscillating Steel Grids along the Brooklyn Bridge*, 1983. http://resoundings.org/Pages/Oscillating.html.

———. "The Relocation of Ambient Sound: Urban Sound Sculpture," n.d. http://www.resoundings.org/Pages/Urban%20Sound%20Sculpture.

———. *Sound Sculptures through the Golden Gate Bridge*, 1987. http://resoundings.org/Pages/Architectural_Sound_Sculptures.html.

Foucault, Michel. "Of Other Spaces: Utopias and Heterotopias." *Rethinking Architecture: A Reader in Cultural Theory*. Edited by Neil Leach, 330–36. New York: Routledge, 1997. France, Anatole. *The Red Lily*. 1894. http://www.gutenberg.org/files/3922/3922-

h/3922-h.htm.

Frank, Ellen Eve. *Literary Architecture: Essays Toward a Tradition: Walter Pater, Gerard Manley Hopkins, Marcel Proust, Henry James*. Berkeley: University of California Press, 1979.

Franks, Tim. "President Trump Releases 'Deal of the Century.'" BBC Newshour, January 28, 2020.

Frazer, Sir James George, ed. "Commentary on Book V." In Ovid, *Publii Ovidii Nasonis Fastorum Libri Sex* [The Fasti of Ovid]. Vol. 4. London: Macmillan, 1929.

———. *The Fear of the Dead in Primitive Religion*. Vols. 1–3. New York: Arno Press, 1977.

Freud, Sigmund. *Totem and Taboo: Resemblances Between the Psychic Life of Savages and Neurotics*. Translated by A. A. Brill. London: Routledge, 1919.

Frothingham, A. L. *Roman Cities in Northern Italy and Dalmatia*. London: J. Murray, 1910.

Fusaro, Maria, Colin Heywood, and Mohamed-Salah Omri, eds. *Trade and Cultural Exchange in the Early Modern Mediterranean: Braudel's Maritime Legacy*. London: I. B. Tau-ris, 2019.

Gadamer, Hans Georg. *Truth and Method*. 2nd rev. ed. Translated by Joel Weinsheimer and Donald G. Marshall. London: Continuum, 2004.

Galanti, Bianca Maria. "La leggenda del 'ponte del diavolo' in Italia." *Lares* 18, nos. 1–2 (1952): 61–73.

Gambacurta, Michael. *Autophones: Hearing with the Ears of the Bridge* [Hören mit Ohren der Brücke]. 2008.

———. "Autophones," n.d. http://www.gambacurta.ca/michael/projects/autophones.htm.

Gardet, Louis. *Islam*. Paris: Desclée de Brouwer, 1967.

Garrod, Sir Martin. Foreword to John Yarwood, *Rebuilding Mostar: Urban Reconstruction in a War Zone*. Liverpool: Liverpool University Press, 1999.

Germi, Pietro. *Seduced and Abandoned*. Film. 1964.

Gies, Joseph. *Bridges and Men*. New York: Grosset & Dunlap, 1963.

Gilot, Françoise, and Carlton Lake. *Life with Picasso*. New York: McGraw Hill, 1964.

Gnisci, Armando. *La letteratura italiana della migrazione*. Rome: Lilith, 1998.

Göktürk, Deniz. "Projecting Polyphony: Moving Images, Travelling Sounds." In *Orienting Istanbul: Cultural Capital of Europe?*, edited by Deniz Göktürk, Levent Soysal, and Ipek Türeli, 178–98. New York: Routledge, 2010.

———. "Sound Bridges: Transnational Mobility as Ironic Melodrama." In *European Cinema in Motion: Migrant and Diasporic Film in Contemporary Europe*, edited by Daniela Berghahn and Claudio Sternberg, 215–34. New York: Macmillan Palgrave, 2010.

Golson, G. Barry, ed. *The Playboy Interviews with John Lennon & Yoko Ono*, conducted by David Sheff. New York: Berkley Books, 1982.

Gölz, Sabine. "'Ponte Mirabeau ... Waterloo Bridge': A Contrastive Reading of Apollinaire's 'Le Pont Mirabeau' and Ingeborg Bachmann's 'Die Brücken.'" In *"If We Had the Word": Ingeborg Bachmann, Views and Reviews*, edited by Gisela Brinker-Gabler and Markus Zisselsberger, 47–92. Riverside, CA: Ariadne Press, 2004.

Gomme, Alice Bertha. *The Traditional Games of England, Scotland, and Ireland*. London: Thames and Hudson, 1984.

Goody, Jack. *Islam in Europe*. Cambridge: Polity Press, 2004.

Gordon, Rosemary. *Bridges: Psychic Structures, Functions, and Processes*. London: Karnac Books, 1993.

Gorman, Christine and J. Madeleine Nash. "Sizing up the Sexes." *Time* (January 20, 1992): 36–43.

Gould, Rebecca. "Allegory and the Critique of Sovereignty: Ismail Kadare's Political Theologies." *Studies in the Novel* 44, no. 2 (Summer 2012): 208–30.

Graf, Bernhard. *Bridges That Changed the World*. Munich: Prestel, 2002.

Grégoire, M. Henri. *Recherches historiques sur les congrégations hospitalières des frères pontifes, ou constructeurs de ponts*. Paris: Baudoin Frères, Libraires, 1818.

Gregotti, Vittorio. *Il progetto per l'Università delle Calabrie e altre architetture/The Project for Calabria University and Other Architectural Works*. Edited by Italo Rota and Gabriella Borsano. Milan: Electa International, 1979.

Groddeck, Georg. *The Book of the It*. Mansfield Centre, CT: Martino, 2015.

"Groundbreaking Ceremony for Bridge over Dardanelles to Take Place on March 18." *Hürriyet Daily News*, March 77, 2017. http://www.hurriyetdailynews.com/groundbreaking-ceremony-for-bridge-over-dardanelles-to-take-place-on-march-18-11 0948.

Grundlehner, Philip. *The Poetry of Friedrich Nietzsche*. New York: Oxford University Press, 1986.

Haddon, Alfred C. *The Study of Man*. London: John Murray, 1908.

Haller, Dieter. "The Cosmopolitan Mediterranean: Myth and Reality." *Zeitschrift für Ethnologie* 129, no. 1 (2004): 29–47.

Hallett, Judith P. "'Over Troubled Waters': The Meaning of the Title *Pontifex*." *Transactions of the American Philological Association* 101 (1970): 219–22.

Hametz, Maura Elise. "Naming Italians in the Borderland, 1926–1943." *Journal of Modern Italian Studies* 15 (2010): 410–30.

Hammer, Langdon. "Hart Crane's View from the Bridge." *NYRDaily*, November 24, 2017. http://www.nybooks.com/daily/2017/11/24/hart-cranes-view-from-the-bridge/.

Hamon, Philippe. *Expositions: Literature and Architecture in Nineteenth-Century France*. Translated by Katia Sainson-Frank and Lisa Maguire. Berkeley: University of California Press, 1992.

Harrison, Daphne Duval. *Black Pearls: Blues Queens of the 1920s*. New Brunswick, NJ: Rutgers University Press, 1988.

Harrison, Thomas. "The Architectural Word." In *Inquieto pensare: Scritti in onore di Massimo Cacciari*, edited by Emanuele Severino and Vincenzo Vitiello, 271–82. Brescia: Morcelliana, 2015.

———. "Have I Been Understood? The Eternal Nowhere of Nietzschean Existence." In *Nietzsche in Italy*, edited by Thomas Harrison, 181–98. Saratoga, CA: Anma Libri, 1988.

———. "Istrian Italy and the Homeland: The Lessons of Poetry." *Forum Italicum: Italy from Without* 47, no. 2 (2013): 324–35.

———. "Offscreen Space, From Cinema and Sculpture to Photography, Poetry and Narrative." *California Italian Studies* 7, no. 1 (2017): 1–20. https://escholarship.org/uc/item/2w40187f.

———. "Without Precedent: The Watts Towers." *California Italian Studies* 1, no. 2 (2010): 1–16. https://escholarship.org/uc/item/3v06b8jt.

Harvey, David. *The Condition of Postmodernity*. Oxford: Basil Blackwell, 1990.

Hearn, Lafcadio. *The Romance of the Milky Way and Other Stories*. New York: Houghton Mifflin, 1905. https://archive.org/details/romanceofmilkywa00hear.

Hedges, Christopher. *War Is a Force that Gives Us Meaning*. New York: PublicAffairs, 2014.

Heidegger, Martin. "Building Dwelling Thinking." In *Poetry, Language, Thought*, translated by Albert Hofstadter, 143–61. New York: Harper & Row, 1971.

———. *An Introduction to Metaphysics*. Translated by Ralph Manheim. New York: Doubleday, 1961.

———. "Letter on Humanism." In *Basic Writings*, edited by D. F. Krell, 213–65. London:

Routledge, 1978.

———. *Phenomenology of Intuition and Expression*. Translated by Tracy Colony. London: Continuum International, 2010.

———. "... Poetically Man Dwells" In *Poetry, Language, Thought*, translated by Albert Hofstadter, 211–29. New York: Harper & Row, 1971.

———. "Who Is Nietzsche's Zarathustra?" In *The New Nietzsche: Contemporary Styles of Interpretation*, edited by David B. Allison, 64–79. London: MIT Press, 1985.

Heidegger, Martin, and Karl Jaspers. *The Heidegger-Jaspers Correspondence, 1920–1963*. Translated by Gary E. Aylesworth. Amherst, NY: Humanity Books, 2003.

Herczeg, Ferenc. *A híd* (The Bridge). Budapest: Singer és Wolfner, 1925.

Höfferer, Christina. *A Literary Journey to Rome: From the Sweet Life to the Great Beauty*. Newcastle upon Tyne: Cambridge Scholars, 2017.

Hölderlin, Friedrich. *Selected Poems*. Translated by Christopher Middleton. Chicago: University of Chicago Press, 1972.

Holland, L. A. *Janus and the Bridge*. Rome: American Academy in Rome, 1961.

Hollinrake, Roger. "A Note on Nietzsche's *Gondellied*." *Nietzsche-Studien* 4 (1975): 139–45.

Hood, Thomas. "The Bridge of Sighs." https://www.poeticous.com/thomas-hood/the-bridge-of-sighs.

Horden, Peregrine, and Nicholas Purcell. *The Corrupting Sea: A Study of Mediterranean History*. Malden, MA: Blackwell, 2000.

Howe, Susan. *My Emily Dickinson*. Berkeley, CA: North Atlantic Books, 1985.

Hudson, Mike. "Suicide Season." http://www.niagarafallsreporter.com/column366.html.

Irwin, John T. *Hart Crane's Poetry: "Appollinaire [sic] Lived in Paris, I Live in Cleveland, Ohio."* Baltimore: Johns Hopkins University, 2011.

Jackson, Buzzy. *A Bad Woman Feeling Good: Blues and the Women Who Sing Them*. New York: W. W. Norton, 2005.

Jadhav, Prakash. "Under Dadar Bridge." *Encyclopedia of Dalits in India*. Vol. 11, Literature. Edited by Sanjay Paswan and Pramanshi Jaideva, 147–49. Delhi: Kalpaz Publications, 2002.

Jakobson, Roman. "Two Aspects of Language and Two Types of Aphasic Disturbances." In *Fundamentals of Language*, by Roman Jakobson and Morris Halle, 69–96. The Hague: Mouton, 1971.

James-Raoul, Danièle. "Le pont dans les locutions: aperçu sur les langues européennes."

In *Les Ponts au Moyen Âge*, edited by Danièle James-Raoul and Claude Thomasset, 291–318. Paris: PUPS, 2006.

James-Raoul, Danièle, and Claude Thomasset, eds. *Les Ponts au Moyen Âge*. Paris: PUPS, 2006.

Jay, Paul. *Global Matters: The Transnational Turn in Literary Studies*. Ithaca, NY: Cornell University Press, 2010.

Jordan, Jim. "More Than a Metaphor: The Passing of the Two Worlds Paradigm in German-Language Diasporic Literature." *German Life and Letters* 59, no. 4 (October 2006): 488–99.

Jorio, Piercarlo. *Acque, ponti, diavoli nel leggendario alpino*. Turin: Priuli & Verlucca, 1999. Joyce, James. *Ulysses*. New York: Random House, 1934.

Juvenal [Decimus Iunius Iuvenalis]. *The Satires: A New English Translation*. Translated by A. S. Kline, 2011. https://www.poetryintranslation.com/PITBR/Latin/JuvenalSatires6.php.

Kadare, Ismail. "L'Adriatico visto dalla cittadella." *Venature Mediterranee. Dialogo con scrit- tori di oggi*. Edited by Costanza Ferrini, 159–64. Messina: Mesogea, 1999.

———. *The Three-Arched Bridge*. Translated by John Hodgson. New York: Arcade, 1997.

Kafka, Franz. "The Bridge." In *The Complete Stories*, edited by Nahum N. Glatzer, 411–12. New York: Schocken Books, 1983.

———. "The Judgment." In *The Sons*, edited by Arthur S. Wensinger, 1–16. New York: Schocken Books, 1989.

———. *The Trial*. Translated by Willa and Edwin Muir. New York: Vintage Books, 1969.

Kane, Brian. *Sound Unseen: Acousmatic Sound in Theory and Practice*. Oxford: Oxford University Press, 2014.

Kavanagh, Bernard J. "Pontifices, Bridge-Making and Ribezzo Revisited." *Glotta* 76, nos. 1–2 (2000): 59–65.

Keil, Andreas. *Pedestrian Bridges: Ramps, Walkways, Structures*. Translated by Christina McKenna. Munich: Edition Detail, 2013.

Keil, Charles. *Urban Blues*. Chicago: University of Chicago Press, 1991.

Kellett, James Andrew. "Fathers and Sons: American Blues and British Rock Music, 1960–1970." PhD diss., University of Maryland, College Park, 2008.

Kellman, Steven G. *The Translingual Imagination*. Lincoln: University of Nebraska Press, 2000.

Kezele, Michaela. *My Beautiful Country* (Die Brücke am Ibar). Film. 2012.

Klotz, Alfred. "Sexagenarii." In *RE (Realencyclopädie der classischen Altertumswissenschaft)*. Vol. 2 A, 2 (1923): 2025–26.

Knight, G. A. Frank. "Bridges." *Encyclopaedia of Religion and Ethics*. Edited by James Hastings, 2:848–57. New York: Charles Scribner's Sons, 1910.

Koenig, Joseph. "Favored by Suicides." *New York Times*, June 30, 1991. http://fionnchu.blogspot.com/2009/05/jumping-off-golden-gate-bridge-two.html.

Kostka, Alexandre, and Irving Wohlfarth, eds. *Nietzsche and "An Architecture of Our Minds."* Los Angeles: Getty Research Institute Publications and Exhibitions Program: Issue and Debates, 1999.

Kövecses, Zoltán. *Where Metaphors Come From: Considering Context in Metaphor*. Oxford: Oxford University Press, 2015.

Kunze, Donald, and Wesley Wei. "The Vanity of Architecture: Topical Thinking and the Practice of Discontinuity." In *Via 8: Architecture and Literature*, edited by Muscoe Martin et al., 54–69. New York: Rizzoli, 1986.

Lakoff, George, and Mark Johnson. *Metaphors We Live By*. Chicago: University of Chicago Press, 2003.

Lanchester, John. "Flashes of Flora." *New York Review of Books*, December 17, 2009. https://www.nybooks.com/articles/2009/12/17/flashes-of-flora/.

Larkin, Philip. "Bridge for the Living." In *Collected Poems*, edited by Anthon Thwaite, 203–4. London: Faber & Faber, 1988.

Le Blévec, Daniel. "Une institution d'assistance en pays rhodanien: Les Frères pontifes." In *Assistance et charité, Cahiers de Fanjeux 13*, edited by Marie-Humbert Vicaire, 87–110. Toulouse: É. Privat, 1978.

Leavitt, David. *Florence: A Delicate Case*. New York: Bloomsbury, 2002.

Lenoir, J. B. *Alabama Blues*. CBS, 1965.

Lennon, John. *Walls and Bridges*. Apple, 1974.

Leontis, Artemis. "The Bridge Between the Classical and the Balkan." *South Atlantic Quarterly* 98, no. 4 (Fall 1999): 633–54.

Leopardi, Giacomo. "The Dialogue of Christopher Columbus and Pedro Gutierrez." In *Moral Essays/Operette Morali*, translated by Patrick Creagh, 158–62. New York: Columbia University Press, 1983.

———. "The Dialogue of a Physicist and a Metaphysician." In *Moral Essays/Operette Morali*, translated by Patrick Creagh, 85–90. New York: Columbia University Press, 1983.

———. "L'infinito," in *Cunti: Poems/A Bilingual Edition*, translated by Jonathan Galassi (New York: Farrar, Straus and Giroux, 2010), 106–7.

———. "Ricordi d'infanzia e d'adolescenza." In *Tutte le poesie e tutte le prose*. Edited by Lucio Felici and Emanuele Trevi, 1100–1106. Rome: Newton Compton, 1997.

———. *Zibaldone: The Notebooks of Leopardi*. Edited by Michael Caesar and Franco D'Intino. London: Penguin Books, 2013.

Lewis, Bernard. *From Babel to Dragomans: Interpreting the Middle East*. Oxford: Oxford University Press, 2004.

Lewis, R. W. B. *The Poetry of Hart Crane: A Critical Study*. Princeton, NJ: Princeton University Press, 1967.

Lindow, John. *Norse Mythology: A Guide to the Gods, Heroes, Rituals, and Beliefs*. Oxford: Oxford University Press, 2002.

Little, Lester K. "Life and Afterlife of the First Plague Pandemic." In *Plague and The End of Antiquity: The Pandemic of 541–750*, edited by Lester K. Little, 3–32. Cambridge: Cambridge University Press, 2008.

Lodge, David. *The Modes of Modern Writing*. London: E. Arnold, 1977.

Lombardi-Diop, Cristina, and Caterina Romeo, eds. *Postcolonial Italy: Challenging National Homogeneity*. Basingstoke, UK: Palgrave Macmillan, 2012.

Lorenz, Ulrike. *Brücke*. Los Angeles: Taschen, 2008.

Lösel, F. G. "Nietzsche's 'Venice': An Interpretation." *Hermathena* 105 (1967): 60–73.

Luckert, Karl W. *Navajo Mountain and Rainbow Bridge Religion*. Flagstaff, AZ: Museum of Northern Arizona, 1977.

György [Georg] Lukács. "On Poverty of Spirit: A Conversation and a Letter." In *The Lukács Reader*, edited by Arpad Kadarkay, 42–56. Oxford: Blackwell, 1995.

———. *Soul & Form*. Translated by Anna Bostock, edited by John T. Sanders and Katie Terezakis, and with an introduction by Judith Butler. New York: Columbia University Press, 2010.

Maalouf, Amin. "Il viaggiatore delle due rive." In *Venature Mediterranee. Dialogo con scrittori di oggi*, edited by Costanza Ferrini, 207–17. Messina: Mesogea, 1999.

———. *In the Name of Identity: Violence and the Need to Belong*. Translated by Barbara Bray. New York: Arcade, 2000.

Maeder, Beverly. *Wallace Stevens's Experimental Language: The Lion in the Lute*. New York: St. Martin's Press, 1999.

Magherini, Graziella. *La sindrome di Stendhal*. Florence: Ponte Alle Grazie, 1989.

Makaš, Emily Gunzberger. "Representing Competing Identities: Building and Rebuilding in Postwar Mostar, Bosnia-Hercegovina." PhD diss., Cornell University, 2007.

Mancini, Loredana. "*Pietas* e *superstitio* nella decorazione dei ponti romani." In *I riti del costruire nelle acque violate. Atti del Convegno Internazionale Roma, Palazzo Massimo 12–14 giugno 2008*. Edited by Helga Di Giuseppe and Mirella Serlorenzi, 139–59. Rome: Scienze e Lettere, 2010.

Mandel, Ruth. "Sacrifice at the Bridge of Arta: Sex Roles and the Manipulation of Power." *Journal of Modern Greek Studies* 1, no. 1 (May 1983): 173–83.

Mansel, Philip. *Levant: Splendour and Catastrophe on the Mediterranean*. New Haven, CT: Yale University Press, 2010.

Maranelli, Carlo, and Gaetano Salvemini. *La questione dell'Adriatico*. Rome: Libreria della Voce, 1919.

Matvejević, Predrag. *Mediterranean: A Cultural Landscape*. Translated by Michael Heim. Berkeley: University of California Press, 1999.

———. *Mondo ex e tempo del dopo: Identità, ideologie, nazioni nell'una e nell'altra Europa*. Milan: Garzanti, 2006.

———. "Per una talassopoetica." In *Venature Mediterranee. Dialogo con scrittori di oggi*, edited by Costanza Ferrini, 255–56. Messina: Mesogea, 1999.

May, Rollo. *Psychology and the Human Dilemma*. New York: Norton, 1996.

McClary, Susan. *Conventional Wisdom: The Content of Musical Form*. Berkeley: University of California Press, 2000.

McCullough, David. *The Great Bridge*. New York: Simon and Schuster, 1972.

McGilchrist, Iain. *The Master and His Emissary: The Divided Brain and the Making of the Western World*. New Haven, CT: Yale University Press, 2012.

McGowan, Moray. "Brücken und Brücken-Köpfe: Wandlungen einer Metapher in der türkisch-deutschen Literatur." In *Die "andere" deutsche Literatur: Istanbuler Vorträge*, edited by Manfred Durzak and Niler Kuruyazici, 31–40. Würzburg: Königshausen & Neumann, 2004.

McStravick, Summer, and John Roos, with Martin Celmins and Bob Brunning. *Blues-Rock Explosion*. Mission Viejo, CA: Old Goat, 2002.

Mengaldo, Elisabetta. "Strategie di reticenza e demistificazione: Il trattino di sospensione negli aforismi di Friedrich Nietzsche." *Studi germanici* 43, nos.1–2 (2005): 25–48.

Merleau-Ponty, Maurice. *Signs*. Translated by Richard McCleary. Evanston, IL: Northwestern University Press, 1964.

Mesqui, Jean. *Le Pont en France avant le temps des ingénieurs*. Paris: Picard, 1986.

"Metaphor." *Dictionary.com Unabridged (v. 1.1)*. Random House, Inc. http://dictionary.reference.com/browse/metaphor.

Milward, John. *Crossroads: How the Blues Shaped Rock 'n Roll (And Rock Saved the Blues)*. Boston: Northeastern University Press, 2013.

Montale, Eugenio. *Collected Poems, 1920–1954*. Translated by Jonathan Galassi. New York: Farrar, Straus and Giroux, 1998.

———. *The Occasions*. Translated by William Arrowsmith. New York: Norton, 1987.

Morin, Edgar. *Vidal and His Family*. Sussex: Sussex Academic Press, 2009.

Motta, Giovanni, ed. *I Turchi, il Mediterraneo e l'Europa*. Milan: Franco Angeli, 1998.

Milutinović, Zoran. "Andrić's Strategy of Redemption." *Journal for the North American Society for Serbian Studies* 14, no. 1 (2000): 93–98.

Murray, Charles Shaar. *Crosstown Traffic*. New York: St. Martin's Press, 1989.

Murray, Peter, and Mary Anne Stevens, eds. *Living Bridges: The Inhabited Bridge, Past, Present and Future*. Munich: Prestel-Verlag, 1996.

Musil, Robert. *The Man Without Qualities II: "Into the Millennium" and "From the Posthumous Papers."* Translated by Sophie Wilkins, with editorial consultant Burton Pike. New York: Alfred A. Knopf, 1995.

———. "Towards a New Aesthetic. Observations on a Dramaturgy of Film." In *Precision and Soul*, edited and translated by Burton Pike and David S. Luft, 193–207. Chicago: University of Chicago Press, 1990.

The Muslim Jesus: Sayings and Stories in Islamic Literature. Edited and translated by Tarif Khalidi. Cambridge, MA: Harvard University Press, 2001.

Nafus, Chale. "Celluloid Connections: The Bridge in Cinema." http://historicbridgefoundation.com/?page_id=10.

Nagy, Gregory. *The Best of the Achaeans: Concepts of the Hero in Archaic Greek Poetry*. Baltimore: Johns Hopkins University Press, 1979.

Nancy, Jean-Luc. *Listening*. Translated by Charlotte Mandell. New York: Fordham University Press, 2007.

Natirbov, Patricia B. "*The World Is A Bridge*, by Christine Weston." *Middle East Journal* 4, no. 3 (July 1950): 364–65.

National Park Service. "Natural Bridges." http://www.nps.gov/nabr/index.htm.

Necipoğlu, Gülru. *The Age of Sinan: Architectural Culture in the Ottoman Empire*. London: Reaktion, 2011.

Nicoletti, L. J. "Downward Mobility: Victorian Women, Suicide, and London's 'Bridge of Sighs,'" http://www.literarylondon.org/london-journal/march2004/nicoletti.html.

Nietzsche, Friedrich. *The Anti-Christ*. In *"Twilight of the Idols" and "The Anti-Christ,"* translated by R. J. Hollingdale, 113–87. Harmondsworth, England: Penguin, 1968.

———. *Beyond Good and Evil: Prelude to a Philosophy of the Future*. Translated by Walter Kaufmann. New York: Vintage Books, 1966.

———. *Briefe/Letters*. Accessible online at the Nietzsche Source, http://www.nietzschesource.org/#eKGWB.

———. *Ecce Homo: How One Becomes What One Is*. In *Basic Writings*, translated and edited by Walter Kaufmann, 657–791. New York: Modern Library, 1968.

———. *The Gay Science*. Translated and edited by Walter Kaufmann. New York: Vintage Books, 1974.

———. *Human, All Too Human: A Book for Free Spirits*. Translated by R. J. Hollingdale. Cambridge: Cambridge University Press, 1986.

———. *Nachgelassene Fragmente/Posthumous Fragments*. Accessible online at the Nietzsche Source, http://www.nietzschesource.org/#eKGWB.

———. "On Truth and Lie in an Extra-Moral Sense." In *The Portable Nietzsche*, translated by Walter Kaufmann, 42–47. New York: Viking Press, 1968.

———. *Sämtliche Briefe: Kritische Studienausgabe*. 8 vols. Edited by Giorgio Colli and Mazzino Montinari. Munich: Deutscher Taschenbuchverlag and de Gruyter, 1988.

———. *Sämtliche Werke: Kritische Studienausgabe*. 15 vols. Edited by Giorgio Colli and Mazzino Montinari. Munich: Deutscher Taschenbuchverlag and de Gruyter, 1988.

———. *Thus Spoke Zarathustra*. In *The Portable Nietzsche*, translated by Walter Kaufmann, 103–439. New York: Viking Press, 1968.

———. *Thus Spoke Zarathustra (Selections): Also sprach Zarathustra (Auswahl)*. A Dual-Language Book. Edited and translated by Stanley Appelbaum. Mineola, NY: Dover Publications, 2004.

———. *Werke*. 3 vols. Edited by Karl Schlechta. Munich: Carl Hanser Verlag, 1954.

———. *The Will to Power*. Translated and edited by Walter Kaufmann. New York: Vintage Books, 1967.

———. *Writings from the Early Notebooks*. Edited by Raymond Geuss and Alexander Nehamas. Cambridge: Cambridge University Press, 2009.

Oudin, Antoine. *Curiositéz françoises, pour supplément aux dictionnaires*. Paris: Antoine de Sommaville, 1640.

Özdamar, Emine Sevgi. *The Bridge of the Golden Horn*. Translated by Martin Chalmers. London: Serpent's Tail, 2009.

Palazzo Ducale Fondazione per la Cultura. *Quella volta sul ponte*. Genoa: Erredi Grafiche Editoriali, 2018.

Palmer, Richard E. "The Liminality of Hermes and the Meaning of Hermeneutics." *Proceedings of the Heraclitean Society: A Quarterly Report on Philosophy and Criticism of the Arts and Sciences* 5 (1980): 4–11. https://edoc.site/the-liminality-of-hermes-and-the-meaning-of-hermeneutics-richard-palmer-pdf-free.html.

Paolini, Claudio. *Ponte Vecchio di pietra e di calcina*. Florence: Edizioni Polistampa, 2012.

Parati, Graziella. *Migration Italy: The Art of Talking Back in a Destination Culture*. Toronto: University of Toronto Press, 2005.

Parker, Patricia. "The Motive for Metaphor: Stevens and Derrida." *Wallace Stevens Journal* 7, nos. 3/4 (Fall 1983): 76–88.

Pascal, Paul. "Mediaeval Uses of Christianity," *Classical Journal* 61, no. 5 (February 1966): 193–97.

Pašić, Amir. *The Old Bridge (Stari Most) in Mostar*. Istanbul: Research Centre For Islamic History, Art, and Culture, 1995.

Pasqualotto, Giangiorio. *Il Tao della filosofia. Corrispondenze tra pensieri d'Oriente e d'Occidente*. Milan: Luni Editrice, 2017.

Pastré, Jean-Marc. "Se battre sur le pont, passer le pont ous'en passer: de quelques ponts mythiques de la littérature européenne au Moyen Âge." In *Les Ponts au Moyen Âge*, edited by Danièle James-Raoul and Claude Thomasset, 119–36. Paris: PUPS, 2006.

Patch, Howard Rollin. *The Other World According to Descriptions in Medieval Literature*. Cambridge, MA: Harvard University Press, 1950.

Pater, Walter. "Conclusion" to *The Renaissance* (1873). In *Modernism: An Anthology of Sources and Documents*, edited by Vassiliki Kolocotroni, Jane Goldman, and Olga Taxidou, 111–14. Chicago: University of Chicago Press, 1998.

Paul, Sherman. "Lyricism and Modernism: The Example of Hart Crane." In *Hart Crane: A Collection of Critical Essays*, edited by Alan Trachtenberg, 163–79. Englewood Cliffs,

NJ: Prentice-Hall, 1982.

Paulus, Nikolaus. *Indulgences as a Social Factor in the Middle Ages*. Translated by J. Elliot Ross. New York: Devin-Adair, 1922.

Pellegrini, Marco. *Gli xenodochi di Parma e provincia dagli inizi al 1471*. Parma: Parma nell'Arte, 1973.

Peretz, Eyal. *The Off-Screen: An Investigation of the Cinematic Frame*. Stanford, CA: Stanford University Press, 2017.

Perloff, Marjorie. *Unoriginal Genius: Poetry by Other Means in the New Century*. Chicago: University of Chicago Press, 2010.

Petacco, Arrigo. *A Tragedy Revealed: The Story of the Italian Population of Istria, Dalmatia, and Venezia Giulia, 1943–1956*. Translated by Konrad Eisenbichler. Toronto: University of Toronto Press, 2005.

Piazza, Francesco. *L'altra sponda adriatica*. Verona: Cfierre, 2001.

Pinza, Giovanni. "Conservazione delle teste umane e le idee ed i costumi coi quali si connette." *Memorie della società geografica italiana* 7:305–492. Rome: La Società Geografica Italiana, 1897–98.

Plant, Margaret. *Venice: Fragile City, 1797–1997*. New Haven, CT: Yale University Press, 2002.

Plato, *The Collected Dialogues, including the Letters*. Edited by Edith Hamilton and Huntington Cairns. Princeton, NJ: Bollingen Foundation, 1973.

Pliny the Elder, *Naturalis Historia*. http://penelope.uchicago.edu/Thayer/E/Roman/Texts/Pliny_the_Elder/home.html.

Pralon, Didier. "La Méditerranée des grecs anciens." In *La Méditerranée au temps du monde: #14 encontres d'Averroès*, edited by Thierry Fabre, 13–24. Marseilles: Parentheses, 2008.

Pupo, Raoul. *Il lungo esodo: Istria: Le persecuzioni, le foibe, l'esilio*. Milan: Rizzoli, 2005.

Radiohead. *Amnesiac*. XL, 2001.

———. *In Rainbows*. XL, 2007.

———. *The King of Limbs*. XL, 2011.

Rakić, Bogdan. "The Proof Is in the Pudding: Ivo Andrić and His Bosniak Critics." *Journal for the North American Society for Serbian Studies* 14, no. 1 (2000): 81–91.

Randel, Don Michael, ed. *The New Harvard Dictionary of Music*. Cambridge, MA: Belknap Press, 1996.

Ratzinger, Georg. *Geschichte der kirchlichen Armenpflege*. Freiburg im Breisgau: Herder, 1884.

Reed, Brian. *Hart Crane: After His Lights*. Tuscaloosa: University of Alabama Press, 2006.

Reill, Dominique Kirchner. *Nationalists Who Feared the Nation: Adriatic Multi-Nationalism in Habsburg Dalmatia, Trieste, and Venice*. Stanford, CA: Stanford University Press, 2012.

Reimbold, Ernst T. "Die Brücke als Symbol." *Symbolon* 1 (1972): 55–78.

Revill, David. *The Roaring Silence*. New York: Arcade, 1992.

Reynolds, Freddie. "Bridge to Nowhere: Exploring the Two Sides of the River Ibar in Mitrovica." *Compass Cultura* 10 (May 11, 2015). http://compasscultura.com/mitrovica-kosovo-bridge-nowhere/.

Richards, I. A. *The Philosophy of Rhetoric*. New York: Oxford University Press, 1936.

Ricoeur, Paul. "Listening to the Parables of Jesus." In *The Philosophy of Paul Ricoeur. An Anthology of His Work*, edited by Charles E. Reagan and David Stuart, 239–45. Boston: Beacon Press, 1978.

———. "Metaphor and the Main Problem of Hermeneutics." In *The Philosophy of Paul Ricoeur. An Anthology of His Work*, edited by Charles E. Reagon and David Stuart, 143–48. Boston: Beacon Press, 1978.

———. *The Rule of Metaphor: Multi-Disciplinary Studies of the Creation of Meaning in Lan- guage*. Toronto: University of Toronto Press, 1981.

Rimbaud, Arthur. *Illuminations*. Translated by Louise Varèse. New York: New Directions, 1957.

Rizzo, Tiziano. *Ponti di Venezia*. Rome: Newton Compton, 1986.

Robinson, Richard. *Narratives of the European Border: A History of Nowhere*. Basingstoke, UK: Palgrave Macmillan, 2007.

Roe, Albert S. *Blake's Illustrations to the Divine Comedy*. Princeton, NJ: Princeton University Press, 1953.

Rogers, Franklin R., with the assistance of Mary Ann Rogers. *Painting and Poetry: Form, Metaphor, and the Language of Literature*. Lewisburg, PA: Bucknell University Press, 1985.

Róheim, Géza. *Animism, Magic, and the Divine King*. London: Kegan Paul, 1930.

Rose, Jodi. "Project Outline." http://www.singingbridges.net/about/index.html.

———. *Singing Bridges*. https://singingbridgesmusic.bandcamp.com/.

Rossanda, Rossana. Preface to Matvejević, *Mondo ex e tempo del dopo: Identità, ideologie, nazioni nell'una e nell'altra Europa*. Milan: Garzanti, 2006.

Rossellini, Roberto. *Paisan*. Film. 1946.
Roth, Joseph. *The Legend of the Holy Drinker*. Translated by Michael Hofmann. London: Chatto & Windus, 1989.
———. *The White Cities: Reports from France 1925–39*. Translated by Michael Hofmann. London: Granta Books, 2005.
Rushdie, Salman. *Imaginary Homelands: Essays and Criticism, 1981–1991*. London: Granta Books, 1991.
Ruskin, John. *The Stones of Venice*. Vol. 2: *The Sea-Stories*. London: Smith, Elder, 1873.
Sail, Lawrence. "Bridge Passages." *Poetry Nation Review* 28, no. 4 (2002): 4–6.
Sainéan, Lazare. "Les Rites de la construction d'après la poésie populaire de l'Europe orientale." *Revue de l'histoire des religions* 45, no.1 (1902): 359–96.
Savi-Lopez, Maria. *Leggende del mare*. Florence: Ermanno Loescher, 1894.
Sayad, Abdelmalek. *The Suffering of the Immigrant*. Translated by David Macey. Cambridge, UK: Polity Press, 2004.
Schaeffer, Pierre. *Traité des objets musicaux*. Paris: Le Seuil, 1966.
Schafer, R. Murray. "The Soundscape." In *The Sound Studies Reader*, edited by Jonathan Sterne, 95–103. London: Routledge, 2012.
Schopenhauer, Arthur. *The World as Will and Representation*. Vol. 2. Translated by E. F. J. Payne. New York: Dover, 2000.
Schott, Robin May. "Sexual Violence, Sacrifice, and Narratives of Political Origins." In *Birth, Death, and Femininity: Philosophies of Embodiment*, edited by Robin May Schott and Sara Heinämaa, 25–48. Bloomington: Indiana University Press, 2010.
Schwandner-Sievers, Stephanie, and Bernd J. Fischer, eds. *Albanian Identities: Myth and History*. London: Hurst, 2002.
Schwartz, Roberta Freund. *How Britain Got the Blues: The Transmission and Reception of American Blues Style in the United Kingdom*. Aldershot, UK: Ashgate, 2007.
Seguin, Roger. "Remarques sur les origines des pontifices romains." In *Hommages à Henri Le Bonniec: Res Sacrae*, edited by Danielle Porte and Jean-Pierre Néraudau, 405–18. Brussels: Latomus, 1988.
Sells, Michael. *The Bridge Betrayed: Religion and Genocide in Bosnia*. Berkeley: University of California Press, 1998.
Selz, Peter. *German Expressionist Painting*. Berkeley: University of California Press, 1957.
Seppilli, Anita. *Sacralità dell'acqua e sacrilegio dei ponti. Persistenza di simboli e

dinamica culturale. Palermo: Sellerio, 1977.

Serres, Michel. *Angels: A Modern Myth*. Translated by Francis Cowper and edited by Philippa Hurd. Paris: Flammarion, 1995.

———. *L'Art des ponts: Homo pontifex*. Paris: Éditions Le Pommier, 2006.

Seyhan, Azade. *Writing Outside the Nation*. Princeton, NJ: Princeton University Press, 2001.

Sigler, Amanda. "Crossing Folkloric Bridges: The Cat, the Devil, and Joyce." *James Joyce Quarterly* 45, nos. 3–4 (Spring–Summer 2008): 537–55.

Sillani, Tommaso. *Mare nostrum*. Milan: Editori Alfieri e Lacroix, 1918.

Simek, Rudolf. *Dictionary of Northern Mythology*. Cambridge: D. S. Brewer, 1993.

Simmel, Georg. "Bridge and Door," translated by Mark Ritter. In *Rethinking Architecture: A Reader in Cultural Theory*, edited by Neil Leach, 66–69. London: Routledge, 1996. The essay has also been very well translated by Michael Kaern, with a substantial introduction, again as "Bridge and Door," in *Qualitative Sociology* 17, no. 4 (1994): 397–413. An excellent and earlier (unidentified) translation lies in *Lotus International* 47 (1985): 52–56.

Singleton, Charles S. "The Vistas in Retrospect." *MLN* 81, no. 1 (January 1966): 55–80.

Sitz, Walter. "Hölderlin's 'Ode to Heidelberg.'" *Germanic Review* 37 (January 1962): 153–60.

Siviero, Enzo. *Il ponte umano. Pensieri e ricordi in libertà*. Edited by Roberto Morese. Venice: Libreria Cluva Editrice, 2014.

Sloterdijk, Peter. *Spheres*. Vol. 1: *Bubbles, Microspherology*. Cambridge, MA: MIT Press, 2011.

———. *You Must Change Your Life: On Anthropotechnics*. Translated by Wieland Hoban. Cambridge: Polity Press, 2013.

Sluga, Glenda. *The Problem of Trieste and the Italo-Yugoslav Border*. Albany: State University of New York Press, 2001.

Smith, Merril D., ed. *Cultural Encyclopedia of the Breast*. London: Rowman and Littlefield, 2014.

Soja, Edward. *Thirdspace: Journeys to Los Angeles and Other Real-and-Imagined Places*. Oxford: Basil Blackwell, 1996.

Sproul, David Kent. "A Bridge Between Cultures: An Administrative History of Rainbow Bridge National Monument." http://www.nps.gov/archive/rabr/adhi/adhi5b.htm.

St. Catherine of Siena. *A Treatise of Discretion*. Translated by Algar Thorold. Potosi, WI:

St. Athanius Press, 2014.

St. Ephrem the Syrian. "Homily on Our Lord." In *Selected Prose Works*, translated by Edward G. Mathew and Joseph P. Amar and edited by Kathleen McVey, 277–80. Washington, DC: Catholic University of America Press, 1994.

Stanesco, Michel. "Du pont de l'épée au pont eschatologique: Le 'passage périlleux' dans l'imaginaire folklorique roumain." In *Les Ponts au Moyen Âge*, edited by Danièle James-Raoul and Claude Thomasset, 163–78. Paris: PUPS, 2006.

Starr, Kevin. *Golden Gate: The Life and Times of America's Greatest Bridge*. New York: Bloomsbury Press, 2012.

Steel, Eric. *Bridge*. Film. 2006.

———. "Interview, Part I." YouTube, 2007. https://www.youtube.com/watch?v=ADx UFA D6eBU&playnext=1&list=PL9E1479F536BDF580.

Steinman, David B., and Sara Ruth Watson. *Bridges and Their Builders*. New York: G. P. Putnam's Sons, 1941.

Stevens, Wallace. *The Palm at the End of the Mind: Selected Poems and a Play*. Edited by Holly Stevens. New York: Random House, 1990.

Strack, Daniel C. "The Bridge Project: Research on Metaphor, Culture and Cognition," *University of Kitakyushu Faculty of Humanities Journal* 68 (2004), 19–45. https://www.dcstrack.com/pdf/strack%20-%20the%20bridge%20project.pdf.

———. "When the Path of Life Crosses the River of Time: Multivalent Bridge Metaphor in Literary Contexts," *University of Kitakyushu Faculty of Humanities Journal* 72 (2006): 1–18. https://www.dcstrack.com/pdf/strack%20-%20when%20the%20path%20of%20life%20crosses%20the%20river%20of%20time.pdf.

Sturluson, Snorri. *Edda*. Translated and edited by Anthony Faulkes. London: Dent, 1995.

Sugg, Richard P. *Hart Crane's "The Bridge": A Description of Its Life*. Tuscaloosa: University of Alabama Press, 1976.

Sweetman, John. *The Artist and the Bridge, 1700–1920*. Brookfield, VT: Ashgate, 1999.

Tang, Huan Cheng. "Philosophical Basis for Chinese Bridge Aesthetics." In *Bridge Aesthetics Around the World*, edited by Committee on General Structures, Subcommit-tee on Bridge Aesthetics, 167–76. Washington, DC: Transportation Board Research Board, 1991.

Tate, Allen. "On the 'Intensity of Sensation.'" In *Hart Crane: Comprehensive Research and Study Guide*, edited by Harold Bloom, 102–4. Philadelphia: Chelsea House, 2003.

Tawada, Yoko. *Facing the Bridge*. Translated by Margaret Mitsutani. New York: New Directions, 2007.

———. "I Did Not Want to Build Bridges." In *Germany in Transit: Nation and Migration, 1955–2005*, edited by Deniz Göktürk, David Gramling, and Anton Kaes, 416. Berkeley: University of California Press, 2007.

Teel, Mary Lou, producer. *Sunday Morning*, "Encyclopedia Britannica Is Turning 250—Look It Up!" Aired December 30, 2018, on CBS News. https://www.cbsnews.com/news/encyclopedia-britannica-is-turning-250/.

Theroux, Alexander. "Letter to the Editor." *New York Times*, May 26, 1991. http://www.nytimes.com/1991/05/26/books/l-the-enigma-of-suicide-579991.html.

Thomasset, Claude. Introduction to *Les Ponts au Moyen Âge*, edited by Danièle James-Raoul and Claude Thomasset, 7–15. Paris: PUPS, 2006.

———. "La Construction du pont médiéval dans deux romans contemporains." In *Les Ponts au Moyen Âge*, edited by Danièle James-Raoul and Claude Thomasset, 19–41. Paris: PUPS, 2006.

Thoreau, Henry David. *I to Myself: An Annotated Selection from the Journal of Henry D. Thoreau*. Edited by Jeffrey A. Cramer. New Haven, CT: Yale University Press, 2007.

Tomizza, Fulvio. *Alle spalle di Trieste*. Milan: Bompiani, 2000.

———. *Materada*. Milan: Bompiani, 2015.

Trachtenberg, Alan. *Brooklyn Bridge: Fact and Symbol*. Chicago: University of Chicago Press, 1979.

Trinchese, Stefano, ed. *Mare nostrum. Percezione ottomana e mito mediterraneo in Italia all'alba del '900*. Milan: Guerini, 2005.

Troy, Una. *The Other End of the Bridge*. London: Heinemann, 1960.

Tucci, Tina, and Anna Chiarini. *A chi appartiene l'Adriatico? Italia e Balcani. Gli stereotipi e la realtà nel '900*. Imola, Italy: La Mandragora, 1999.

Tutaev, David. *The Man Who Saved Florence*. New York: Coward-McCann, 1967.

Ungaretti, Giuseppe. *Vita d'un uomo. Tutte le poesie*. Edited by Leone Piccioni. Milan: Mondadori, 1977.

Valéry, Paul. *The Art of Poetry*. Translated by Denise Folliot. Princeton, NJ: Princeton University Press, 1989.

———. *Oeuvres I*. Edited by Jean Hytier. Paris: Gallimard, 1957.

Valussi, Giorgio. *Il confine nordorientale d'Italia*. Nuova Edizione a cura di Pio Nodari. Gorizia: Istituto di Sociologia Internazionale Gorizia, 2000.

van Haeperen, Françoise. *Le collège pontifical (3ème s.a.C.—4ème s.p.C.): Contribution à l'étude de la religion publique romaine*. Brussels: Institut historique belge de Rome, 2002.

Vargyas, Lajos. "The Origin of the 'Walled-Up Wife.'" In *Researches into the Medieval History of Folk Ballad*, 173–233. Budapest: Akadémiai Kiado, 1967.

Vattimo, Gianni. "Cristianesimo senza verità." In *Inquieto pensare: Scritti in onore di Massimo Cacciari*, edited by Emanuele Severino and Vincenzo Vitiello, 203–10. Brescia: Morcelliana, 2015.

Vernant, Jean-Pierre. *Myth and Tragedy in Ancient Greece*. Translated by Janet Lloyd. New York: Zone Books, 1990.

Villalba, Maria López. "Arches of Discord, Streams of Confluence: The Building of Bridges in the Balkans." In *Greece and the Balkans: Identities, Perceptions and Cultural Encounters since the Enlightenment*, edited by Dimitris Tziovas, 141–54. Burlington, VT: Ashgate, 2003.

von Beit, Hedwig. *Symbolik des Märchens*. Bern: A. Francke, 1957.

Wallace-Hadrill, Andrew. *Rome's Cultural Revolution*. Cambridge: Cambridge University Press, 2008.

Watson, Wilbur J., and Sara Ruth Watson. *Bridges in History and Legend*. Cleveland: J. H. Jansen, 1937.

Wheeler, Mark. "Hyperactivity in Brain May Explain Multiple Symptoms of Depres- sion," *UCLA Newsroom*, February 27, 2012. http://newsroom.ucla.edu/releases/hyperactivity-in-brain-may-explain-228954.

Weil, Mark S. *The History and Decoration of the Ponte S. Angelo*. University Park: Pennsylvania State Press, 1974.

Weil, Simone. "The Great Beast." In *Selected Essays, 1934–1943: Historical, Political, and Moral Writings*, translated by Richard Rees, 89–144. Eugene, OR: Wipf and Stock, 2015.

———. "Human Personality." In *An Anthology*, edited and translated by Siân Miles, 49–78. New York: Grove, 1986.

Weizman, Eyal. *Hollow Land: Israel's Architecture of Occupation*. London: Verso, 2007.

———. "The Politics of Verticality: 10. Roads—; over and under." *Open Democracy Net*. April 30, 2002. https://www.opendemocracy.net/en/article_809jsp/.

Westerhausen, René, Frank Kreuder, Sarah Dos Santos Sequeira, et al. "Effects of Handedness and Gender on Macro- and Microstructure of the *Corpus Callosum* and Its Subregions." *Cognitive Brain Research* 21, no. 3 (2004): 418–26.

Wilbur, Richard. *New and Collected Poems*. New York: Harcourt, Brace and Jovanovich, 1988.

Wilder, Thornton. *The Bridge of San Luis Rey*. New York: Harper Collins, 2003.

———. *Conversations with Thornton Wilder*. Edited by Jackson R. Bryer. Jackson: University Press of Mississippi, 1992.

Wittgenstein, Ludwig. *Philosophical Investigations*. Translated by G. E. M. Anscombe. New York: Macmillan, 1968.

Worringer, Wilhelm. *Abstraction and Empathy*. New York: International Universities Press, 1958.

Wright, Chantal. "Writing in the 'Grey Zone': Exophonic Literature in Contemporary Germany." *GFL: German as a Foreign Language* 3 (2008): 26–42.

Yardley, William. "Alvin Lee, Guitarist of Ten Years After, Dies." *New York Times*, March 6, 2013.

Yarwood, John. *Rebuilding Mostar: Urban Reconstruction in a War Zone*. Liverpool: Liverpool University Press, 1999.

Yates, Frances Amelia. *The Art of Memory*. Chicago: University of Chicago Press, 1966.

Yeats, W. B. *Per Amica Silentia Lunae*. In *Mythologies*, 317–69. New York: Macmillan, 1959.

———. *A Vision*. New York: Collier Books, 1966.

Yeşiltepe, Demet, and Ayşe Sema Kubat. "The Effect of Bridges on the Spatial Dimension of Cities: The Golden Horn, Istanbul Case." Proceedings of the 11th Space Syntax Symposium, 2017. http://www.11ssslisbon.pt/docs/proceedings/papers/120.pdf.

Yıldız, Yasemin. *Beyond the Mother Tongue: The Postmonolingual Condition*. New York: Fordham University Press, 2012.

Ziólkowski, Adam. "Ritual Cleaning-Up of the City: From the Lupercalia to the Argei." *Ancient Society* 29 (1998–99): 191–218.

Zurawsky, Stephen. User Review, "Nirvana, Nevermind." *AllMusic Review*, October 2, 2018. http://www.allmusic.com/album/nevermind-mw0000185616.

·译名对照表·

Abulafia, David 大卫·阿布拉菲亚
acousmatics 无形听觉
acoustic environments and imagination 声学环境和想象
Adorno, Theodor 西奥多·阿多诺
Adriatic Sea 亚得里亚海
    bridge projected to cross it 计划穿越～的桥
    as junction of East and West 作为东西交汇点的～
    Mare Nostrum 地中海
    navigation and trade in ～的航海和贸易
    political complications in the history of ～在历史上的复杂性
Aelian Bridge 埃利安桥
Aeschylus 埃斯库罗斯
Agamben, Giorgio 乔治奥·阿甘本
Akbar, emperor 阿克巴大帝
Akin, Fatih 法提赫·阿金
Albania 阿尔巴尼亚

Alberti, Leon Battista 莱昂·巴蒂斯塔·阿尔伯蒂
Alexander the Great 亚历山大大帝
aliquis de ponte 桥之居民
Amanohashidate (Ama no Hashidate) 天桥立
Ammanati, Bartolomeo 巴尔托洛梅奥·阿曼纳提
Ammons, A. R. A. R. 阿门斯
Amsterdam 阿姆斯特丹
Anand, Siddharth 西达尔特·阿南德
Anatole, France 阿纳托尔·法朗士
Andrić, Ivo 伊沃·安德里奇
angels of death, including Michael and Gabriel 包括米迦勒与加百列在内的死亡天使
anima hominis 人的灵魂
Antonioni, Michelangelo 米开朗基罗·安东尼奥尼
Apollinaire, Guillaume 纪尧姆·阿波利奈尔

Appelbaum, Stanley　斯坦利·阿佩尔鲍姆

archiereus, Greek for *pontifex* and *princeps sacerdotum*　在希腊语中表示大祭司和首席祭司

Arendt, Hannah　汉娜·阿伦特

Argei (Argives)　稻草人

Aristotle　亚里士多德

Arroyo Seco Bridge　阿罗约·塞科桥

Asad, Muhammed (Leopold Weiss)　穆罕默德·阿萨德（利奥波德·魏斯）

Assyrian Route　亚述路线

Augustus, Caesar　恺撒·奥古斯都

Aurora Bridge　奥罗拉大桥

Avignon, its bridge and song　阿维尼翁，阿维尼翁的桥和歌曲

Axis Mundi　世界轴心

Azem, Imre　伊姆雷·阿泽姆

Bachmann, Ingeborg　英格博格·巴赫曼

Balkans　巴尔干

Ballinger, Pamela　帕梅拉·巴林格

Balmond, Cecil　塞西尔·巴尔蒙德

Baraka, Amiri　阿米里·巴拉卡

Barlizai, Salvatore　萨尔瓦托雷·巴利扎伊

battagliole of Venice　威尼斯"小桥斗"

Bayezid II, sultan　苏丹巴耶济德二世

Beaugency Bridge　博让西桥

Beaulieu, Marie-Claire　玛丽-克莱尔·比利

beggars and alms seekers　乞丐和施舍者

Bénézet, Saint　圣贝内泽桥

Berhardt, Curtis　柯蒂斯·伯恩哈特

Berlin and its walls　柏林和柏林墙

Bernini, Gian Lorenzo　吉安·洛伦佐·贝尼尼

Bertolozzi, Joseph　约瑟夫·贝托洛齐

Bhabha, Homi　霍米·巴巴

Bialis, Laura　劳拉·比阿利斯

bicameralism　两院制

biculturalism　二元文化主义

Bierce, Ambrose　安布罗斯·比尔斯

Bifröst and Asbrú, bridge of the Gods　天路和阿斯布罗，众神之桥

Bihari, Jules　朱尔斯·比哈里

Bion, Wilfred　威尔弗雷德·比昂

Bishop, Peter　彼得·毕晓普

Blake, William　威廉·布莱克

Blavatsky, H. P.　H. P. 布拉瓦茨基

Bloody Sunday　血腥星期日

Bloor Street Bridge　布卢尔街桥

Blues　蓝调音乐

　call and response　呼唤与回应

　chord progression and harmonic structure　和弦进行与和声结构

　female performers　女性表演者

　gender relations　性别关系

　how Britain "got the blues"　英国如何"得到蓝调音乐"

　lyrical content　歌词内容

　performance　表演

racial and transracial history 种族及跨种族历史
records and their effects 唱片及其影响
the turnaround 转折点
twelve-bar blues 十二小节蓝调音乐
uplifting effects 振奋作用
Boccaccio 薄伽丘
Bond, Emma 艾玛·邦德
borderline psychosis 边缘性精神障碍
Borges, Jorge Luis 豪尔赫·路易斯·博尔赫斯
Bosetti, Gilbert 吉尔伯特·博塞蒂
Bosphorus 博斯普鲁斯海峡
Bosphorus Bridge 博斯普鲁斯大桥
Bouchard, Norma 诺玛·布沙尔
Boyer, Marjorie Nice 玛乔丽·尼斯·博耶尔
Brangwyn, Frank 弗兰克·布朗温
Breton, André 安德烈·布勒东
Bridg o'Doon 杜恩桥
Bridg o'Dread 恐惧桥
bridge battles 桥斗
bridge brothers and confraternities 造桥兄弟会
Bridge of Arta and its ballad 阿尔塔桥和关于它的民谣
Bridge of Sighs 叹息桥
　　poem by Thomas Hood 托马斯·胡德的诗
　　of Venice 关于威尼斯
Bridge of St. Peter 圣彼得桥
Bridge on the Žepa 泽帕河上的桥
Bridge over the Araxes 跨越阿拉斯河的桥
Bridge over the Drina 德里纳河上的大桥
bridge passage in music 音乐中的桥段（经过乐节）
bridge-building brotherhoods 造桥兄弟会
bridge-cities 桥梁城市
bridges 桥梁
　　of affection 情感之～
　　and angels ～与天使
　　and catastrophe ～与灾难
　　church sponsorship of 教会赞助～
　　covered 廊桥
　　dancing on 在～上跳舞
　　in Dante 但丁作品中的～
　　and death ～与死亡
　　destruction of ～的破坏
　　divine assistance or opposition to 神灵对桥梁的帮助与反对
　　dwelling on 居住在～上
　　and evil spirits ～和邪恶灵魂
　　as figures, metaphors, and symbols ～作为意象、隐喻和象征
　　in films 电影中的～
　　and human sacrifice ～与人类牺牲
　　of the imagination 想象之～
　　inhabited 可居住的～

asmessengers and mediation　信使和调解
between mortals and immortals　人类与神灵之间的～
to nowhere　没有终点的～
as passageways and transition　作为通道和过渡的～
and separation　～与分离
sky bridges　天空之桥
sleeping unde　睡在～下
songs, sounds, and voices of　～的歌曲、声响和声音
spiritual conversion on　～上的精神交流
of stringed instruments　弦乐器之～
as third space　作为第三空间的～
as walls　作为墙壁的～
and war　～与战争
Broch, Hermann　赫尔曼·布洛赫
Brodman, James　詹姆斯·布罗德曼
Bromberger, Christian　克里斯蒂安·布龙贝热
Brooklyn Bridge　布鲁克林大桥
Broonzy, Big Bill　"大个子"比尔·布鲁兹尼
Brose, Margaret　玛格丽特·布罗斯
Brothers of Bonpas　邦帕斯兄弟
Brothers of St. James of Altopascio　阿尔托帕斯奥的圣詹姆斯兄弟会
Brown, James　詹姆斯·布朗
Brown, Wendy　温迪·布朗

Brücke, Artist's Group　桥社，艺术家社团
Brückner, Max　马克斯·布吕克纳
Buber, Martin　马丁·布伯
Buddensieg, Tilmann　蒂尔曼·布登西格
Burns, Robert　罗伯特·伯恩斯
Burrows, David　大卫·伯罗斯
Burton, Richard　理查德·伯顿

Cacciari, Massimo　马西莫·卡恰里
Cage, John　约翰·凯奇
Caiaphas, the high priest　最高大祭司该亚法
Calabria, University of　卡拉布里亚大学
Calatrava, Santiago　圣地亚哥·卡拉特拉瓦
Calgary Peace Bridge　卡尔加里和平桥
Caligula　卡利古拉
Calvino, Italo　伊塔洛·卡尔维诺
Camus, Albert　阿尔贝·加缪
capitalism　资本主义
Carax, Leos　莱奥斯·卡拉斯
Carinthia　卡林西亚
Cassani, Alberto Giorgio　阿尔贝托·乔治·卡萨尼
Cassano, Franco　佛朗哥·卡萨诺
Castel Sant'Angelo　圣天使城堡
castration　阉割
catabasis　卡特巴斯（降临冥界）
Cathay (Asia)　华夏（亚洲）
Catherine of Siena, Saint　锡耶纳的圣加

大利纳

Catullus 卡图卢斯

Çekmiş Görgülü, Asli 阿斯利·切米什·戈尔古卢

Celan, Paul 保罗·塞兰

Cenci, Beatrice 贝亚特里切·琴奇

cerebral hemispheres 大脑半球

Chaplin, Charlie 查理·卓别林

Chapman, Tracy 特蕾西·查普曼

Chess, Leonard and Phil 伦纳德·切斯和菲尔·切斯

Chevalier and Gheerbrandt 舍瓦利耶和格尔布兰特

Chiellino, Carmine 卡尔米内·基埃利诺

Chinavad 连接之桥

Cicero 西塞罗

Citadel Bridge 钢琴桥

Civil War, American 美国内战

Clapton, Eric 埃里克·克莱普顿

Clifton, Thomas 托马斯·克利夫顿

Clifton Suspension Bridge 克利夫顿悬索桥

Cobain, Kurt 库尔特·柯贝恩

Cocco, Emilio 科科, 埃米利奥

cognitive dimorphism 认知二形性

Cold Spring Canyon Bridge 冷泉峡谷拱桥

Cold War 冷战

College of Pontiffs 持桥祭司们

Collegium Pontificum 大祭司团体

colon 冒号

Colorado Street Bridge 科罗拉多街桥

Comencini, Luigi 路易吉·科门奇尼

Connochie-Bourgne 科诺基-布尔涅

Constantine the Great 君士坦丁大帝

Constantinople 君士坦丁堡

Coomaraswamy, Doña Luisa 多娜·路易莎·库马拉斯瓦米

Coppola, Francis Ford 弗朗西斯·福特·科波拉

Corinth 科林斯

corposants 放电光球

corpus callosum 胼胝体

Cotman, John Sell 约翰·塞尔·科特曼

Covered Bridge of Lovech 洛维奇廊桥

Crane, Hart 哈特·克莱恩

Crimean Bridge 克里米亚大桥

cross and crucifixion 十字架

Cyrus the Great 居鲁士大帝

da Ponte, Antonio 安东尼奥·达·庞特

da Sangallo, Giuliano 朱利亚诺·达·圣加洛

Da Vinci, Leonardo 莱奥纳多·达·芬奇

Dadar Bridge 达达尔桥

daimon 戴蒙

Dal Lago, Alessandro 亚历山德罗·达尔·拉戈

Dante 但丁

Danyang-Kunshan Grand Bridge 丹昆特大桥

Dardanelles 达达尼尔海峡

Darius, emperor　大流士
dash and hyphen　破折号和连字符
Davidsohn, Robert　罗伯特·达维德松
De Lucchi, Michele　米歇尔·德·卢基
De Montalvo, Garci Rodríguez　加尔西·罗德里格斯·德·蒙塔尔沃
De Romanis, Giorgio　乔治·德·罗马尼斯
de ponte dejici　把某人推到桥下
dead souls　亡灵
DeJean, Joan　琼·德让
Delle Monache, Paolo　保罗·德勒·莫纳凯
Delli, Sergio　塞尔吉奥·德利
Democracy　民主
depontani and *depontans*　拉丁语*depontani*和英文*depontans*，意为"抛下"
depression　抑郁症
Derrida, Jacques　雅克·德里达
destiny　命运
devil's bridges　魔鬼之桥
Di Cesare, Donatella　多纳泰拉·迪·切萨雷
Dickinson, Emily　艾米莉·狄金森
D'Intino, Franco　弗朗科·丹蒂诺
Dionysius of Halicarnassus　哈利卡尔那索斯的狄奥尼西奥斯
Dixon, Willie　威利·狄克森
D'Onofrio, Cesare　切萨雷·多诺弗里奥
doors　门
Doré, Gustave　古斯塔夫·多雷

Doré, Henry　亨利·多雷
Dorfmeister, Gregor　格雷戈尔·多夫迈斯特
Dostoevsky, Fyodor　费奥多尔·陀思妥耶夫斯基
Doyle, Roddy　罗迪·多伊尔
dragomans　"译者"

Ealer, John　约翰·伊勒
earthquake in Hell　地狱中的地震
Edmund Pettus Bridge　埃德蒙·佩特斯桥
elders cast from the bridge　被扔下桥的老人
Eliade, Mircea　米尔恰·埃利亚德
Eliot, T. S.　T. S. 艾略特
Enrico, Robert　罗伯特·恩里科
ephaptic coupling　突触传递耦合
Ephrem the Syrian, Saint　叙利亚的圣厄弗冷
Erickson, Victoria Lee　维多利亚·李·埃里克森
Eros　厄洛斯（代指爱欲）
Esposito, Roberto　罗伯托·埃斯波西托
ethics as a bridge　作为桥梁的伦理学
European Union　欧盟

Falconi, Fabrizio　法布里齐奥·法尔科尼
Fallujah, Iraq　费卢杰，伊拉克
Fascism　法西斯主义
Fatehpur Sikri (City of Victory)　法塔赫

每一座桥都连接着另一个世界　378

布尔·西格里（胜利之城）
Fatih Sultan Mehmet Bridge 法提赫苏丹穆罕默德大桥
Fenollosa, Ernest 欧内斯特·费诺罗莎
Ferenczi, Sándor 尚多尔·费伦齐
Ferris, Hugh 休·费里斯
figures of speech and thought 修辞和思维的表达方式
films 电影
Firmat, Gustavo Perez 古斯塔沃·佩雷斯·菲尔马特
Fischinger, Otto 奥托·费辛格
Fiume 阜姆
Florence 佛罗伦萨
Fogu, Claudio 克劳迪奥·福古
Fontana, Bill 比尔·丰塔纳
Footbridges 人行天桥
Foster, Preston 普雷斯顿·福斯特
Francis, Sain 圣方济各
fratres pontifices 造桥兄弟会
Frazer, James. G. 詹姆斯·G. 弗雷泽
frères pontifes 造桥兄弟
Freud, Sigmund 西格蒙德·弗洛伊德
Friedman, Yona 约纳·弗里德曼

Gadamer, Hans-Georg 汉斯-格奥尔格·伽达默尔
Galata Bridge 加拉塔桥
Gallagher, Rory 罗里·加拉格尔
Gambacurta, Michael 迈克尔·甘巴库尔塔

George Washington Bridge 乔治·华盛顿桥
Germi, Pietro 皮耶特罗·杰尔米
Gies, Joseph 约瑟夫·吉斯
gioco del ponte 桥戏
Gjallarbrú, Norse bridge to Hell 加拉布鲁，北欧神话中通往地狱的桥
Glebe Island Bridge 格利布岛桥
Glienicke Bridge 格利尼克桥
Golden Gate Bridge 金门大桥
Gordon, Rosemary 罗斯玛丽·戈登
Gospels and New Testament 福音书和《新约》
Greece and Greeks 希腊和希腊人
Green, Peter 彼得·格林
Gregotti, Vittorio 维托里奥·格雷戈蒂
Groddeck, Georg 格奥尔格·格罗德克

Hacıhasanoğlu, Isıl 伊希尔·哈吉赫哈桑奥卢
Hacke, Alexander 亚历山大·哈克
Hades 哈迪斯
Hadrian, Emperor Publius Aelius Hadrianus 哈德良，普布利乌斯·埃利乌斯·哈德里安努斯皇帝
  mausoleum of ～的陵墓
Hajruddin, architect and pupil of Sinan 哈杰鲁丁，建筑师、辛南的学生
Hammer, Langdon 朗登·哈默
Harrison, Thomas 托马斯·哈里森
Harrowing of Hell 地狱之路

hearing 听觉
Hearn, Lafcadio 拉夫卡迪奥·赫恩
Hedges, Christopher 克里斯托弗·赫奇斯
Heidegger, Martin 马丁·海德格尔
Heintz, Joseph, the Younger 小约瑟夫·海因茨
Helios (sun and god) 赫利俄斯（太阳和太阳神）
Hell 地狱
Hellespont 赫勒斯滂海峡
Henderson Waves Bridge 亨德森波浪桥
Hendrix, Jimi 吉米·亨德里克斯
Heraclitus 赫拉克利特
Herczeg, Ferenc 费伦茨·赫尔采格
Hermeneutics 阐释学
Hermes 赫尔墨斯
Herotodus 希罗多德
Higashino, Yuki 东野由希
Hill, Tom 汤姆·希尔
Hines, Kevin 凯文·海恩斯
Hitler, Adolf 阿道夫·希特勒
Hokusai, Katsushika 葛饰北斋
Hölderlin, Friedrich 弗里德里希·霍尔德林
Hollinrake, Roger 罗杰·霍林拉克
homeland 祖国
homelessness 无家可归
Homer 荷马
homosexuality 同性恋
Hong Kong-Zhuhai-Macau Bridge 港珠澳大桥
Hood, Raymond 雷蒙德·胡德
Horace 贺拉斯
Horden, Peregrine 佩里格林·霍登
Hornsey Lane Bridge 霍恩西巷桥
Hoser, Matthew 马修·霍瑟
Howlin' Wolf 豪林·沃尔夫
Humber Bridge 亨伯桥
Hyperboreans 极北之民

insula inter duos pontos (Tiber Island) 两座桥之间的岛屿（台伯岛）
Interlinguality 跨语言交流
Iris（带翼的彩虹女神）伊利斯
Irish Republican Army 爱尔兰共和军
Islam 伊斯兰教
Istanbul 伊斯坦布尔
Istria 伊斯特里亚
Italo-Ethiopian Wars 意大利-埃塞俄比亚战争
Izmir 伊兹密尔

Jacques Cartier Bridge 雅克·卡蒂埃大桥
Jadhav, Prakash 普拉卡什·贾达夫
James-Raoul, Danièle 丹尼埃尔·詹姆斯-劳尔
Janus-like nature of bridge 桥的雅努斯式本质
Jaspers, Karl 卡尔·雅斯贝尔斯
Jesus 耶稣

Jiaozhou Bay Bridge　胶州湾大桥
Johnson, Mark　马克·约翰逊
Johnson, Robert　罗伯特·约翰逊
Joyce, James　詹姆斯·乔伊斯
Jubilee Years　禧年
Judaism　犹太教
jumpers/jumping from bridges　跳桥者
Jung, Carl　卡尔·荣格
Juvenal　尤维纳利斯

Kadare, Ismail　伊斯梅尔·卡达莱
Kafka, Franz　弗朗茨·卡夫卡
Kahlo, Frida　弗里达·卡洛
Kaiserlei Bridge　凯瑟雷桥
Kandinsky, Wassily　瓦西里·康定斯基
Käutner, Helmut　赫尔穆特·考特纳
Keats, John　约翰·济慈
Kees, Weldon　韦尔登·基斯
Kervan Köprüsü　卡雷凡大桥
Kezele, Michaela　迈克拉·凯泽莱
Khaju Bridge　郝久古桥
King, B. B.　B. B. 金
King, Martin Luther　马丁·路德·金
Kirchner, Ernst Ludwig　恩斯特·路德维希·基希纳
Kirwan, Danny　丹尼·柯万
Kosovo; Battle of (1389)　科索沃；科索沃之战（1389年）
Kossuth, Lajos　拉约什·科苏特
Krüger, Matthias S.　马蒂亚斯·S. 克吕格尔

Kurilpa Bridge　库里尔帕桥

labyrinth　迷宫
Lakoff, George　乔治·拉科夫
Lancelot and the sword bridge　兰斯洛特和剑桥
language as the bridge of being　语言作为存在的桥梁
Lanzetta, Alessandro　亚历山德罗·兰泽塔
Larkin, Philip　菲利普·拉金
Last Judgment　末日审判
Lastman, Pieter　皮特·拉斯特曼
Leadbelly　利德贝利
Leavitt, David　大卫·莱维特
Leconte, Patrice　帕特里斯·勒孔特
Lee, Alvin　阿尔文·李
left and right hemispheres of the brain　左右脑
Lennon, John　约翰·列侬
Lenoir, J. B.　J. B. 勒努瓦
Leone, Sergio　塞尔乔·莱昂内
Leopardi, Giacomo　贾科莫·莱奥帕尔迪
Leucadia　勒卡迪亚
Lodge, David　大卫·洛奇
London Bridge　伦敦桥
London Millennium Footbridge　伦敦千禧步行桥
Longinus　朗吉努斯
Luckert, Karl W.　卡尔·W. 卢卡特

Lucky Knot Bridge 中国结步行桥
Lukács, György 杰尔吉·卢卡奇
Luther, Martin 马丁·路德

Maalouf, Amin 阿敏·马卢夫
MacCrimmon, Brenna 布伦娜·麦克里蒙
Magherini, Graziella 格拉齐耶拉·马盖里尼
Magritte, René 勒内·马格里特
Makaš, Emily Gunzberger 艾米莉·冈茨伯格·马卡什
Mancini, Loredana 洛雷达纳·曼西尼
Manhattan Bridge 曼哈顿大桥
Mansel, Philip 菲利普·曼塞尔
Marin County Civic Center 马林县市政中心
Martin, John 约翰·马丁
Mastro Titta 马斯特罗·提塔
Matvejević, Predrag 普雷德拉格·马特维耶维奇
mausoleums 陵墓
May, Rollo 罗洛·梅
McGilchrist, Iain 伊恩·麦吉尔克里斯特
Mediterranean Sea 地中海
megabridges 巨桥
Mehmed Paša Sokolović Bridge 穆罕默德·帕沙·索科洛维奇桥
Melville, Herman 赫尔曼·麦尔维尔
Merleau-Ponty, Maurice 莫里斯·梅洛-庞蒂
Mesi Bridge 梅西桥
metaphor 隐喻
Mid-Hudson Bridge 中哈德逊大桥
middle eight/musical bridge passage 中间八拍音乐桥段
migrants and migrancy 移民和移民性
Milky Way 银河系
Millau Viaduct Bridge 米洛高架桥
Milton, John 约翰·弥尔顿
Moccia, Federico 费德里科·莫西亚
Mohammed 穆罕默德
Montale, Eugenio 欧金尼奥·蒙塔莱
Morandi Bridge 莫兰迪大桥
Mostar 莫斯塔尔
Mullgardt, Louis Christian 路易斯·克里斯蒂安·马尔加特
Munch, Edvard 爱德华·蒙克
musical bridges 音乐桥梁
Musil, Robert 罗伯特·穆齐尔
Mussolini, Benito 贝尼托·墨索里尼
mythology and ritual 神话和仪式
　Chinese 中国的～
　GrecoRoman 希腊罗马的～
　Hawaiian 夏威夷的～
　Japanese 日本的～
　Native American 美国原住民的～
　Norse 北欧的～
　Persian 波斯的～

Nagy, Gregory 格雷戈里·纳吉

Nai-ho-k'iao, Chinese bridge to underworld 奈何桥，通往地下世界的中国桥梁
Nancy, Jean-Luc 让-吕克·南希
Nanjing Yangtze River Bridge 南京长江大桥
Native Americans 美洲原住民
 Cherokee 切诺基人
 Navajo 纳瓦霍人
 UtoAztecan 乌托-阿兹特克人
natural bridges 天然桥梁
Necipoğlu, Gülru 古尔鲁·内吉普奥卢
nekyía 新纪元
Netanyahu, Benjamin 本雅明·内塔尼亚胡
Netty Jetty Bridge 尼提吉堤桥
neurotransmission 神经传导
Nirvana (band) 涅槃（乐队）
Northeast and Northwest Passages 东北通道和西北通道
Nusle Bridge 努斯莱桥
Nietzsche, Friedrich 弗里德里希·尼采
 amor fati of 热爱命运
 on architectural soul 论建筑的灵魂
 on being between space-times ～论时空之间
 as cultural bridge ～作为文化的桥梁
 on dancing ～论舞蹈
 dashes of 破折号
 on eternal return ～论永恒的回归
 on language ～论语言
 on overman ～论超人
 on poets as fools ～论诗人是傻瓜
 on rainbow ～论彩虹
 on rope-bridge ～论绳桥
 on self and state ～论自我和国家
 on self-overcoming and self-transcendence ～论自我克服和自我
 on tightrope walking ～论走钢丝
 on untimeliness ～论无时无刻
 on Venice ～论威尼斯
 on wanderer and wayfarer ～论流浪者和旅人
 whereabouts anxiety of ～位置焦虑
 on willing ～论意志

offscreen space 视觉之外的空间
Old Bridge of Heidelberg 海德堡古桥
Öresund Bridge 厄勒海峡大桥
Ottomans and Ottoman Empire 奥斯曼人和奥斯曼帝国
Overtoun Bridge, from which dogs leap to their death 奥弗顿桥，狗会从桥上跳下死亡
Ovid 奥维德
Özdamar, Emine Sevgi 埃米内·塞夫吉·奥兹达玛

Palestinians 巴勒斯坦人
Palladio, Antonio 安东尼奥·帕拉迪奥
pánthāh, root of *pons* 脑桥（pons）的词根*pánthāh*
parables 比喻

paranoia 偏执
Pastré, Jean-Marc 让-马克·帕斯特雷
Pater, Walter 沃尔特·佩特
Paul, Saint 圣保罗
Paul Butterfield Blues Band 保罗·巴特菲尔德蓝调乐队
Pedro e Inês Bridge 佩德罗伊内斯桥
penis as bridge 作为桥梁的阴茎
Perloff, Marjorie 玛乔丽·佩洛夫
Peter, Saint 圣彼得
Picasso, Pablo 巴勃罗·毕加索
Pico Della Mirandola 皮科·德拉·米兰多拉
pier as disappointed bridge 码头作为失望之桥
Piranesi, Giovanni Battista 乔瓦尼·巴蒂斯塔·皮拉内西
Plague of Justinian 查士丁尼大瘟疫
Plato 柏拉图
Pliny the Elder 老普林尼
Plutarch 普鲁塔克
poiesis 诗意
pons 脑桥
    of the brain 大脑的～
Pons Aelius 庞斯·埃利乌斯
Pons Aemilius 埃米利亚斯桥
pons asinorum 驴桥
Pons Fabricius 法布里奇奥桥
Pons Sublicius 苏伯利修斯桥
Pont au Change 兑换桥
Pont des Caravans 卡雷凡大桥

pont du diable 魔鬼之桥
Pont Gendron 庞特·詹德隆
Pont Mirabeau 米拉波桥
Pont Neuf 新桥
Pont Valentré 瓦伦垂桥
ponte del diavolo 魔鬼之桥
Ponte del Mare 海之桥
Ponte della Maddalena 马达莱纳桥
Ponte della Musica 音乐之桥
Ponte della Scienza 科学之桥
Ponte delle Tette 乳房桥
Ponte delle Torri 塔桥
Ponte di Ariccia 阿里西亚桥
Ponte di Mezzo 中桥
Ponte di Rialto 里亚托桥
Ponte Elio 氦桥
Ponte Fossano 福萨诺桥
Ponte Milvio 米尔维奥桥
Ponte Morandi 莫兰迪桥
Ponte Santa Trinita 圣三一桥
Ponte Sant'Angelo 圣天使桥
Ponte Vecchio 维奇奥桥
pontefice 大祭司
pontifex and pontifex maximus 教皇和大教皇
pontiff 主教
pontificate and pontification 布道和空谈
pontoon bridge at Dardanelle, Arkansas 阿肯色州达达尼尔浮桥
pontos, Greek for "sea" 希腊语"海"的意思

每一座桥都连接着另一个世界   384

popes 教皇
Pressburger, Giorgio 乔治·普雷斯布格尔
Prieto, Luis 路易斯·普列托
Prince Edward Viaduct 爱德华王子高架桥
prostitution 卖淫
Purcell, Nicholas 尼古拉斯·珀塞尔

Radiohead 电台司令
Raguenet, Nicolas-Jean-Baptiste 尼古拉-让-巴蒂斯特·拉格内
Rainbow Bridge: Hendrix concert 彩虹桥：亨德里克斯音乐会
    in Utah 〜在犹他州
    at Niagara Falls 〜在尼亚加拉大瀑布
Ravenna and Porto Corsini 拉文纳和科西尼港
Red Hot Chili Peppers 红辣椒乐队
religion; Christianity; Islam; Judaism; Shinto; Zoroastrianism 宗教；基督教；伊斯兰教；犹太教；神道；袄教
Rialto Bridge 里亚托桥
Richards, I. A. I. A. 理查兹
Ricoeur, Paul 保罗·利科
Rijeka 里耶卡
Rilke, Rainer Maria 赖内·马利亚·里尔克
Rimbaud, Arthur 阿蒂尔·兰波
Rio-Antirrio Bridge 里奥-安提里奥大桥
Rivera, Diego 迭戈·里维拉
roads 道路
Robins, F. W. F. W. 罗宾斯
rock and roll 摇滚乐
Rolling Stones 滚石乐队
Rome 罗马
    bridges of 〜的桥梁
    empire, emperors, and ancient culture 〜的帝国、皇帝和古代文化
    medieval, Renaissance, and Baroque periods of 中世纪、文艺复兴和巴洛克时期的〜
    modern 现代的〜
Rose, Jodi 乔迪·罗斯
Rossanda, Rossana 罗萨纳·罗桑达
Rossellini, Roberto 罗伯托·罗西里尼
Roth, Joseph 约瑟夫·罗特
Rouch, Jean 让·鲁什
Rozafa Castle, legend of 罗扎法城堡对的传说
Rushdie, Salman 萨勒曼·拉什迪
Ruskin, John 约翰·罗斯金

Sacred Bridge (Snake Bridge of Sedge) 日光神桥（山菅的蛇桥）
Saint Petersburg 圣彼得堡
San Diego-Coronado Bridge 圣地亚哥-科罗纳多大桥
Sappho 萨福
Saracen Bridge 萨拉森桥

Satan 撒旦
Schell, Maria 玛丽亚·谢尔
Schopenhauer, Arthur 亚瑟·叔本华
Secret Doctrine of the Rosicrucians 《玫瑰十字会的秘密教义》
Segovia Viaduct 塞哥维亚高架桥
self and anti-self 自我与反自我
Seppilli, Anita 安妮塔·塞皮利
Serres, Michel 米歇尔·塞雷斯
sex differentiation 性别差异
sexagenarios de ponte 罗马谚语"将老人扔下桥"
Seyhan, Azade 阿扎德·塞伊汗
shamanism 萨满教
Sherwood, Robert E. 罗伯特·E. 舍伍德
Shinto shrines and bridges 神社与桥
Siduhe River Bridge 四渡河大桥
Simmel, Georg 格奥尔格·西梅尔
Sirat 西拉特
Sloterdijk, Peter 彼得·斯洛特戴克
Sluga, Glenda 格伦达·斯卢加
Smyrna 士麦那
Socrates 苏格拉底
Soja, Edward 爱德华·苏贾
Sokollu Mehmed Paša 索科鲁·穆罕默德帕夏
sound 声音
　　as cognitive bridge ～作为认知桥梁
　　as evidence of the absen ～作为不存在的证据
　　as opposed to sight ～与视觉相对

sound artists 声音艺术家
sound bridges in film 电影中的声音桥梁
Sparrow, Walter Shaw 沃尔特·肖·斯帕罗
Spielberg, Steven 史蒂文·斯皮尔伯格
Sprung über die Spree 施普雷河一跃
St. Ives Bridge 圣艾夫斯桥
St. Peter's Basilica 圣彼得大教堂
Stari Most 莫斯塔尔古桥
Starr, Kevin 凯文·斯塔尔
Steel, Eric 埃里克·斯蒂尔
Stella, Joseph 约瑟夫·斯特拉
Stendhal syndrome 司汤达综合征
Stevens, Wallace 华莱士·史蒂文斯
Strack, Daniel C. 丹尼尔·C. 斯特拉克
Styx River and its crossing 冥河及其渡口
Sublician Bridge 苏黎世桥
Sugg, Richard 理查德·萨格
suicide 自杀
Sunshine Skyway Bridge 阳光高架桥
surrealism 超现实主义
Sweetman, John 约翰·斯威特曼
synapses 突触
synesthesia 联觉
Széchenyi Chain Bridge 塞切尼链桥

Tacitus 塔西佗
Tanabata-tsumé and Hikoboshi 牛郎织女
Tange, Kenzo 丹下健三

Tawada, Yoko　多和田叶子
Taylor, Elizabeth　伊丽莎白·泰勒
Ten Years After　十年之后
Testaccio　泰斯塔乔
Thérèse de Lisieux, Saint　利雪的圣特雷莎
Theroux, Alexander　亚历山大·泰鲁
Thoreau, Henry David　亨利·戴维·梭罗
Tam o' Shanter　塔姆·奥尚特
Totila, King of the Ostrogoths　东哥特国王托提拉
towers and ladders　塔楼和梯子
transients and transience　瞬间、流浪汉、无家可归者
Triple Bridge of Ljubljana　卢布尔雅那三重桥
Troy, Una　乌娜·特洛伊
tunnels　隧道
Turkey and Turks　土耳其和土耳其人
　Turkish Germans　土耳其裔德国人
24 Bridge　二十四桥

Übermensch　超人
umbilical cord　脐带
underworld　阴间
Ungaretti, Giuseppe　朱塞佩·翁加雷蒂

vagrants　流浪者
Valéry, Paul　保罗·瓦莱里
Valhalla　瓦尔哈拉
Vattimo, Gianni　詹尼·瓦提莫

Venice　威尼斯
Verrazzano Bridge　韦拉扎诺大桥
Vestal Virgins　维斯塔贞女
Via Crucis　十字架之路
Viaducts　高架桥
Vietnam War　越南战争
Virgil　维吉尔
Visconti, Luchino　卢基诺·维斯康蒂
Višegrad　维舍格勒
voice　声音
von Rezzori, Gregor　格雷戈尔·冯·雷佐里

Wagner, Richard　理查德·瓦格纳
Wakefield Covered Bridge　维克菲尔德廊桥
Wallace-Hadrill, Andrew　安德鲁·华莱士-哈德里尔
walls　墙
Wan'An Bridge　万安桥
Waterloo Bridge　滑铁卢桥
Waters, Muddy　马迪·沃特斯
Watson, Wilbur J., and Sara Ruth Watson　威尔伯·J.沃森和萨拉·露丝·沃森
Way of the Cross　十字架之路
Webb Bridge　韦伯桥
Weil, Simone　西蒙娜·薇依
Weizman, Eyal　埃亚勒·魏茨曼
West Bank, barrier, bridges, and tunnels of　西岸及其中的障碍物、桥梁、隧道
West Gate Bridge　西门桥

Whale, James　詹姆斯·威尔
Whirlpool Bridge　旋涡桥
Wicki, Bernhard　伯恩哈德·维基
Wilder, Thornton　桑顿·怀尔德
Williamson, Sonny Boy, II　索尼·博伊·威廉姆森
windows　窗口
Wittgenstein, Ludwig　路德维希·维特根斯坦
Wolf, Gerhard　格哈德·沃尔夫
words as bridges　文辞之桥
world music　世界音乐
World War II　第二次世界大战
Worringer, Wilhelm　威廉·沃林格
Wright, Frank Lloyd　弗兰克·劳埃德·赖特
Wuhan Yangtze River Bridge　武汉长江大桥

xenodòchi (hospices)　收容所

Xerxes　薛西斯

Yavuz Sultan Selim Bridge　亚武兹苏丹塞利姆大桥
Yeats, W. B.　W. B. 叶芝
Yıldız, Yasemin　亚塞明·伊迪兹
Yoshitoshi, Tsukioka　月冈芳年
Young Street Bridge　杨街桥
Yugoslavia　南斯拉夫
　　and Bosnia and Herzegovina, Croatia, Serbia, and Slovenia　～和波斯尼亚和黑塞哥维那、克罗地亚、塞尔维亚和斯洛文尼亚
　　wars of　～战争

Zhangjiajie Glass Bridge　张家界玻璃桥
zigzag bridges　九曲桥
Ziółkowski, Adam　亚当·齐奥尔科夫斯基

·译后记·

这本书谈古论今、纵横捭阖，突破了时空的维度，通过文本、音乐、建筑、宗教、雕塑与电影戏剧中桥的形象研究，阐释了自古以来桥对人类社会的连接、分裂与隔离的多重意义。

本书超越了桥梁的物理结构，将其视为连接与分隔、实体与精神、过去与未来之间的重要媒介。哈里森从不同文化、宗教、文学作品和哲学中提取了桥梁的丰富内涵，揭示了桥梁在人类心灵和社会发展中的作用。书中首先介绍了桥梁作为物理结构的发展，如罗马时期的桥梁建造和其在军事、政治上的应用。随后，作者探讨了桥梁在精神层面的象征意义，例如在宗教故事中，桥作为神圣与世俗、生与死之间的界限。当然还讨论了桥梁在文学作品中的象征角色，如但丁的《神曲》等作品通过桥梁形象展现了人类情感和精神追求。

桥梁既是文化交流的纽带，也是冲突和分裂的象征，例如战争中的桥头争夺和象征性地分隔不同社群的桥。桥梁在现代社会中的作用日益复杂，不仅承载着交通运输的功能，也成了艺术、技术和政治的象征，哈里森由此关注到了许多与桥梁相关的社会现象和问题，如城市发展、人口流动、社会排斥和环境保护等，大量案例展示了桥梁如何影响和改变人们的生活，以及人们如何通过桥梁来理解和塑造自己的社会环境。

书中也讨论了桥梁在个人心理层面的意义，如作为心灵沟通的隐喻，以及在个人成长和自我认知中的作用。哈里森提出，桥梁可以帮助人们跨越心理障碍，连接内心世界的各个部分。书中最后强调，尽管桥梁在历史上一直扮演着重要角色，但在全球化和技术发展的当下，我们对桥梁的理解和应用需要不断更新。哈里森呼吁人们认识到桥梁在促进社会和谐、文化交流和个人成长中的潜在价值，并在未来的设计和建设中充分考虑这些因素。

总体而言，本书通过跨学科的视角，深入探讨了桥梁的物理、文化、社会和心理层面的复杂内涵，为读者提供了一个全面而深刻的桥梁象征意义的解析。文本风格既学术又优雅，既可以当作桥梁文化研究的人类学著作研读，又可以当作美文，用来消磨一个阳光灿烂的午后。

然而，厚重优雅的文本给翻译带来了巨大的难度。文中长句众多，用词比较古雅，时有思维跳跃。文辞的晦涩与思路的跳跃，往往是因为在西方日趋保守的社会语境之下，某些议题内容不便明言，颇有些欲言又止、点到为止之意，翻译中整体采取了明晰化策略，以译者注等形式，对原文中的双关、言外之意以及省略的历史背景进行了比较详细的解释。

本书引经据典甚多，涉及圣经的片段基本上采用了和合本的中文译文，但因少量圣经原文及宗教文献来自作者挖掘的稀有版本，而通行的中译版本中并无此词或此句对应的翻译，在这种情况下，译者尽量按照原文补译，除特殊情况外不再单独说明。宗教经典之外的引文，因引用的片段与全诗的侧重点有所不同，如果完全沿袭已有的译文，可能会导致引文与上下文语境不协调，因此译者进行了重译。例如第一章大量运用了但丁的《神曲》，中文翻译借鉴了吴兴华与王维克等译本，但最终译文仍由译者根据上下文的侧重点重译。重译不单独说明，但沿用前译时则会注明原译者。

本书翻译过程中受到了许多师友的关心与帮助，涉及多语种文献的部分，多番仰赖湖南师范大学不同语种老师们的帮助，例如日语术语、人名地名与历史掌故的翻译，感谢冉毅教授的多次指点与校对；涉及法语及其文化的部分，感谢曹沛芳老师支持；涉及希腊和罗马文明的部分，也常常请教阮伟教授。此外，非常感谢我所指导的2022级笔译方向的研究生巫佳琳、任嫚嫚和张思诗同学，她们在搜集资料和翻译校对方面辛苦良多。

图书在版编目（CIP）数据

每一座桥都连接着另一个世界 /（美）托马斯·哈里森著；刘云雁译. — 北京：商务印书馆，2025. ISBN 978 - 7 - 100 - 24059 - 8

Ⅰ. I267

中国国家版本馆CIP数据核字第2024ZJ4900号

权利保留，侵权必究。

每一座桥都连接着另一个世界

〔美〕托马斯·哈里森　著

刘云雁　译

商　务　印　书　馆　出　版
（北京王府井大街36号　邮政编码 100710）
商　务　印　书　馆　发　行
山西人民印刷有限责任公司印刷
ISBN 978 - 7 - 100 - 24059 - 8

2025年5月第1版　　　　开本 889×1194　1/32
2025年5月第1次印刷　　　印张 12½

定价：85.00元